● 厦门大学官理字系列教材

Marketing Research and Analysis

营销调研与分析

主　编　袁喜娜　张海林

副主编　宋泰昊　陈　瑞　王　平

厦门大学出版社
XIAMEN UNIVERSITY PRESS
国家一级出版社
全国百佳图书出版单位

图书在版编目（CIP）数据

营销调研与分析 / 袁喜娜，张海林主编；宋泰昊，陈瑞，王平副主编. -- 厦门：厦门大学出版社，2023.9
厦门大学管理学系列教材
ISBN 978-7-5615-9040-9

Ⅰ.①营… Ⅱ.①袁… ②张… ③宋… ④陈… ⑤王… Ⅲ.①市场调查-高等学校-教材 Ⅳ.①F713.52

中国版本图书馆CIP数据核字(2023)第119580号

出 版 人　郑文礼
责任编辑　江珏玙
美术编辑　李嘉彬
技术编辑　朱　楷

出版发行　厦门大学出版社
社　　址　厦门市软件园二期望海路39号
邮政编码　361008
总　　机　0592-2181111　0592-2181406(传真)
营销中心　0592-2184458　0592-2181365
网　　址　http://www.xmupress.com
邮　　箱　xmup@xmupress.com
印　　刷　厦门集大印刷有限公司

开本　787 mm×1 092 mm　1/16
印张　20.75
字数　480 千字
版次　2023 年 9 月第 1 版
印次　2023 年 9 月第 1 次印刷
定价　52.00 元

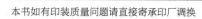

厦门大学出版社
微信二维码

厦门大学出版社
微博二维码

前　言

在党的二十大报告中,习近平总书记描绘了一系列国家发展的重大战略和布局,如坚持创新驱动、加速绿色低碳转型发展,以及推进"一带一路"的共建等,这些都代表了中国经济发展的主要方向和重大使命。然而,想要实现这些目标,我们必须将注意力集中在市场需求和消费者行为上,做好有针对性的调研和分析。市场营销调研与分析是企业形成并实施有效营销策略的基础。随着互联网和数据技术的不断发展,市场环境和消费者行为也正在经历剧变。如何迅速且有效地收集、分析和利用市场信息,洞察市场趋势和商机,已然成为企业提升竞争力和增强可持续发展能力的关键。

本教材在探讨市场营销调研的概念、流程、方法和技巧的基础上,涉及调研类型、数据收集、分析和应用等诸多领域,其目标是为广大市场营销从业人员和学生提供丰富实用的知识和技能,为企业的转型升级和可持续发展提供有力的支持。在本教材中,我们采用了大量案例、数据和分析方法,以直观地展示如何进行市场调研和分析。同时,我们也介绍了国内外市场营销调研领域的新进展和新技术,以帮助读者了解理论知识在实践中的具体应用。在新的国家和社会发展背景下,本教材旨在为市场营销事业的创新发展和国家经济转型升级做出贡献,尤其是在党的二十大报告提出的重点任务下,帮助企业更好地理解市场需求和消费者偏好,制订出更精准、前瞻性的营销方案,推动中国经济的高质量发展。

具体来说,本教材是一本面向市场营销从业人员和学生的基础性教材,通过理论与实践相结合的方式,向读者介绍市场营销调研与分析的基本概念、方法和技巧,它具有强大的实用性和可操作性,旨在帮助读者更好地应用所学知识。本教材的一个突出特点是全面性和前沿性并重:一方面,详细介绍市场营销调研与分析的基本理论;另一方面,通过具体的例子和代码,展示如何使用 Excel、SPSS 和 R 等工具进行实例分析。

此外,本教材不仅关注市场营销调研的传统方法,如问卷和访谈等,还深入探讨了新兴技术和新趋势如何影响市场营销调研和分析。例如,介绍了利用神经科学和人工智能等技术进行市场分析、预测和决策的常见方法和工具，同时分享了国内外市场营销调研领域的最新研究成果和发展趋势，以帮助读者了解行业动态和前沿信息。尤其是在当前经济全球化和数字化的环境下，企业需要借助科技手段和数据分析方法，全面了解市场和消费者需求，制定有针对性、高效的营销策略，以应对日益激烈的市场竞争。因此，本教材中特别强调了数据分析的重要性，介绍了常用的数据收集方法、处理方式和展示技巧，并详细阐述了 Excel、SPSS 和 R 等统计分析软件在市场营销调研中的应用。

感谢厦门大学研究生教材立项资助的支持，我们对所有参与编写本教材的专家学者和同行表示由衷的感谢，他们的专业知识和实践经验为本教材的编写提供了强大的支持。

我们清醒地认识到，市场竞争环境和技术变革的飞速发展使得本教材涉及的一些市场营销调研的分析方法和案例可能需要持续更新。因此，我们欢迎各位专家和读者的批评指正（zinayuan@xmu.edu.cn），我们会关注市场变化和技术创新，完善教材内容，使之始终保持与市场同步，紧跟理论前沿。我们期待本教材能够帮助营销从业人员、学生深刻理解市场营销调研的理论和实际操作，掌握先进的调研方法和技巧，从而更好地应对日益变化的市场和消费者需求。

最后，我们希望读者在阅读本书的过程中能够收获实用的知识和技能，对市场营销调研有更深入的理解，为自己的职业生涯或学术研究增加更多的价值。

袁喜娜
2023 年 6 月于厦大芙蓉湖畔

目　录

第一章 市场营销调研概要

第一节 什么是市场营销调研

市场营销(marketing)是为顾客创造、传播和传递有价值的有形产品和无形服务的企业经营活动,它直接与市场进行交换并富于动态变化。市场营销本身就与市场有直接关系,因此对市场中潜在的各种威胁和机会(如经济、政治、法律、技术等因素)十分敏感。所以,市场营销负责人和执行者对市场的变化予以高度关注,及时收集市场变化的信息和动向,并对收集到的信息进行审核和检查,以此为基础诊断现在和预测未来,帮助进行市场营销决策。那么,什么是市场营销调研? 市场营销调研负责收集企业营销活动所需的多样而复杂的市场信息,借此帮助市场营销负责人进行决策以及直接地解决企业当前面临的经营决策问题。其本质是为企业提供市场信息进而助力企业经营活动。因此,所有支持市场营销或经营决策的调研活动都属于市场营销调研的范畴。

市场营销调研(marketing research)是企业经营活动的一部分,但是从学术视角来看,市场营销调研是为了了解和掌握问题(市场问题)的本质而进行的一系列系统和客观的研究过程。这种研究过程一般可分为两种形态:第一,探索市场问题的调研。这类调研虽然不需要提出解决方案,但却是为了掌握问题的本质而进行的扩大信息或知识面的必要研究活动。第二,发现问题并提出解决方案的调研。通过系统科学的研究过程,获得企业内外部市场与营销信息,可以帮助企业明确营销以及经营问题并提出相应的解决方案,进而帮助企业完善市场营销体系以及市场营销信息系统。2004 年美国市场营销协会(American Marketing Association,AMA)对市场营销调研进行了定义:

> 市场营销调研是为了识别市场机遇、明确营销问题,创造、制定和评价市场营销活动,检查市场营销成果,改善市场营销流程等目的而获取或使用信息,通过这些信息实现连接消费者、顾客、公众、市场营销负责人的功能。市场营销调查将所需调查问题的信息具体化,设计收集信息的方法,管理信息流程,通过数据分析给出研究结论以及启示。

该定义强调,市场营销调查的主要功能是获取信息,以连接市场和企业,即根据多种市场营销活动(市场营销机会和问题的识别、市场营销活动和检查、市场反应的识别)相关的信息把市场(消费者、顾客、公众)和企业(市场营销负责人)连接起来。市场营销调查的主要过程为信息具体化、设计信息收集方法、实施信息采集以及分析和讨论结果。

市场营销调研主要涉及三个对象:顾客(customer,包括市场、买方、消费者)、企业(company,包括产品设计、促进销售、价格、流通、服务)和竞争者(competitor,包括企业相关环境)。

(1)顾客:定期进行顾客和消费者生活变化趋势的调查,企业可以通过这种调查提前了解市场趋势的变化,把握新的市场机会或规避潜在风险。

(2)企业:定期进行品牌调查,帮助企业有效地检测企业实施多种市场营销活动的成果,并在新产品试用(使用样品)后调查消费者的反应,这样不仅可以了解消费者对新产品的评价,还可以为新产品制定适当的市场营销策略。

(3)竞争者:企业可以通过多种环境因素的调查,将有用信息运用到企业战略或营销战略中。特别是,可以通过整体经济趋势或产业趋势的调查,优化企业的生产或销售战略。

因此,市场营销调研的对象不仅仅包含消费者,还包括企业和竞争者,市场营销调研的结果不仅对市场营销决策者有借鉴意义,还对企业管理层有极大帮助。事实上,对企业外部对象进行的调查活动大部分都包含在市场营销调查中,市场营销调查活动在企业的诸多调查活动中最活跃。因此,市场营销调查专职人员必须拥有充分的专业知识和能力,企业有必要以多种方式进行市场营销调查的专业培训。

图 1-1 诠释了市场营销调查的概念。

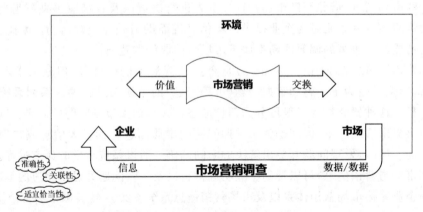

图 1-1　市场营销调查概念模型

市场营销调查是企业和市场在交换价值的过程中,通过收集营销活动所需的市场、环境以及企业自身的数据,掌握营销信息,并在企业的营销决策中给予支持的活动。值得注意的是,市场营销调查通过分析当前的情况和未来的环境,与企业的营销活动或当前面临的问题相关性越高,提供的营销信息越准确,则调研的价值会越高。因此,信息的相关性、关联性以及准确性是市场营销调查的三个关键评价标准。

第二节　市场营销分析

目前随着信息技术(information technology,IT)的发展,企业对大数据的关注越来越高,市场营销负责人和市场调查专家积极探索更加先进的市场营销调查方法,即市场营销分析(marketing analytics)。市场营销分析运用数学、经济学、统计学分析方法,以信息技术积累的多种形态的数据为基础,对经营和营销环境、市场机会和风险、成果指标等企业整体运营的关注点提出新观点,并提高了企业对环境和市场的理解,有助于制定经营战略和营销战略。为了科学和系统地进行管理运营以及有效地开展营销活动,企业持续反复探索和增强市场营销调查的专业分析技术和能力。最近,市场营销分析以大数据技术为基础,将收集海量数据的能力与科学系统分析数据的能力相结合,提高了企业的市场预测能力,对企业决策做出了巨大贡献。特别是,很大一部分企业和组织都在积极利用大数据,分析最新的消费模式、消费者服务模式、消费者行为变化、销售交易数据等内容,迅速获得市场洞察能力,快速进行市场决策并努力占据竞争优势。市场营销分析概念模型如图1-2所示。

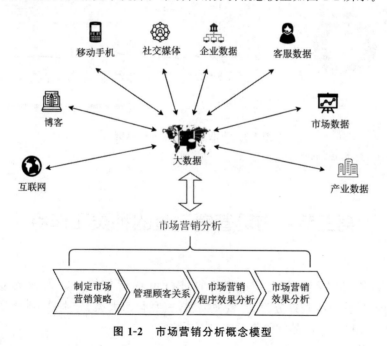

图1-2　市场营销分析概念模型

最近提出的关于市场营销分析的话题整理如下:

(1)自动化数据库及分析系统;

(2)更先进和顾客化的可视化功能;

(3)多种形态的数据分析系统;

(4)日常性及容易的数据访问;

(5)实时数据访问和分析;

(6)大数据分析的广泛快速应用;

(7)应用云计算的大容量数据分析技术发展;

(8)强化预测系统的精密性。

由于技术的发展、数据的可获得性与精密性的提高,数据的分析方法不断优化,系统的开发速度逐渐加快,预计以上问题很快都会有适当的解决方案,并将引领未来的热点话题,市场调查的形态将更加多样,其范围也将比过去更广。因此,包括市场营销分析在内,类似的经营分析专业领域的作用逐渐增强,今后对相关专业分析技术能力的人力资源需求也将逐渐增加。

在直播领域,基于大数据分析的第三方直播数据分析平台就为品牌方选择主播提供了便利。由图 1-3 可知,服饰内衣类目中带货达人的销售额占比最高,并且远超其他主播类型,因此当一个新的服饰内衣品牌进军直播渠道时,就可以优先选择带货达人进行直播带货。

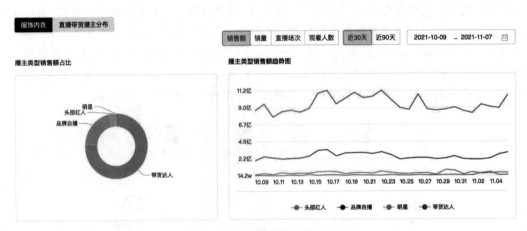

图 1-3　飞瓜直播数据分析示例

资料来源:https://dy.feigua.cn

第三节　市场营销调查的种类和作用

在市场营销领域,可以基于多种目的进行市场营销调查。专业问卷调查机构 Qualtrics 将市场营销调查细分为 20 多种类型,主要有四大类,分别是:新产品及产品/服务调查、客户及市场调查、品牌价值调查、广告调查。

一、新产品及产品/服务调查

(一)新产品概念测试调查

为了取得新产品的市场成功,通常会采用新产品概念测试调查以明确市场对新产品的反应。新产品概念测试调查是指在新产品正式开发之前,只利用新产品概念来调查顾客对新产品概念的理解方式以及市场对其的反应。新产品概念测试调查通常用于验证计划中的新产品或新服务的市场可能性。通过调查潜在消费者对于新产品基本创意(照片、图片、样品等)的反应,新产品负责人可以进行新产品设计以及新产品决策。新产品概念测试调查不仅可以用在开发中的新产品,还可以针对新的广告、新的价格、新的设计、投入新的流通渠道等新的市场营销活动或战略决策。概念测试调查可以用于确认新概念如何被顾客认知以及认知方式与新产品的概念是否一致、确认新概念的核心价值主张、影响消费者满意的核心要素以及关键属性的优先顺序等。为了达到这种目的,需要进行需求分析、使用及购买模式分析、影响因素分析以及价值/费用分析等。

(二)联合分析

联合分析是评价顾客对产品或服务各属性所赋予的重要性的分析方法。产品或服务管理者可以通过联合分析来评价各属性的潜在价值,进而推测产品构成所需属性的最优化组合。

(三)产品管理调查

产品管理调查是为了管理产品或服务整个生命周期内所进行的所有市场营销活动的经常性调查及特别调查。例如,定期检查市场营销项目对于目前产品的效果,或检查市场的顾客反应或行动模式等。

(四)服务质量调查

服务质量调查可应用 SERVQUAL 模型来测量服务的独有特性,如 2017 年中国产业信息网基于 SERVQUAL 模型调查了中国快递部门的服务质量指数,如图 1-4 所示。

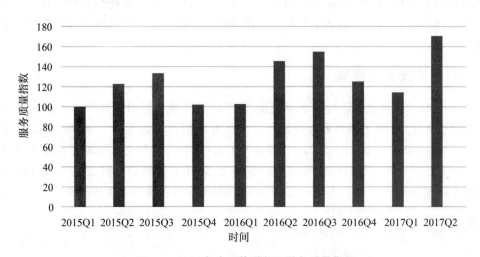

图 1-4　2017 年中国快递部门服务质量指数

资料来源:www.chyxx.com

二、客户及市场调查

(一)客户数据整合分析

随着互联网或移动手机服务的发展,数据更加自动化、电子化,并更容易获取,数据分析专家不断推动数据整合以及大数据处理技术的发展更新。通过整合现有数据库中存在的多种形态的客户数据,可以精准分析和预测消费者的行为。在市场营销领域,消费者行为相关的数据以多种形式进行自动化和电子化储存,因此对整合分析的需求也将不断增加。

(二)顾客需求分析

顾客需求分析多用于新产品概念及核心概念开发、产品开发、价值分析等多样的产品或品牌管理中。顾客需求分析一般以洞察消费者内心深处的想法为目的。例如,确认关于产品或品牌属性的正面或负面联想、对产品或品牌之间的相似性分析及分类(集群)分析、对产品使用情况的调查、具体购买及消费时间点分析、使用模式分析、替代性分析等等,都可以成为直接或间接分析顾客需求的调查。特别是通过购买后的评价分析、周期性满意度调查、持续满意度调查等手段,企业可以进行有效的顾客关系管理。

(三)顾客维护分析

顾客维护是在顾客关系管理中最重要的概念。顾客维护率是指现有客户在未来也会继续作为该企业或品牌的顾客的概率。从概念上看,为了维护顾客,需要满足顾客对产品或服务的期待,为此需要对消费者不满以及离开的原因进行分析。因此,顾客维护分析包括顾客流失率调查、顾客不满意调查、顾客不满意原因分析、顾客维护优化分析等。

(四)顾客满意度调查

作为市场营销调查中最为广泛的调查,顾客满意度调查反映了顾客对产品或服务性能的经验性评价,反映了消费者对特定产品或服务的期待对比差异。中国顾客满意度指数(China customer satisfaction index,简称 C-CSI)是中国首个全品类顾客满意度评价体系。C-CSI 是在全国范围内消费者调查的基础上,表征中国消费者对使用或拥有过的产品或服务的整体满意程度。表 1-1 是 2020 年中国顾客口香糖满意度排行榜。

表 1-1　2020 年中国顾客满意度指数——口香糖排行

品牌上榜条件是"未提示提及率≥7％"并且"评价样本数≥50"

品牌	2020 年 C-CSI 得分	排名	变化
益达	78.8	1	＋1
好丽友	78.6	2	＋2
绿箭	77.6	3	—
曼妥思	76.7	4	＋3
炫迈	73.6	5	－4
雅客	73.2	6	＋3
华艾康	67	7	＋4
乐天	53.9	8	－3

资料来源：Chnbrand 2020 年中国顾客满意度指数

（五）市场细分分析

市场细分是对相似的消费者进行聚集分类的方法，市场细分需要考虑消费者的多样特性（人口统计学特性、心理学特性、行动特性、技术特性、使用情况或使用量、主要需求等）。这些特性的差异成为市场细分的重要标准，因此精准调查和明确标准是市场细分的关键。

（六）在线顾客行为调查

顾客行为分析长期以来是通过多种形式的市场营销调查方法来进行的。随着互联网的发展，顾客行为洞察与过去相比相对更加容易，因此网络顾客行为调查方法被广泛运用。网络顾客行为调查利用顾客的购买经历或商品浏览记录等以多样形式保存的顾客在线购物行为日志文件进行分析，这些日志数据的优点是客观存在且真实地反映了顾客的购买行为，而不需要顾客回想过去的购买行为。

三、品牌价值调查

品牌价值由品牌知名度、品牌联想、品质认知、品牌忠诚度等构成。国际市场营销调查机构会定期调查世界知名品牌的品牌价值，其中具有代表性的是 Interbrand 公司每年对全世界 100 大品牌进行评审并发布的调查结果。表 1-2 为 2021 年中国品牌价值 20 强名单。

表 1-2　2021 年中国品牌价值 20 强名单

2021 年排行	2020 年排行	排行变化	品牌	省(区、市)	产业
1	1	—	中国工商银行	北京	银行
2	7	+5	微信	广东	媒体文化
3	4	+1	中国建设银行	北京	银行
4	10	+6	腾讯 QQ	广东	媒体文化
5	3	−2	华为	广东	科技
6	5	−1	国家电网	北京	公用事业
7	2	−5	平安	广东	保险
8	13	+5	淘宝	浙江	零售
9	6	−3	中国农业银行	北京	银行
10	15	−5	天猫	浙江	零售
11	8	−3	中国银行	北京	银行
12	11	−1	茅台	贵州	酒水
13	12	−1	阿里巴巴	浙江	零售
14	9	−5	中国移动	北京	通信
15	12	−3	中国石油	北京	石油燃气
16	17	+1	中国建筑	北京	工程建筑
17	14	−3	中国石化	北京	石油燃气
18	19	+1	五粮液	四川	酒水
19	31	12	京东	北京	零售
20	16	−4	中国人寿	北京	保险

四、广告调查

(一)广告效果调查

广告效果调查包括对广告信息的说服力、效果以及结果进行分析。一般而言,成功的广告包含以下核心要素:是谁、给谁、传达什么、怎样传达、想要什么结果等,另外,还要分析这些要素是否按照计划达成了预定的目标。例如,广告是否准确地传播给目标消费者、广告价值是否正确表达、广告是否获得了想要的效果(如品牌知名度上升或创造积极的品牌形象)。在业界,收视率调查可用于了解节目的收视情况,为媒体决策和广告主的媒体选择提供依据。

(二)网络广告调查

相比传统四大媒体(电视、广播、报纸、杂志)的广告,网络和移动设备的广告投放比重正在爆发式增长。网络广告调查方法的不断更新发展,对广告费决策也起到了关键作用,即网络广告效果的准确测量最终会对网络媒体的广告费单价产生很大的影响,因此,现在的网络广告市场普遍应用以广告效果为基础的广告费单价政策。

第二章　市场营销调研过程

第一节　市场营销调研类型

　　企业尝试利用市场营销调研找出企业目前所面临的市场问题以及解决方案,但往往无法明确目前所面临的关键问题,或者无法把企业问题转换为市场调研问题。因此,市场营销调研通常可以分为两大类型:一是探索性调研(exploratory research),即在没有掌握当前问题的情况下,分析市场现状以帮助企业明确当前问题;二是结论性调研,即在明确企业当前问题的情况下,利用市场营销调研寻求解决方案。

　　探索性调研是为增强对概念的理解、弄清楚待解决问题的实质以及识别待研究问题中的重要变量而进行的一种基础性研究,具有预调研的性质。调研范围包括市场潜在性、市场占有率、商标或企业形象、市场特性、销售分析、长短期预测、事业趋势调查等。此类调研为企业提供丰富的市场营销环境信息以帮助企业进行市场问题的诊断,是企业中最常见的调研类型。其中,市场潜在性、市场占有率的变化和消费者行为的洞察,不仅可以让企业明确当前问题,还可以挖掘新的市场机会。

　　确定市场问题之后,企业要运用结论性市场调研的方法去寻找解决方案,并把调研结果应用于企业的多种运营决策中。例如,为了进入新市场进行的市场细分化调研、为了开发产品进行的多样产品关联调研、为了设计定价进行的价格合理性调研、为了制定最佳促销战略进行的市场反应调研、为了构建良好的物流结构进行的流通结构调研等,这些都是基于解决企业所面临的市场问题而进行调研的典型示例。

第二节　市场营销调研的一般流程

　　市场营销的调研流程从企业发生问题开始,接着是定义问题阶段、预调研阶段、制订调研计划阶段、收集数据阶段、分析数据阶段、决策和制定报告书阶段。图 2-1 展现了市场营销调研的标准流程。

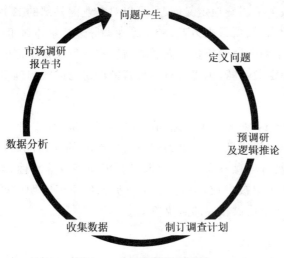

图 2-1 市场营销调研流程

(一)问题产生

企业在探索市场的过程中会不断地遇到新问题,例如市场占有率减少、销售业绩下降、缺乏竞争优势、市场政策发生变化、消费模式发生改变等,这些需要解决的新问题我们通常称为管理决策问题(management decision problem)。而市场营销调研往往始于这些企业内外部发生的各种管理问题,市场调研需要根据不同的问题特点来确定调研的类型、形态和实施方案。

(二)定义问题

在企业发生问题之后,市场营销调研负责人需要把企业迫于解决的管理决策问题转化为可执行的市场调研问题(marketing research problem),明确的市场调研问题能够更好地进行相关信息的收集,那么如何定义调研问题是关键。市场营销调研负责人在定义调研问题的过程中,需要考虑调研的目的、相关的背景、必要的信息、决策的种类等。例如:面对快速增长的线上消费市场,某企业考虑是否开设线上渠道,由于不能直接询问消费者该企业是否应该开设线上渠道,因此需要通过调研进行管理问题的再定义。

企业现状以及当前所面临的问题往往是市场营销调研的出发点,同时,明确调研问题能为日后的市场调研提供正确的方向引导,因此,定义问题可以说是市场营销调研过程中最重要的阶段。定义问题需要正确掌握问题的特性和相关因素,并对问题进行明确的说明。为了明确问题需要进行一系列的调研,包括内部问题调研,如消费者对新产品的反应;外部问题调研,如销售业绩下滑的外部原因调研。前者不需要进行调研问题的确认工作,但是后者则需要通过分析业绩下滑的多种因素进行正确的判断。市场调研问题的错误定义将会给今后投入市场营销调研的时间和金钱带来相当大的损失,甚至会造成整体市场营销调研的失败,所以市场营销调研负责人需要慎重地给出市场营销调研问题的定义。

营销调研负责人为了明确地定义问题,可以对企业内外部的二手数据进行分析,也可以通过与实际业务担当者、项目决策者、产业界专家等进行集体讨论或深度访谈等方式进行定性调研。因此,市场营销调研负责人需要与这些专家保持紧密的沟通,即使相关的沟通超出了目前的问题定义范畴,也将会对市场营销调研的成败起到重要作用。

1.二手数据调研

二手数据(secondary data)一般是指早前由不同的机构(或研究人员)在不同的环境和背景下收集而来的相关信息,并不是为解决特定企业的经营问题而收集的。然而二手数据作为公开数据,具有信息量大、容易获取以及更加经济等特性,因此对二手数据的适当调整和加工在预调研中被广泛使用。二手数据调研不但对明确研究问题有很大的帮助,而且可以为企业问题提供相应的解决方案。

2.定性调研

仅通过二手数据的分析,对明确调研问题存在一定的局限性,为了明确目前企业所处的个别环境状况,从企业内部管理层获取信息是非常必要的。因此,需要与企业管理层或实际业务负责人通过集体讨论、深度访谈等其他形式的定性调研来获得企业内部所掌握的相关深度信息。类似地,为了确保企业外部相关信息的获取,也需要采用以产业界专家为对象进行的定性调研。

3.确定问题范围

在定义问题的过程中,要确定问题的适当范围。因为明确调研问题需要考虑影响问题定义的各种因素,包括文化、市场、法律和经济等方面。同时,随着问题范围的不同,营销调研所需要的费用和时间也会有所差异。

如果将问题定义得太广泛,今后调研的范围和方向将变得很广,这很有可能妨碍调研的目的性和效率性。例如,将制订新产品开发方案的问题定义得过于广泛的话,需要考虑过多的影响因素,在确定调研目的或制订今后调研计划等具体流程时会出现混乱。相反,如果对调研问题定义得过于具体,又会存在无法反映重要因素或错过潜在机会的可能,进而降低调研结果对现实的指导意义。例如,调研特定价格变化对消费者购买量的影响,针对直接行动的影响进行研究,使得调研问题过度具体化,这样不但可能忽略其他因素对消费者购买量变化的影响,还会降低调研结果对于未来市场的预测性。因此,如何确定问题的范围成为营销调研的一个重要环节,市场营销调研负责人需要尽可能地在足以掌握问题的范围内,确认调研的相关资源投入以及预算范围,在不损害确定调研问题本质的基础上,调整二手数据以及定性研究的范畴。

4.一般营销调研问题

一般而言,企业应考虑的市场营销调研问题整理如下:
· 新产品开发方案
· 新产品上市方案
· 销售及市场占有率变化的原因
· 对竞争品牌的应对方案

- 高效市场营销程序(4P)战略
- 消费模式变化趋势
- 产品概念试验
- 消费者对商标及包装的反应
- 消费者对试用品的反应
- 市场对广告文案的反应
- 试验市场
- 细分市场调研
- 了解市场竞争结构
- 目标市场调研
- 品牌知名度/态度调研
- 广告知名度/态度调研
- 产品使用情况调研
- 追踪广告反应调研(品牌知名度、品牌形象、品牌喜好度等)
- 品牌形象及定位调研
- 市场对促进销售程序的反应
- 对市场营销程序效果的测量

(三)预调研及逻辑推论

市场营销调研负责人应以调研问题为基础,整理调研问题的目的和相关理论,并充分考量调研过程中的相关影响要素。在此过程中,市场营销调研负责人可以采取多种分析方法,例如二手数据分析法、焦点小组访谈法、深度访谈分析法或案例调研等定量或定性方法来收集和分析数据。预调研收集到的信息对市场决策具有一定的参考价值。为了达到调研目的,调研者需要在预调研的基础上设计逻辑推论过程,逻辑推论过程是指根据相关理论对预调研中筛选的因素进行相关性分析,进而推论出它们之间的逻辑关系以及预测结果。

确定市场营销调研问题后需要进行一系列的预调研,例如二手数据调研、文献调研、案例调研、定性调研等多种方式,尽可能地掌握影响调研结果的多种构成要素。由此确定适合的理论基础、调研解决方法和分析模型。

1.理论

市场营销调研属于社会科学调研,是一种以理论为支撑、用客观证据来验证的科学调研。为了维持科学调研的特性,不仅需要通过客观数据的收集来提供客观证据,还需要找到支撑客观证据结果的适当理论。客观证据是通过数据调研从现实中收集数据,理论则来自图书、学术杂志、电子数据等学术文献的整理。

理论不仅可以形成市场营销科学调研的轴,还可以提炼特定调研所需的变量,同时为如何测量样本、抽取样本和选择调研方法等调研设计提供坚实的背景知识。然而理论大多是通过抽象的概念将现实世界的复杂性以简单的形式表现出来,可能存在不能准确反映现实情况的缺点,所以市场营销调研负责人有必要慎重思考如何将理论提及的各种营销因素应用到现实中。

2.分析模型的类型

分析模型是理论的表现方法,代表理论中各种变量之间的顺序和逻辑,一般分为语言模型、图式模型、数学模型三种。语言模型是指将变量之间的关系以文字的形态表现出来;图式模型是指在视觉上分离变量,将它们的关系以图式的形式表现出来;相比前两者,数学模型则更加明确和具体地表现出变量之间的关系,通常采取数学公式的形式。一般来说,语言模型常用于证明理论的结果或主张,图式模型常用于简单诠释理论的结果和主张,数学模型常用于表达理论的原因、根据和结果。

3.逻辑推论

市场营销调研负责人经常以预调研为基础进行未来预测或假设,或对类似形态进行逻辑推论,即通过预调研确定调研现象、定义调研问题,以相关的理论为基础进行逻辑推导,并在数据调研之前给出预测结果。这种逻辑推论的一个作用是以预测结果为目的,结合数据调研和获取的客观证据来扩大整个市场营销调研的可行性;另一个作用就是有助于整理调研计划中各种变量的逻辑关系,有利于提高调研过程的效率和准确性。但是,在所有调研中都进行假设并不妥当:首先,在没有恰当的研究基础和理论支持的情况下,是无法进行正确的逻辑推论的,形成假设的恰当性很难得到认可;其次,即使是以正确的逻辑推论为基础得出的假设,也可能存在没有太大参考价值的情况。因此,市场营销调研负责人要在现有的市场环境下,利用恰当的理论基础进行逻辑推导,得出有价值的假设,才能提高市场营销调研的参考价值。

(四)制订调研计划

如果市场营销调研负责人判断预调研不能达到调研目的,那么就需要进一步制订详细的调研计划。市场调研计划(marketing research proposal)是一张有关整个市场营销调研的详细设计图,是为了获得必要信息以达到具体调研目的而进行的周密计划。调研计划包括必要数据的类型确定、数据收集的方法、开发信息的测量和尺度、设计问卷的题项或实验的操控、抽取样本方案、数据分析方法和报告方法等。如果市场营销调研负责人委托外部调研机构进行调研,可以向公司提交调研提案书,提案书的调研计划评价通过后,可以通过追加协商进行后续调研。第三章、第四章和第五章详细说明了多样的调研类型。

(五)收集数据

制订调研计划后,市场营销调研负责人需要选择可行的数据收集方式,例如访谈、电话和邮件等。同时需要按照样本计划进行样本抽取,保证数据所需的样本数量和质量,之后进行实际的数据收集。数据收集的过程对实际数据收集者具有较高的要求,需要通过适当的培训和监督来减少数据收集的错误。后文分别对测量工具(第六章)、问卷的制定(第七章)、样本抽取(第八章)进行了详细说明。

(六)数据分析

数据分析之前需要对原始数据进行过滤,原始数据过滤是指对收集到的多种形态的数据进行准确性和真实性的验证。过滤工作的明确性和连贯性将对日后数据分析结果的可靠性产生很大影响。完成数据过滤后需要根据这些数据类型和形态选择适当的统计分析工具,从而得出统计结果。第十章到第十六章详细说明了多样的统计分析方法。

(七)市场调研报告书

调研结束后,市场营销调研负责人需要根据数据分析结果撰写市场调研报告书。在此之前,市场营销调研负责人需要与企业负责人或行业专家对调研结果进行讨论,并做出相应调整以确保调研结果的真实性。随着市场营销调研过程的结束,调研负责人可以编写记录调研过程和分析数据结果的详细报告书。市场营销报告书包括调研的种类、调研问题与调研目的、抽取样本的方法及结果、采集数据的方法、分析数据的方法、技术统计量、统计分析结果、主要发现事项等。

第三章　市场营销调研方法

第一节　市场营销调研方法类型

市场营销调研方法分为探索性调研(exploratory research)和结论性调研(conclusive research)。

在调研内容与性质不明确的情况下,一般采用探索性调研法,其主要目的是让调研者更深入地了解所面临的问题并提高对问题的理解。通过初步调研和资料整理,对项目进行更清晰的界定,并提出相关假设或设想。因此探索性调研主要是对一个大而模糊的问题进行必要的信息筛选,其调研过程相对灵活,比较常见的有专家访谈和焦点小组讨论等方法。探索性调研获得的数据主要是非固定形态的定性数据(qualitative data)。在获得定性数据后,需要进行定性分析(qualitative analysis)。定性分析是指对非固定形态的定性数据进行分析,从而理清相关概念、明确问题并做出假设。定性分析的结果虽然可以给调研者提供新的调研方向,但是也需要慎重考虑结果的客观特性和主观特性,才能进一步运用分析结果。最终,在探索性调研结果的基础上,可以作进一步的探索性调研或结论性调研。

结论性调研是调研工作中的核心阶段,能客观地检验由探索性调研得出的主观结论。其目的是检验具体假设及各变量之间的关系,进一步明确调研的信息和数据。结论性调研一般比探索性调研更系统化、结构化,需要收集大量样本数据进行定量分析。因此,它的调研结果会更真实、准确,可以直接用于经营决策过程。结论性调研分为掌握现象间数量关系的描述性调研与调查原因和结果的因果性调研。首先,描述性调研是指对所面临的不同因素、不同方面现状的调研研究,其资料数据的采集和记录会着重于对客观事实的静态描述,具体分为横向调研、纵向调研和面板调研三种。横向调研只考虑一个特定时期的某些情况,纵向调研则考虑各个时期的某个情况,面板调研则是对特定的事物(人群)进行一定时间的追踪。其次,因果性调研是对市场上出现的各种现象或问题之间的因果关系进行调研,目的是找出问题的原因和结果,也就是专门调查"为什么"的问题。如果说描述性调研更多探究的是变量的描述性、相关性的内容,则因果性调研会更聚焦于变量间的因果关系。图 3-1 展示了市场营销调研的各种类别。

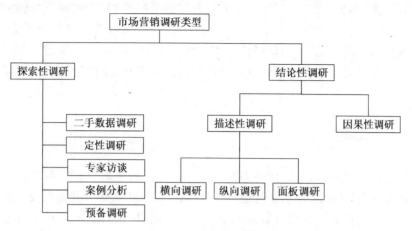

图 3-1　市场营销调研类型

　　探索性调研主要用于调研的初期阶段以了解市场营销问题,如果发现可能导致问题的原因,为了对原因下明确的结论,就需要进行结论性调研,提出市场营销问题的正确解决方案。

第二节　探索性调研

　　探索性调研旨在了解情况并发现问题。调研人员通过初步收集资料以了解现状并界定问题,进而提出调研的假设或设想。简而言之,探索性调研将筛选出主要变量,并对变量间的关系作出假设,同时明确调研目标、确定调研问题、确定调研的优先次序。

　　探索性调研多用于调研者对某领域不够了解或对调研问题不够明确的情况,因而调研流程及调研方式不够明确,方法较为灵活多变。研究者不仅能对现状有更清晰的认识,而且能发现新的研究方向。尽管探索性调研对样本收集和数据分析等过程并没有系统化和结构化的要求,但它需要发现新想法或提出新启示,因此调研者的创意性和独创性是非常重要的。探索性调研常用的方法如图 3-1 中所示,包括二手数据调研、定性调研、专家访谈、案例分析、预调研等。

一、二手数据调研

　　二手数据调研(secondary data analysis)是指根据调研目的收集公开数据并进行分析,这些数据通常不是为正在进行的研究项目而收集的,而是在项目开始前就有的。它分为内部数据和外部数据。内部数据是指由正在进行调研的机构保存的数据,这些数据可直接获得和使用,但此类数据需要经过某些安全程序才能获得,例如企业内部销售信息属于企业内部机密,可能需要申请才能获得。外部数据是指外部机构(如媒体、经济协会、统计厅等政府机关、大学或研究所、线上线下数据调研机构等)所收集的数据(如新闻报道、案例报告书、统计数据、研究报告书、研究论文)。这些外部数据可分为公开资料、数据库和辛迪加数据。总的来说,二手数据具有真实性、及时性、同质性、完整性、经济性、针对性等特点。二手数据调研有助于调研者把握相关问题的现状,是探索性调研中常用的调研形式。

二、定性调研

与二手数据调研类似,定性调研通常围绕一个特定的主题,例如,调研者为了更加准确地定义研究问题,需要对现实情况进行反复确认,筛选出关键变量并假设各变量之间的关系。尽管通过定性调研获得的数据不能完全符合调研目的,也不能科学地解决调研问题,但可以明确调研本质,以及发现调研对象的深层次想法或内心状况,并就下一步的调研方法提出建议。定性调研常用的方法有直接调研法,如焦点小组访谈和深度访谈,还有非直接(间接)调研法,如投射法。企业可以通过定性调研,与调研对象进行深度沟通或互动,进而捕捉到消费者的深层动机,并以此明确调研问题。

三、专家访谈

专家是指对于企业经营、行业发展或消费者行为习惯具有专业知识的人,专家的经验、信息、意见、见解能为企业所面临的各种市场营销问题提供有价值的线索和解答。为此,需要用到专家访谈。专家访谈是对拥有专业知识的专家进行访谈,导出专家知识,以获得解决问题的方法或意见的一种调研方法。专家是指在某个领域有丰富知识的人,因此专家访谈也被称为经验问卷调研(experience survey)或核心情报员法(key informant technique),以拥有丰富消费经验的用户为对象进行的访谈,也被称为核心用户调研(lead-user survey)。

专家访谈主要用于对特定现象、问题或消费过程的重组,并导出调研对象的独特见解,调研过程不需要经过固定的提问形态等系统性的调研过程,其结果也是以非定型状态的信息为主。例如,国外某食品工业集团有意在国内开拓方便面市场,为此,选择对国内不同地区的几座城市的潜在消费者进行探索性调研。调研者通过与相应领域的专家和消费者进行访谈,可以厘清商品概念并明确消费者购买行为,以便为下一阶段的描述性调研的样本选择和问卷设计打好基础。需要注意的是,专家只是帮助调研者获得有关问题所需知识的一种媒介,并不是直接调研对象,在某些情况下专家甚至与直接调研对象相互对立。

四、案例分析

案例分析(case study)是指在特定情况下,对社会生活中的典型事件或典型企业进行研究、剖析,以找到相关领域类似问题的解决思路、方法和模式,进而探索出一般规律的过程。在市场营销调研中,案例分析的单位可以是行业、企业、品牌、一般市场营销活动和顾客等。同时可以使用企业内部、企业外部、原始数据、二手数据、非定型数据、定型数据等多种形态的数据进行案例分析。例如,当进行"消费者选择咖啡品牌的影响因素"的案例调研时,可以对咖啡品牌的成功案例与失败案例进行对比,调研可能的影响因素,并探讨它们之间的相互关系。

五、预调研

预调研(pilot study)是介于探索性调研和正式调研之间的过渡调研,是一种事前调研。预调研以开放式问题为主,辅之以结构化问题,来进行小样本数据收集。预调研有两个调研目的:一是明确研究问题;二是提高正式调研的有效性。例如,正式调研采用问卷调研的方式,则在正式实施问卷调研之前,需要对问卷内容、问卷构成形态、应答者反应、问卷回答时间、问卷应答率等实施过程中可能发生的情况进行预测试,以提升正式问卷调研的准确性和有效性。

第三节　描述性调研

描述性调研(descriptive survey)是对市场情况的真实描述,记录各种现象的特征,从中发现它们之间的内在联系。其特点是以静态的方式描述客观事实,寻求解决问题的答案。例如,通过描述客户、销售企业、上下游机构或市场等利益相关者的特点,以寻求问题的解决方法。

描述性调研的范围广泛,具体包括:市场潜在需求量调研、市场占有率调研、推销方法与销售渠道调研、消费者行为调研、企业竞争状况调研、产品调研等等。以消费者行为调研为例,调研消费者的人口统计变量、购买习惯和产品偏好,以此预测未来市场,同时了解消费者对营销活动的反应,并预判营销活动的效果。实际上,大部分的市场营销调研都属于描述性调研,而最常用的描述性调研是问卷调研,它是一种将市场和企业的多种现象进行量化(quantify)的过程。

调研人员通过预调研,在一定程度上确认了调研对象以及基本假设,并明确了检验假设需要的基本信息。所以描述性调研的主要功能就是验证假设,因此需要先筛选要收集的信息,再收集包含大量样本的数据。具体而言,描述性调研分为横向调研(cross-sectional study)、纵向调研(longitudinal/time series analysis)和面板调研(panel study)。横向调研适用于在某一特定时间内调研不同对象的组间差异,例如,研究"男女之间对特定品牌的忠诚度差异"适合进行横向调研。相反,纵向调研是以一定的时间间隔获得某一特定对象的变化动态,即观测特定对象在不同时间的差异或在各时期发生的变化。例如,研究"特定产品上市后的品牌忠诚度变化"时常进行纵向调研。一般来说,横向调研获取大样本的成本更低,调研可行性更高,但是,很难掌握动态市场环境下变量的变化,例如,市场趋势的变化、消费者反应的变化等。而纵向调研也存在一定局限,例如,很难保证可以获取具有动态时间特性的大量数据。

鉴于横向调研和纵向调研都存在一定的局限性,可以考虑采用面板调研。面板调研具有横向调研(面板选择)和纵向调研(反复调研)的优良特性,因而其使用更加广泛,数据结果更具有参考价值。例如,调研"广告前后顾客的品牌忠诚度差异"时,可以采用面板调研,获取广告前后多名顾客的品牌态度并进行分析。但是,面板调研也存在一定的局限性,例如,作为当前调研对象的面板在下一期很可能无法延续,导致数据偏差或样本数据减少,进而影响到调研结果的可靠性或可行性。为了避免面板调研的这些缺点,就需要付出较大的资金和管理成本以维持面板数据连续性和样本量。所以一般来说,横向调研和纵向调研可由个别企业或个人进行调研,但面板调研更多是由专门调研机构进行调研。

第四节　因果性调研

因果性调研是对市场中各种现象之间的因果关系进行调研,它的调研基础是描述性调研所提出的各关联要素之间的关联现象,调研结果可以直接帮助市场营销经理进行市场决策。因果性调研具有以下特点:第一,要在一系列的关联现象中确定何者为"因"、何者为"果",即说明某个变量是否引起或者决定着其他变量的变化,因此因果关系的前提是两个变量存在相关关系。第二,因果关系的假设为:原因是产生结果的手段,即验证 A 事件会引起 B 事件发生,因此,原因和结果在时间上是依次顺序,例如消费者行为调研显示,消费者态度改变会引起购买行为的变化。但是,在进行因果关系验证的时候需要控制原因变量和结果变量之外的外生变量的影响。因果性调研主要是为了理解"现象中出现的原因变量(自变量)和结果变量(因变量)之间的关系"或说明"原因变量和预期结果之间的关系"。因果性调研和描述性调研一样,需要有结构性的设计并按照严谨的计划实施。虽然通过描述性调研可以知道变量之间的关联程度,但不能明确各变量的前后关系,且控制外生变量的影响是有限的,因此不能验证因果关系。

因果性调研可以在人为操纵和控制的环境中,明确调研原因变量对结果变量的影响。人为操纵的环境是指控制可能对因变量产生影响的各种外生变量,只针对预调研中筛选的自变量对因变量的影响进行调研。因为人为地控制了一个或多个外部影响变量,创造出了实验室一样的环境,就可以明确推论自变量和因变量之间的因果关系。因此,实验法是常用的因果性调研方法。例如,对销售人员的努力和销售成果之间的因果关系进行调研时,调研人员想知道销售人员的努力(原因变量)是否为影响销售成果(结果变量)的直接原因,就可以采用实验法进行调研。调研人员可以通过对原因变量(销售人员的努力程度)分组,进行销售成果比较,以此来推断两个变量之间的因果关系。为了验证假设,需要人为控制除了"销售人员的努力"之外的其他因素对业绩的影响,即假设其他所有条件在组间都要相同,一个组可以让销售人员做出更多努力,另一个组可以让销售人员做更少的努力或者几乎不做,这样人为地设置实验环境。在两个组之间进行实验操控(销售人员的努力)后,可以对比结果变量即两个组的销售成果,根据其差异推断销售人员的努力是否会成为销售成果的原因。这种实验法一般都是由实验组和控制组组成,以两组间的差异揭示因果的过程。在此过程中,实验组只操控原因变量的条件,控制组不采取任何措施,同时控制其他影响因素,两个组之间唯一的差异是原因变量。因此为了测量原因变量对结果变量的影响:第一,要同时观察原因变量和结果变量;第二,原因/结果变量的时间顺序和效果状况必须被严格控制;第三,实验对象应该随机分配给实验组和控制组。

实验设计根据实验组和控制组的控制程度,分为预实验(pre-experimental design)、准实验(quasi-experimental design)和实验室实验(lab-experimental design)。预实验一般适用于实验对象无法进行随机分配的情况。准实验设计虽然控制了实验对象和实验时期,但无法控制实验对象的随机分配。实验室实验设计是指在实验室情况下完美控制多种因素,是真正意义上的实验。

在实验设计中,常用实验符号来描述实验。一般 X 代表一组实验处理,即自变量的处理,而 O 代表因变量的测量。

预实验设计是不包括实验室实验设计中基本要素的研究设计。预实验设计没有控制组,所以不能控制外生变量的影响,但成本低廉,可以为市场营销调研提供一定的见解。预实验设计分为单组后测试设计(one-shot case study design)和单组前后测试设计(one-group pretest-posttest design)。单组后测试设计指将测试对象暴露在处理变量一段时间,随后再测试因变量,用符号表示即:

$$X \quad O_1$$

单组前后测试设计指先测试一次因变量,在暴露于处理变量后继续测试一次因变量,即:

$$O_1 \quad X \quad O_2$$

实验处理的效果常以 $O_2 - O_1$ 进行估计。

准实验设计通常采用现场环境进行,但由于费用或现场的限制,调研人员常不能将受试者随机分配到实验处理中,故会存在一定误差。具体包含间断时间序列设计(interrupted time-series design)和多重时间序列设计(multiple time-series design)。间断时间序列设计是指在引入实验处理前后反复测试,对外生变量进行更多控制,从而提高实验有效性,具体设计用符号表示如下:

$$O_1 \quad O_2 \quad O_3 \quad O_4 \quad X \quad O_5 \quad O_6 \quad O_7 \quad O_8$$

多重时间序列设计是将一个控制组加到简短时间序列设计中,更能提升实验的有效性,符号表示如下:

实验组:$O_1 \quad O_2 \quad O_3 \quad O_4 \quad X \quad O_5 \quad O_6 \quad O_7 \quad O_8$
控制组:$O_1 \quad O_2 \quad O_3 \quad O_4 \quad\quad O_5 \quad O_6 \quad O_7 \quad O_8$

真实验设计会将被试随机分配到实验处理当中,即用 R 表示。随机原则可以将结果变得更有效。常有两种方法:前后测试控制组设计(before and after with control group design)和仅为后期测试控制组设计(after-only with control group design)。前后测试控制组设计可以如下表示,这时 X 真实影响效果为$(O_2-O_1)-(O_4-O_3)$。

实验组:$(R)O_1$ X O_2

控制组:$(R)O_3$ O_4

仅为后期测试控制组设计相对来说会简单点,如下所示,X 效果为 O_1-O_2。

实验组:(R) X O_1

控制组:(R) O_2

第五节 探索性调研、描述性调研、因果性调研之间的选择

市场营销调研分为探索性调研、描述性调研和因果性调研,但它们之间并无绝对的差异,在实践中常将两者以联合的形式进行调研。因此,应根据调研目的和问题特性选择合适的市场营销调研方法。以下是选择市场营销调研方法的一般性标准:

(1)探索性调研一般用于对市场情况了解较少并对调研问题不明确的情况下。探索性调研可以更明确地定义问题、提供解决方案的相关资料、建立研究问题和假设,并能够对可能的自变量或因变量进行探索和分类。

(2)探索性调研一般位于整个市场营销调研的初期阶段,之后常会进行描述性调研或因果性调研。例如,通过描述性调研或因果性调研来验证探索性调研设定的假设。但探索性调研也不一定总处于初期阶段,也可能在描述性调研或因果性调研之后进行。例如,在描述性调研或因果性调研结果与预测结果大不相同的情况下,可以通过探索性调研来帮助理解这些结果。

(3)市场营销调研也可以从描述性调研或因果性调研开始。例如,按季度进行的客户满意度调研,就不需要从探索性调研开始,也不需要对每一个阶段进行探索性调研。

三种调研特征的异同如表 3-1 所示。

表 3-1 市场营销调研方法

项目	探索性调研	结论性调研	
		描述性调研	因果性调研
目的	通过直观观察现象,来获得对现象的理解和洞察	对现象的具体描述,以说明现象之间的相互关系	通过实验,说明明确的因果关系
信息/数据	大概的定义,非定形、定性数据	明确的定义,定形、定量数据	
调研过程	非系统的,灵活的	系统的/结构的,僵硬的	

续表

项目	探索性调研	结论性调研	
		描述性调研	因果性调研
样本	少量样本	大量样本	
结果	实验的/暂定的	结论的/确证的	
特征	对本调研设计进行预测	对具体假设进行预估,测量独立变量和因变量,说明它们之间的关系	一个或更多的独立变量操控,测量因变量效果,控制其他环境变量
方法	专家问卷调研 事先调研 案例研究 二手数据:定性分析 质性研究 观察法	二手数据:定量分析 横断面调研 纵断面调研 问卷调研 面板法	实验

第四章 探索性调研

第一节 探索性调研的类型

本章对企业市场营销调研方法之一——探索性调研进行探讨。探索性调研一般可分为两种形态：二手数据调研和定性调研。

首先，二手数据调研方法是间接的探索性调研，基于已存在的数据，快速地掌握现象、现状和问题点。在某些情况下，二手数据调研可以用于总体标准差的估计。因此，二手数据调研有助于定义复杂的市场营销调研问题或决定具体的市场营销调研方法。在原始数据收集前或正式市场营销调研设计前，调研者往往会对二手数据进行适当的分析，来掌握市场现状。例如日常市场现状调研，仅凭二手数据就可以充分说明情况并给出结论。一般而言，二手数据可以分为企业内部的数据（内部二手数据调研）和企业外部的数据（外部二手数据调研）。

二手数据调研是以现有数据为基础，为了认识目前面临的问题而进行的间接探索性调研，而定性调研法则为直接探索性调研。定性调研方法可以在正式的市场营销调研之前，在对调研问题和现状的信息或理解不足的情况下，为了具体直接地掌握调研问题和现状而使用。然而定性调研方法会存在调研者的主观判断，需要通过系统性方法降低主观性。定性调研方法是一种非结构化的调研方法，一般以访谈和观察的形式进行。访谈方法分为直接访谈方法和间接访谈方法，直接访谈法是指调研者对关心的现象或问题进行直接提问，包括专家访谈、深度访谈、焦点组访谈；间接访谈法是在隐喻或从第三方立场上，进行间接提问，包括投射法、联想法、完成法、构成法、表达法。观察方法根据观察主体和对象分为人力观察、机械观察、文化民族志研究、内容分析、行踪分析等。

除了二手数据调研和定性调研，文献调研或案例调研方法也属于探索性调研方法，都适用于事前调研或预调研范畴。基于现有资料，文献调研和案例调研同样也可以分类为二手数据调研类型，但一般来说二手数据调研多指描述性调研，而文献调研和案例调研大部分是追求质性调研，因此被单独分类。表 4-1 显示了探索性调研的类型。从下节开始，让我们仔细探讨各个调研类型。

表 4-1 探索性调研的类型

探索性调研	二手数据调研	内部二手数据调研			
		外部二手数据调研			
	定性调研	访谈调研方法	直接调研方法	深层次访谈	
				焦点小组访谈	
			间接调研方法	投射法	联想法
					完成法
					构成法
					表达法
		观察调研方法	人工观察		
			机器观察		
			民族志研究		
			内容分析		
			行踪分析		
	文献调研				
	案例调研				

第二节　基于二手数据的探索性调研

一、二手数据 VS.原始数据

　　二手数据一般与目前需要解决的市场营销调研的目的无关,是在没有特定目的的情况下,在日常的数据收集过程中积累的数据。虽然搜索符合市场营销调研目的的二手数据需要相当长的时间和努力,但与直接的数据调研相比,时间更加快速,费用也相对较少。这样的二手数据可以从媒体新闻、国家统计数据、专业咨询企业、相关协会的报告书、情报机关的统计数据、大学或研究所的研究论文等多种形式的数据渠道中获得。

　　相反,原始数据(或一手数据)是为了解决项目问题、向对被调研对象进行调研以收集所需要的数据。原始数据调研为了达到市场营销调研的目的,要经过系统的市场营销调研过程,因此与二手数据调研相比,需要相对更多的调研费用和时间。原始数据和二手数据调研的不同点概括如表 4-2 所示。

表 4-2　原始数据 VS.二手数据

	原始数据	二手数据
收集目的	直接解决现案问题	跟现案无关的目的
收集过程	非常复杂	较为容易
收集费用	高	低
收集时间	长	短

但是,随着信息科技的高速发展,大数据时代来临,对市场调研技术与研究方法均产生了深远影响。大数据技术的蓬勃发展不仅减少了企业在人力物力方面的投入成本与调研周期,还促使数据信息朝多样化、完整化方向发展(通过网络数据爬取、数据清洗等方式优化已获取的数据信息),进一步提升市场调研企业的运作效率。传统市场调研与大数据市场调研方法的特征对比如表 4-3 所示。

表 4-3　传统市场调研与大数据市场调研方法的特征对比

分类	研究方法	研究效果	成本投入
传统市场调研	通过定量研究与定性研究的方法进行市场调研,了解市场现状	多渠道收集用户反馈,帮助企业加深对市场的认识,改进产品,提升用户体验和企业绩效	多为人力物力成本,主要依靠经验丰富的分析师研究推算
大数据市场调研	将传统研究方法与大数据技术相结合,如通过人工智能等方法对数据进行测算、评估,进而对市场做出研究与判断	依托大数据技术,可对海量市场数据进行收集汇总,利于进一步深挖数据(准确性、真实性更佳),以实现消费者行为与市场趋势的精准预测	人力物力成本小,资源消耗少,技术成本投入较高

二、二手数据的优点和缺点

二手数据与原始数据相比具有以下优势:

首先,二手数据容易获得,费用相对低廉,并可为调研者在正式调研前提供了多个领域的事前知识和数据参考。例如,调研者可以利用二手数据进行探索性调研,发现问题并明确问题,进而重新明确调研目的。

其次,利用二手数据获得的事前知识和参考数据可以对调研方法选择、变量筛选以及变量之间的关系明确提出建议,并有利于下一个阶段的市场营销调研设计。

最后,调研者可以基于二手数据调研的结果,对问题或现象进行事前预测,并提高调研结果检验的解释能力。

因此,对二手数据的调研和讨论,实际上是市场营销调研成功执行的必要条件。但是,二手数据并不是为项目调研专门收集的数据,与项目调研目的不一致,与目前项目的相关性较低,而对调研目的判断,二手数据的准确性、最新性和可靠性相对较低,因而其分析结果无法明确解决目前的市场营销调研问题,甚至会出现偏差。

三、评价二手数据的标准

调研者在二手数据分析中,要明确理解二手数据的缺点和界限,并以此为基础评价二手数据调研结果。表 4-4 展示的标准主要是为了评价二手数据的价值。

表 4-4　二手数据评价标准

标准	详细评价项目
数据收集方法的具体性	数据收集方法 应答率 数据质量 抽样方法 样本特性 问卷设计 数据调研形态 数据分析 误差可能性
数据实时性	数据收集时期 数据更新周期
目的关联性	收集数据的目的
数据有用性	变量定义方法 测定单位 使用的范畴 测定方式
数据可靠性	专业知识、可靠性评价,以及来源的可靠性

(一)数据收集方法的具体性

为了确认二手数据的可靠性和可行性,数据收集过程中对数据的评价非常重要,包括样本特性、应答率、数据质量、问卷的设计和管理、问卷调研过程以及数据分析过程。这些评价项目为数据的可靠性和可行性判断提供参考,并成为二手数据调研结果能否被使用的判断标准。因为数据收集及获取方式可能包含多种误差,因此需要对可能的误差进行检查。由于没有直接参与调研,调研者一般会比较各种数据的来源来检查误差。

(二)数据实时性

二手数据往往不是最新的数据,像人口统计数据,数据收集和公开之间存在一定的时间差,而且数据可能不会为了特定调研目的而定期更新。然而,市场营销调研一般要求最新数据,所以二手数据的实时性决定了数据的价值。因而很多市场营销调研机构会定期更新营销相关的统计数据,因此,调研者要确认调研过程中所使用二手数据的实时性,检查数据是否保持着最新更新的状态。

(三)数据关联性

二手数据一般是在其他项目调研过程中收集的,因此判断数据关联性需要确认二手数据收集的目的。二手数据的原收集目的与现调研目的的关联性,是判断二手数据关联性的重要标准,但是一般情况下这种相关性可能不高。因此,调研人员应根据两个项目的相关性和关联性程度,来评价该二手数据是否可用于目前的市场营销调研。

(四)数据有用性

数据测定形态的评价应该对变量的定义、测定单位、使用范畴以及调研的关系等进行充分的探讨。如果变量的定义不恰当或与调研者的定义不同,数据的有用性就会降低。二手数据的变量测定标准一般与现有项目存在差异,因此使用二手数据前要确定项目测量标准,这对今后调研结果的解释会产生极大的影响。因此,调研者需要根据项目调研目的,明确掌握二手数据的测定方式,评价其特性,以判断数据的有用性。

(五)数据可靠性

一般而言,数据的可靠性是对数据的专业性以及来源可靠性的判断。在明确二手数据调研目的的情况下,比较容易判断数据的可靠性。但是,以匿名方式收集的数据或数据收集方法和程序细节不明确的二手数据,判断该数据的可靠性存在一定的难度,具体而言,需要判断二手数据的来源是直接调研的数据还是间接重组的数据。与重组的二手数据相比,直接调研的二手数据其可靠性相对较高。

四、二手数据的分类

二手数据可分为企业内部数据和企业外部数据。企业内部数据是指被调研的组织其内部制作的数据,与企业经营信息系统中提供的日常信息一样,在企业内通过一定程序就可以马上使用。虽然企业内部数据已存在,但调研者使用相应数据前有必要进行安全检查等适当程序。例如,特定品牌的销售信息是企业内已存在的信息,但是经营机密的程度很高,因此并不是所有的调研者都能够轻易地接触。相反,企业外部数据的制作是基于外部数据来源,主要有新闻、著作、报告、论文等公开出版的数据,还有通过网络或移动设备可访问的电子化数据库,另外,还要基于对这些信息进行再加工的专业信息服务等。一般而言,收集二手外部数据需要花费相当多的金钱和时间,并以相对广泛或普通的目的进行收集,因此在收集二手外部数据之前,分析内部数据对于把握企业现状具有一定的帮助。

(一)二手内部数据

二手内部数据是指"从组织内部的数据中发展出来的相关信息的集合"。由于大多数现代企业都有丰富的内部信息,有些数据可以立刻使用并具有非常高的参考价值。在市场营销调研过程中,对内部数据进行调研是明确调研问题的必要过程,以企业内部数据为基础,调研者可以根据调研问题的本质推测调研结果的影响因素,甚至可以提出预测和解决问题的方法及相关依据。并且,二手内部数据比其他外部数据更容易被获得而且其使用价值较高。代表性的二手内部市场营销数据是客户信息数据库,包括客户简介与销售记录等细节。客户信息数据库将分散在线上线下等多个空间的包括销售信息在内的多种客户信息,全部存储在企业中央数据服务器上,用于预测客户行为和评价客户价值。最近,随着信息技术的发展,客户数据库建设过程自动化水平逐渐提高,客户信息种类呈多样化趋势,同时随着储存技术的不断创新,数据存储量也在大幅度增加,逐渐形成备受关注的企业内部管理大数据。从现代市场营销角度来看,客户信息数据库有助于形成、扩展、维护客户关系管理(CRM:customer relationship management)的有效运营,成为企业必要的工具。

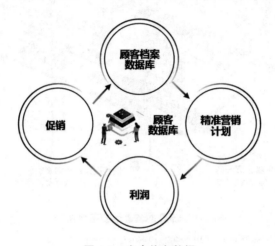

图 4-1 客户信息数据

随着信息技术的创新和发展,智能推荐、VR、AR、服务机器人等一批新的技术和应用越来越普遍,满足了新一代消费者的消费需求。零售企业可以通过智能摄像头,结合人脸识别、姿态识别等 AI 技术,来掌握消费者从进店、选购、付款、出店的全过程线下交易数据信息,通过数据分析,洞察品类和商品的相关性,对店内的消费者行走路径、商品陈列、店员调配进行优化,从而提高经营效益;零售企业和品牌商可以通过网络埋点、探针、智能摄像头等技术,收集消费者的社交数据、线上购物信息、线下购物行为数据等全渠道全链路数据信息,利用算法模型构建标签体系,从而获得消费者具体画像。此外,通过 VR、AR 等新的技术来赋能网络购物平台,提高线上购物的真实性和体验感,如 2016 年阿里推出的虚拟购物产品 Buy+。

(二)二手外部数据

二手外部数据的来源包括政府、协会、出版社、投资分析专业公司/机构和专业市场营销调研公司/机构,可以分为两种:一是企业或营利调研机构主要以有偿形式发放的商业数据(commercial data),包括投资分析机构对企业、市场和市场营销信息等进行分析形成的报告;二是政府机关或非营利机构以无偿形式发放的非商业数据(non-commercial

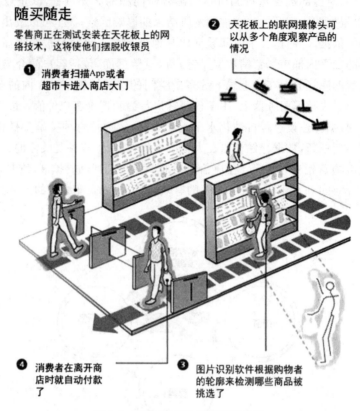

随买随走

零售商正在测试安装在天花板上的网络技术，这将使他们摆脱收银员

① 消费者扫描App或者超市卡进入商店大门

② 天花板上的联网摄像头可以从多个角度观察产品的情况

④ 消费者在离开商店时就自动付款了

③ 图片识别软件根据购物者的轮廓来检测哪些商品被挑选了

图 4-2　新零售场景中的调研应用

图片来源：the wall street journal

data)，包含政府的人口统计数据、产业统计数据等。随着数字化的发展，二手数据也逐渐数字化，大部分都可以通过网络和移动设备进行访问、搜索和保存。二手外部数据的数量庞大，根据调研目的进行分类也是非常重要的。

五、外部二手数据

(一)二手专业数据

二手专业数据一般是由专业市场营销调研公司收集制作，为众多委托人所用的共享信息，因此使用专业数据服务费用更低。专业数据服务包含消费者问卷调研、消费者面板调研和通过电子扫描仪服务完成的扫描仪面板调研等。消费者问卷调研能帮助提供消费者个人信息、消费者价值、生活模式、广告评价、偏好、购买、消费等消费者行为方面的信息；消费者面板调研能帮助提供购买或消费的周期性和客观性信息。电子扫描仪服务可以帮助从 UPC 扫描仪数据、面板连接的扫描仪数据，或面板和(电缆)电视连接的扫描仪数据中获得大量数据。

（二）周期性问卷调研数据

专业市场营销调研机构定期对特定调研对象进行问卷调研，在特定的时间间隔从面板中抽取出样本，通过电话、面对面、邮件或电子接触等方式进行周期性问卷调研。调研对象可能是个人、机构或特定观测组等。调研内容包括消费者的心理描写特性（psychographic characteristics）、生活方式（life style）、产品评价、广告评价等。以广告效果调研为例，可以将测试广告插入媒体，通过问卷调研测试消费者认知、记忆、说服、态度、喜好等的广告反应。电视广告测试区分为聚集观众调研广告反应的试演方法与和特定区域（例如家庭）调研广告反应的现场方法。

周期性的问卷调研是获取数据最灵活、最简单的方法之一。调研者可以针对特定人群直接询问消费者的动机、态度和喜好，也可以使用视觉设备收集关于包装、产品设计的偏好数据。但是，问卷调研的数据一般是基于调研对象自我报告（self-report）的回答方式，具有一定的界限性。首先，在被调研者层面，人的思想和行动之间存在一定的差异，调研对象可能会记错或根据因为自己的期待而理想化结果从而造成回答误差。其次，在调研者层面，在选择调研对象样本时有可能存在问题，问卷调研的提问在表达上也会存在误差。最后，调研本身可能没有被恰当地执行或管理，甚至问卷调研的结果可能被错误地解释。

（三）周期性行动调研数据

周期性行动调研可分为购买面板和媒体面板调研。购买面板数据和媒体面板数据是指调研对象的特定行动（购买或收看电视）或特定行为按照一定规则记录的以日志形态保存的数据。购买面板数据可以用于预测销售情况、市场占有率、品牌忠诚度和品牌转化行为的评价、宣传效果以及执行控制的存储测试（store test）。媒体面板提供了类似关于广播或电视网络的广告比例测定等观众或听众的行为数据。面板提供了同一调研对象在不同时期行为的纵向数据（longitudinal or time-series data），此类数据通过电子化记录排除了人类记忆误差以及调研者操作误差，因此此类数据比问卷数据的质量更高。一般来说，面板样本的抽取比一般样本的抽取更难更复杂，因此，大多数面板数据是依赖于调研机构的便利而收集的，此类数据必将存在缺乏整体代表性的缺陷。同时，周期性的调研与调研对象的配合度有一定的关系，调研对象临时脱离或拒绝参与调研都会造成样本的缺失。由于面板调研的周期性，调研对象人为的应答会有多种形态回应偏差（response bias）的可能性。

（四）公开的企业审计数据

公开的企业审计数据包括：整体市场的大小和企业数量、企业所在的地区或城市，品牌占有率和竞争活动，销售量和生产量，流通问题的分析，市场潜力的开发和展望，以及基于销售量来分配推广份额等。审计数据的优点在于，数据可细分为品牌、商店的种类、市场大小等许多重要变量，能够为多种竞争产品提供相对准确的信息。但是也有缺点，其局限性在于所有的市场或运营机构都不公开企业审计数据，另外，审计信息具有相对较长的周期，因此也具有实时性缺陷的问题，因为一般审计周期的完成和报告的发表之间至少有两个月的时间差。最后，与其他二手数据不同，审计数据更多地记录了营销活动的费用支出，无法观测到消费者特性数据。

第三节 定性调研方法

一、定性调研方法概要

定性调研和定量调研都是以调研者的特定调研目的为基础进行的调研,定性调研一般用于确认变量或作为提出假设的事前调研,进而为明确调研问题提供逻辑支撑;定量调研则是观测变量数量化和标准化后进行统计分析的方法。定性调研和定量调研是相辅相成的,虽然两种调研在内容侧重和调研方式上存在差异,但在功能上是互补关系,具体调研过程也通常是前后相继的。例如,问卷调研是典型的定量调研工具,但是在问卷设计的过程中,为了完善问卷内容、问卷题项以及问卷结构通常要经过几轮访谈的过程(定性调研)。表 4-5 简略地比较了这两种方法论的差异。

表 4-5　定性调研和定量调研

区别	定性调研(qualitative)	定量调研(quantitative)
目的	发现问题本质,确定主要变量,明确调研问题	利用计量化数据通过统计分析提出解决方案
样本	有代表性的小规模样本	有代表性的大规模样本
数据结构	非结构化	结构化
数据分析	非统计的	统计的
主要方法	个别样本深度访谈	大范围样本收集
结果	提出对调研的初步假设	验证假设并提出参考意见

(一)定性调研的优点

在进行定量调研的过程中往往会出现各种问题导致从调研对象直接获得的数据不能达到调研目的。以问卷调研为例,首先,出于个人隐私的考虑,调研对象经常对某个问题有较强的回避倾向,问卷结果会因此降低有效性;其次,调研对象的理解能力和知识体系限制会造成对某些调研问题的不理解或者无法做出准确回答,例如有关价值、感情、动机赋予等抽象问题。因此,在难以通过定量调研达到调研目的情况下,可以利用定性调研达成探索性目的,定性调研更适合用于收集调研对象细腻的情感数据。

(二)定性调研方法分类

定性调研的分类如图 4-3 所示,分为直接调研方法与间接调研方法两种。直接调研方法中常用的方法包括焦点组访谈和深度访谈,在这两种访谈的过程中,调研者往往直接根据调研问题,明确调研目的,对调研对象提问或讨论。相反,间接调研方法往往不会向调研对象告知明确的调研目的,最常用的方法是投射法(包括联想法、完成法、构成法和表现法四种)。后文会对每个方法进行详细介绍。

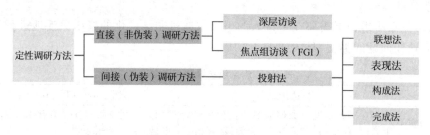

图 4-3 定性调研方法的分类

二、直接调研方法

(一)焦点组访谈

焦点组访谈(focus group interview,FGI),也被称作焦点组讨论(focus group discussion),是指以小型座谈会的形式,在主持人引导下就某一特定主题或概念进行深入讨论的过程,通常由 8～12 名有偿参与者组成。焦点组访谈的目的是通过讨论调研对象对调研问题的多种答案,进而获得对调研问题的深入了解。因此通过焦点组访谈,调研者在和调研对象自由对话的过程中,可以获得意想不到的重要答案或启示。焦点组成员的选定对访谈的结果有着非常重要的影响,一般而言焦点小组成员需要具有一定的同质性,选择具有代表性的消费者或客户。

首先,焦点小组的成员数有一定的要求,一般是由 8 人到 12 人组成,因为按照行业经验 8 人以下的小组很难形成积极的讨论,超过 12 人的组则因人员太多而很难进行自然的讨论。其次,招募焦点小组成员一般有以下标准:第一,相似性和同质性,因为要在较短的时间内形成有价值的讨论,彼此的知识水平和认知水平要有一定的一致性,才能形成高质量的互动;第二,对特定主题的经验,参加者的选择虽然是随机的,但是调研目的一般是探索某种决策的群体反应,要求参加者具备一定的经验才能进行讨论。最后,为了避免产生具有偏向性的结论,已参加过的人员不能重复进入焦点组。

为了提高焦点访谈的有效性,焦点访谈的设计及其重点包括:

第一,环境设计。舒适而温馨的氛围可以让参与者比较放松地参与讨论。

第二,时间设计。焦点小组访谈的持续时间通常是 1.5～2 个小时左右,包括调研对象之间的破冰时间,还包括建立信任、了解问题、形成想法、参与讨论的时间。

第三,观测与记录。需要以视频录制或人工文字记录等方式明确地记录下参与者的讨论内容,还有表情以及身体动作等重要信息。

在焦点小组访谈中最关键的人物是主持人,主持人对焦点访谈的成功起决定性作用。首先,主持人要快速与参与者建立亲近的关系,根据讨论进展对访谈内容进行分析解释,引导参与者间的互动,推进对调研问题进行更深入的了解。因此,主持人需要具备对相关技术和特定问题的经验以及与讨论主题相关的渊博知识,并对焦点小组的特性有充分的了解。特别是在讨论方向偏离的情况下,引导参与者回到调研问题的讨论也是主持人的一项重要任务。

因此,焦点小组访谈需要在主持人的引导下通过非结构化的指南灵活地进行,主持人需要事先熟知问题的类型,具体如表 4-6 所示。

表 4-6　焦点组访谈的问题类型

类型	适用	例子(提问后 probing)
假设性问题	询问在某种情况下如何应对或如何思考,主要以"如果……"或"……为假设"开始	"如果等朋友的时候没有什么特别的事情要做,您会做什么?"
答案性问题	研究主题有争论时,用于了解参与者的意见或感觉	"如果在 A 服务中添加××功能,您确定会取消当前使用的 B 服务,而使用 A 服务吗?"
理想性问题	适合表明特定话题的答案	"A 服务中最满意(理想)的功能是什么?"
解释性问题	不仅能确认现在的理解,还提供了解某种信息、见解和感觉的机会	"这个产品可以在网上购买,为什么还选择实体店购买?"

其次,在访谈进行中需要避免以下几种情况的发生:第一,要避免连续提问,不要期待每一个问题都可以得到答案;第二,避免诱导性问题(leading question),诱导性问题可能使讨论方向受主持人主观观点影响;第三,尽量避免出现"是或不是"的判断式问题,这种问题很容易中止讨论。焦点组访谈的简略图如图 4-4 所示。

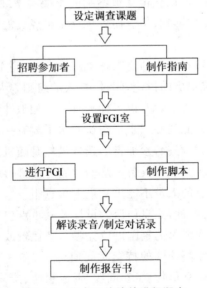

图 4-4　焦点组访谈的进行顺序

(二)深度访谈

深度访谈一般采用一对一谈话的形式,属于无结构直接调研方法。深度访谈需要有访谈技巧的访谈者与调研对象建立信任,然后引导调研对象发表对某事物的看法或阐述做出某项决定的原因。深度访谈可能需要 30 分钟到 1 个小时以上的时间,主要围绕特定主题进行比较自由的交谈,调研者需要根据调研对象的答案即时调整提问问题和提问方式。深度访谈的优点是具有灵活性,有利于充分发挥访谈双方的主动性和创造性。通过深入细致的访谈,研究者可获得丰富生动的定性资料,并通过主观的具有洞察性的分析,进而归纳和概括出某种结论。

但是,深度访谈也存在很多问题。首先,深度访谈属于无结构无系统调研,对调研者要求很高,访谈结果高度依赖调研者的发挥,而经验丰富的调研者却可遇不可求。另外,对深度访谈获得的数据进行分析和解释以及客观化相当困难。因此,深度访谈与焦点组访谈相比需要更多的时间和更高的调研费用,这增加了调研的成本,限制了调研的次数。表 4-7 比较了焦点组访谈和深度访谈。

表 4-7　焦点小组访谈与深度访谈

种类	适用领域	主持人/调研者作用	参加者/调研对象
焦点小组访谈	获得群体意见	引导讨论	通过参加者讨论找出问题本质,发现新的解决方案
深度访谈	获得对问题的深层了解	调整问题	针对特定的话题运用丰富知识和行业经验深度分析

三、间接调研方法

间接调研方法适用于获取调研对象的内在动机、信仰和态度等深度定性特性,通过附加信息可以减少直接调研法产生误差的可能性。间接调研的结论大部分是开放的,需要对调研结论进行专业分析和解释。

(一)投射法

投射法属于隐藏调研目的的间接调研方法,也属于非结构非系统调研的一种。目的是通过一定的媒介建立调研对象的想象空间,在自由发挥的同时显露个性特征。"投射"是指个人把自己的思想、态度、愿望、情绪等个性特征不自觉地反应于外界的事物或他人的一种心理作用。投射法分为联想法、完成法、结构法和表现法。

在 20 世纪 40 年代后半期,雀巢推出了热水冲饮的便利速溶咖啡,当时还是煮咖啡豆的时代,速溶咖啡有极强的产品优势,但咖啡豆的主流消费者——家庭主妇并没有增加对速溶咖啡的消费。通过访谈发现,主妇们认为速溶咖啡味道不如原豆咖啡,因此表示不会购买。但是在盲眼测试中,大多数消费者无法区分两种咖啡的味道差异,因此调研结果与访谈结果出现了矛盾。继而雀巢咖啡在进一步的市场调研过程中实施了投射法,发现了主妇们的隐藏动机。调研方法如下:随机筛选 100 名主妇分为两组,分别提供两组购物清单,让主妇们根据清单对"购物主妇"进行评价。如表 4-8 所示,两份购物清单除了咖啡项目外,其他项目完全相同,两组被试对"购物主妇"做出了完全不同的描述,如表 4-9 所示。

购买原豆咖啡的主妇被描述为俭朴、节约、有分辨力的女人,但是购买速溶咖啡的主妇被描述为懒惰、不思考的生活随便的女人。根据该研究结果,速溶咖啡调整了产品定位,抛弃了原有的"便利性"定位,更改为"创新而细心的女人"的新定位。之后的调研结果显示,速溶咖啡定位的调整虽然没有完全改变原豆咖啡的主妇们的认知,但是改变了购买速溶咖啡的主妇们的形象。雀巢通过投射法发现,主妇们不购买速溶咖啡的原因并不是因为咖啡的味道,而是担心被评价为懒惰主妇。

表 4-8　雀巢对雀巢咖啡—速溶咖啡使用的投射法刺激物

A 组购物清单	B 组购物清单
重 1.5 镑汉堡包 面包 2 个 伦福德发酵粉 1 袋 德尔蒙特黄桃罐头 2 个 土豆 5 磅 雀巢粉碎的原豆	重 1.5 镑汉堡包 面包 2 个 伦福德发酵粉 1 袋 德尔蒙特黄桃罐头 2 个 土豆 5 磅 雀巢速溶咖啡

表 4-9　雀巢对雀巢咖啡—速溶咖啡使用的投射法结果

A 组描述的女人(原豆)	B 组描述的女人(速溶)
俭朴现实的女人 喜欢做饭的女人 节约有分寸的女人	睡懒觉的女人 懒女人 看似毫无想法的女人 混日子的女人 看似很邋遢的女人

(二)联想法

联想法是借助想象由当前感知或思考的事物或某一点联想起相关事物,一般这种联想是基于一定的从属关系。联想是一种基本的思维模式,也是一种记忆方法,通过客观事物的相互关系、知识的相互联系,当大脑受到某种刺激时,会浮现出刺激物相关的事物形象。最常用的调研方法是词语联想法,例如调研者把调研目的隐藏在单词目录中,调研对象看到词汇列表后会产生一系列联想,在刺激的情况下获得刺激词汇的相关联系。表 4-10 整理了各种产品联想词条相关性的例子。这种研究适合于获得调研对象的内心情感,这种情感是靠问卷等直接提问的方式无法获取的。

表 4-10　各产品联想单词的例子

区分	音乐软件	手机	汉堡包	泡菜	百货商店
1	音乐(21.8%)	方便的(16.8%)	好吃(20%)	腌的(19.5%)	高级的(9%)
2	歌曲(5.8%)	必需的(5%)	长肉(10%)	咸的(10.2%)	贵(9%)
3	愉快(5.8%)	舒服(3%)	膨胀(5%)	味道(6.2%)	购物(7.8%)
4	下载(3.8%)	拘束(2.5)	肥胖(5%)	好吃(5.5%)	复杂(6.8%)

续表

区分	音乐软件	手机	汉堡包	泡菜	百货商店
5	兴奋(3.5%)	电话(2.5%)	快速(5%)	新鲜(4.8%)	多样(5.2%)
6	方便(3.5%)	想要(2.2%)	脂肪(5%)	脆脆(4.5%)	多(2.8%)
7	自由(2.5%)	联系(2.2%)	快餐(5%)	泡菜缸(2.8%)	华丽(2.8%)
8	携带(2.5%)	短信(1.8%)	想吃(2.5%)	酱缸台(2.2%)	奢侈品(1.5%)
9	高兴(2.5%)	朋友(1.8%)	对身体不好(2.5%)	不好吃(2%)	名品(1.5%)
10	自由(1.5%)	电磁波(1.5%)	美国(2.5%)	熟成(1.5%)	方便的(1.5%)

（三）完成法

一般来说完成法是让调研对象补充一段文字或完成一段故事，在完成过程中确认调研对象的感情或感觉的方法。完成法与词汇联想法逻辑相似，调研对象看到不完整的句子，用想起的第一个单词或句子完成文章。比起词汇联想法，文章完成法给调研对象提供了更多的信息，所以调研对象比较容易了解调研目的。因此，为了改善这一情况，调研会使用故事完成法，让调研对象继续利用句子来完成整个段落或让调研对象听一个不完整的故事并完成这个故事。这时调研对象通过自身所知的单词得出故事的结论，并完成故事，因此可以引导调研对象内心真实的情感。

（四）构成法

构成法是调研对象以提供的关键要素为基础构成故事、对话或叙述的方法，提供的信息比完成法包含更加有限的必要构成要素，常见形式有图片应答法和漫画应答法。图片应答法是调研对象通过对指定的一系列图片进行分析，表现出自己的个人倾向，或者通过看图片并描述故事的方式判断调研对象的价值尺度等。类似方法还有隐喻抽取技术法（zaltman's metephor elicitation technique，ZMET），让调研对象选择 12～15 张图片，并对图片的选择进行详细的说明，其中，被选中的图片可以表现出调研对象的内在价值或态度信任。漫画应答法是为调研对象提供一系列漫画，将漫画中人物的对话空置，通过让调研对象完成这些对话或者说明漫画人物的行为等方式，来判断调研对象的态度和评价。

（五）表现法

表现法是指调研者通过语言或行动来表现感情和态度，角色剧或第三方角色剧是表现法的代表性例子。角色剧是指调研对象会在特定情况下演绎别人的行为，并在角色中表现自己的情感。第三方角色剧则是，调研对象通过第三方直接表达自己的信仰或态度。例如，现在非常流行的新型社交游戏剧本杀就是表现法的一种形式。

第四节　观察调研

一、观察调研的概念

观察调研法是探索性调研中另一类型的方法，为了获得项目信息而制定观察表来系统地记录人的行动倾向。观察方法分为结构和非结构观察、直接和间接观察、在自然环境中和在人为环境中的观察。

(一)结构与非结构观察

结构观察是指调研者根据观察表具体记录观察内容以及观察的结果，这种方法适用于市场调研问题明确且必要信息都具备的情况。相反，非结构观察相对灵活，适合于调研问题不明确的情况，为了掌握问题的核心或找到解决方案。

(二)直接与间接观察

间接(伪装)观察是为了观察调研对象的自然行为，一般通过单向透视镜或隐藏式摄像机等摄影设备对调研对象进行掩饰性观察。如果被试知道自己被观察，调研对象的行为将失去真实性，使调研所获得的数据出现偏差。相反，直接(非伪装)观察是指调研对象们知道自己正在被观察，这种方式收集的数据比伪装观察丰富，但是观察者的存在对调研对象的行为会造成很大的影响，甚至可能严重歪曲真实行为。

(三)自然与人为观察

自然观察是对在自然环境中发生的行为进行观察，人为观察是指在设定环境(例如，购物中心、厨房)等人为制造的环境下观察调研对象的行为。自然观察的优点是观察到的现象能够更准确地反映实际现象，缺点是自然环境中的不确定因素太多，需要投入较高成本才能完成观察的目标。

二、观察方法的种类

(一)人工观察

人工观察是单纯地记录在自然或控制环境中发生的事情。例如，调研者可以记录交通量，或者在百货商店中观察顾客的流向。

（二）机器观察

机器观察是指通过设备记录行为信息以用于日后分析的观察方法。机器观察的设备多种多样，包括眼球追踪显示器、瞳孔测定仪、心理检测仪、声音高低分析器、功能性磁共振装置等、等候应答测定装置。

眼球运动测定仪、眼球摄像机、眼球眺望精密测定仪等一系列的眼球追踪装置会追踪并记录凝视显示器的眼睛运动。这些观察设备可以通过观察调研对象如何阅读广告和观看电视广告，测定观看时长与注意部位等数据对广告效果进行评价。其中，瞳孔测定仪可以观测到调研对象瞳孔直径的变化，瞳孔大小的变化代表思想上的变化以及对刺激物的态度。

心理检测仪通过电阻感应棒检测皮肤的电流反应或皮肤的电阻变化，当调研对象观看广告、包装、口号等刺激时，对刺激的反应强度变化会引起皮肤的电阻变化，进而据此推测调研对象对刺激的关心水准与相关态度等。

语音高低分析器是通过电脑音响设备测定调研对象声音相对震动周期的变化以推测其感情反应。

核磁共振影像装置原本是为了治疗脑肿瘤等疾病而开发的设备，现在也被当作市场调研设备使用，以观测调研对象决策过程中的思想波动与情感变化，特别是可以观测到调研对象在做出决策的瞬间大脑的活跃部位，以此发现引起大脑积极反应的因素。因此，核磁共振影像记录法（MRI）可以用于观测消费者对广告活动的态度，还可以用于观测产品魅力度。

等待反应时间是调研对象回答问题或做出决策经历的时间，用于测定应对时长与各项决策的关系。由于电子化的发展，等待时间可以被准确观察并记录，一般认为应答时间与不确定性有直接关系，调研对象决策时间越长，代表对决策的确定性越低；相反，调研对象迅速做出的选择代表了调研对象明确的偏好。

使用机器观察的基本假设是：身体反应与特殊认知和情感反应有强相关关系。但是，一方面，机器的可靠性有一定的局限性；另一方面，观察设备一般都非常昂贵。另外，如果调研对象意识到辅助设备的使用，也会影响观察结果。

近几年，消费者神经科学已经在营销领域得到了一定程度的关注。脑电图、眼动追踪和其他机械测量方法正成为越来越流行的市场调研研究方法。消费者神经科学在脑科学和市场营销相关的研究中提高了对商业决策、品牌偏好的个体差异、购物环境以及购买情境中的人际关系的理解。表 4-11 整理了消费者神经科学中有关营销学的研究。

表 4-11 消费者神经科学中有关营销学的研究

工具	作者	标题	主题
fMRI、脑电图、眼动追踪	Karmarkar 和 Yoon(2016)	"消费者神经科学:理解消费者心理的进展"	情感加工、主观价值、说服力和注意力
			商业决策
隐式关联测试、眼动追踪、心率生物识别、呼吸、皮肤电导、EEG 和 fMRI	Venkatraman 等(2015)	"超越传统方法预测广告成功:来自神经生理学方法和市场反应建模的新见解"	研究:预测广告的成功
			与广告研究相关的隐性测量的综合概述
			腹侧纹状体对广告最具预测性的大脑区域
fMRI、TMS、TDCS	Plassmann 等(2015)	"消费者神经科学:应用、挑战和可能的解决方案"	消费者神经科学需要在营销期刊上发表并为营销理论做出贡献
fMRI、眼动追踪、GSR、脑电图、面部编码	Smidts 等(2014)	"推进消费者神经科学"	消费者神经科学发展三个新的影响领域:遗传学、分子和计算神经科学 消费者行为预测准确度更高
fMRI、EEG、GSR	Javor 等(2013)	"神经营销和消费者神经科学:对神经病学的贡献"	从神经病学的角度看消费者神经科学 信任、奖励系统、道德、神经病患者、消费者脆弱性、强迫性购买、神经躁狂症
瞳孔扩张、眼动追踪、HR、EEG、MEG、EMG、GSR	Solnais 等(2013)	"神经科学对消费者研究的贡献:概念框架和实证研究"	决策、记忆、情感、奖励
眼动追踪、EEG、fMRI、皮肤电导、TMS、TDCS、PET	Plassmann 等(2012)	"大脑品牌化:批判性评论和展望"	品牌神经科学与消费者心理结合概述 代表性、注意力、决策、价值
功能磁共振成像	Levy 和 Glimcher (2012)	"所有价值的根源:可供选择的神经通用货币"	选择、奖励、决策、价值 fMRI 研究的荟萃分析
fMRI、EEG、PET、SCR、EMG、TMS、MEG	Kenning 和 Linzmajer (2011)	"消费者神经科学:对消费者政策影响的新兴学科概述"	决策、消费者政策、神经伦理、消费者保护
fMRI、EEG、PET、TMS、眼动追踪、皮肤电导	Plassmann 等(2011)	"消费者神经科学"	最新方法、消费者神经科学概念、未来研究
功能磁共振成像、脑电图、脑电图	Fisher 等(2010)	"定义神经营销:实践和专业挑战"	神经营销争议 精神病学。实际做法,神经营销的历史;伦理道德问题。生物伦理学、神经伦理学

续表

工具	作者	标题	主题
功能磁共振成像、脑电图	Hubert 和 Kenning（2008）	"消费者神经科学的当前概述"	消费者神经科学和神经营销的定义 神经经济学、奖励、惩罚、决策
脑电图、MEG、PET、fMRI、SST	Plassmann 等（2007）	"广告商可以从神经科学中学到什么?"	广告处理、品牌记忆、行为效果和意图的概述 主要神经科学技术的优缺点 大脑记忆、情感、决策、消费者选择过程
脑电图、脑电图、PET、fMRI	Kenning 和 Plassmann（2005）	"神经经济学:从经济角度概述"	神经经济学、决策和情绪

注:EEG＝脑电图;EMG＝肌电图;fMRI＝功能性磁共振成像;GSR＝皮肤电反应;HR＝心率;MEG＝脑磁图;MRI＝磁共振成像;OFC＝眶额皮质;PET＝正电子发射成像;SCR＝皮肤电导反应;TDCS＝经颅直流电刺激;TMS＝经颅磁刺激;vmPFC＝腹内侧前额叶皮层;SST ＝ 生长抑素。

资料来源:HARRIS J M,CIORCIARI J,GOUNTAS J.Consumer neuroscience for marketing researchers[J].Journal of consumer behaviour,2018,17(3),239-252.

互联网的发展也可以提供多种有益的观察信息,例如,网页访问次数、页面停留时间、访问用户点击特定图标的次数等都可以被观测。网络浏览器提供的网络 Cookie,即储存在用户本地终端上的数据,保存了文字和数字的组合,提供了网站的访客信息和复杂的网络行为。市场调研者往往通过网络 Cookie 获取消费者信息和网络浏览行为。

(三)内容分析

内容分析是对大众传播内容的一种分析方式,用于判断传播内容的倾向、态度、立场,以及传播内容在某一时期的变化规律等。美国传播学学者伯纳德·贝雷尔森(Bernard Berelson)指出内容分析是一种对传播内容进行客观、系统和定量描述的研究方法,主要运用抽样、观察和文本分析的方法。

文本分析是以定性和定量分析相结合的综合分析方法,主要由研究者通过阅读、收听或观看,然后依靠主观的感受来理解、体会和分析,进而解读、判断和挖掘信息中所蕴含的本质内容,根据材料和数据进行逻辑推理后,对内容进行选择和分类。分析的单位包括单词(单词或单个符号)、特征(个人或物体)、主题(命题)、空间和时间测定(信息的长度和期间)、标题(信息的题目)等。在市场营销调研里,内容分析应用于观察和分析广告、新闻报道、电视、广播节目等信息或内容。

内容分析包括冗长的编码和分析,为了减少研究人员的主观偏向,按操作化的分类标准将所有的研究内容以代码进行归类,通过电脑代码明确内容,把归类过程的各种偏差控制在已知的范围内。内容分析的系统性在于不只是分析内容的片段而是对一定时间内相当广的范围内的整体内容进行分析,因此需要采用科学方法,研究有代表性的样本,对内容进行分析,将文本资料上的文字、非量化信息转化为定量的数据,通过定量分析解决市场问题。

内容分析可普遍用于分析解决各行各业的实际问题。例如,在为城市旅游目的地做出规划时解决如何分类管理城市旅游要素的问题。学者运用内容分析法,对旅行者发表在马蜂窝、携程旅行网等旅游网站上的有关北京旅游社区的相关点评做了研究,发现了北京城市旅游的认知形象可以归纳为建筑类、饮食类、文化类、相关地名、适游群体、业态等六个群组,旅游社区的类型可以归纳为历史文化型、现代文化型、综合型三个类别。据此,可以为北京市旅游的分类管理和可持续发展提出建设性意见。

(四)行踪分析

行踪分析是最容易使用的一种观察方法,它基于物理痕迹追踪过去的行为,不需要消费者做出反应。这种行踪痕迹是调研对象有意识或无意识留下的。例如,在百货商店中,使用商店充值卡的发票是痕迹,据此可以对顾客使用商店卡的行为进行分析。在市场营销调研中,行踪分析以多种形态被创新地使用:

(1)博物馆利用瓷砖的磨损情况判断展示物的相对人气度;

(2)杂志社通过页面上出现的各种指纹数,测定与多种广告的关系;

(3)广播电台通过被修理汽车的广播选频按钮的位置,测定多家广播台的收听率;

(4)停车场根据汽车品牌评价消费者的收入情况;

(5)网站通过访问者的使用痕迹,进行使用行为分析。

(五)民族志研究

民族志研究(ethnography research)是从人类学领域进入市场营销领域的,这种方法在商业营销研究中越来越受欢迎。民族志研究,即在自然环境中对人类行为的调研研究,包括对行为的观察和对生活环境的观察。作为参与观察者,民族志研究者可以利用他们与所研究人群的亲密关系,获得对文化和行为的更丰富、更深入的见解——简而言之,探究是什么让人们做出这样的行为。

民族志研究的优势有:

(1)基于现实,可以准确地显示消费者如何使用一种产品,而不仅仅是他们说了什么或他们记得如何使用过产品;

(2)能揭示未表达的需求和欲望;

(3)可以发现未开发的消费者利益;

(4)可以揭示产品问题;

(5)可以显示人们如何、何时、为何以及在哪里购买产品,以及他们如何将其与竞争产品相比较;

(6)可以调查家庭中谁真正使用了一款产品,还可能发现一个全新的潜在人口目标。

进行民族志研究的步骤有:

第一步是寻找参与者,之后,观察过程就可以开始了。一个熟练的民族志研究者通常接受过人类学方面的培训,观察和调研往往都是系统性的。民族志学者接受过研究人类文化的训练:符号、代码、神话、仪式、信仰、价值观、社会互动的规则,以及概念类别和认知。对于密切的环境观察和提问来说,每一次民族志观察和采访用3~4个小时的时间会更有成效。

第二步是分析和解释所有收集到的数据。这不是一项简单的任务，必须对数小时的音频和视频进行转录和重新研究。即使是训练有素、经验丰富的民族志研究者，数据量有时也会让人不知所措。但是，通过对数据进行仔细和彻底的分析，主题和类别出现了，适用的结论也变得清晰了。民族志研究者通常通过创建框架来帮助公司分析他们的消费者，并理解这一切是指什么。

（六）其他方法

还有一种与民族志研究类似的观察方式是神秘顾客调研法，即调研人员经过培训扮演成顾客，亲身了解价格、产品展示、店面布局、顾客购买行为和营销活动实施情况，通过与销售人员互动等方式获得现场数据。

（七）观察调研的优点和缺点

为了获得原始数据，完全依赖观察的市场营销调研项目相当少见。因此，观察调研与访谈调研相比，使用比重相当小。观察调研的最大优点是对行为的直接观察，避免了调研者主观原因造成忽略关键因素或报告失实等多种误差的可能性。而且，某些特定的调研对象只能通过观察进行收集，包括无意识的调研对象或无法沟通人群，例如幼儿。儿童玩具的使用信息无法通过访谈问卷等直接获得，只能通过观察正在玩耍的幼儿才能获得最佳的产品信息。另外，如果营销事件发生时间短，观察方法就是费用最低廉且比民意调研方法更快的调研方法。

观察调研最大的缺点是只能了解行为特征，无法捕捉到做出这些行为的内在动机、信念、态度或喜好等。另外，观察往往会消耗大量的时间和经费，而且完全在自然环境下观测个人活动相当困难，甚至观察方法有时会遇到伦理问题。例如，在调研对象不知情或者未经过调研者同意的情况下，观察他们的行为是不道德的，因此观察调研的实施会存在一定的困难。

第五章 验证性调查

本章对验证性调查方法中的描述性调查和因果性调查进行介绍,描述性调查中的代表性方法是问卷调查,因果调查的代表性方法是实验法,实验法将在下一章进行详细阐述。

第一节 描述性调查

描述性调查是指通过对调查对象进行客观的描述和反映,从中找出各个因素之间的相互关系的一种方法。在市场营销调查中,一般以描述市场特性(市场大小、增长率、市场占有率等)或企业情况(品牌知名度、产品喜好度、消费者购买意向、企业形象等)为目的。而问卷调查是最普通、最具代表性的描述性调查形式。

一、问卷调查概念和过程

问卷调查是通过调查表收集数据的一种方法。问卷通过详细周密的设计,由调查对象的行为、意图、态度、认识、动机、人口统计或生活方式特征等多种问题构成,通过语音、文字、电脑或智能手机等多方式对调查对象进行数据收集。为了保证问卷收集过程中的标准化,问卷要进行预调研和反复修改,大部分的问题都有限定的答案,调查对象在事先定好的选项中进行选择,因此,问卷调查属于结构性调查中的一种。问卷调查的流程如图5-1所示。

问卷调查的第一阶段与其他调查流程相似:首先,确定调查目标(市场营销的决策问题)和必要信息(必要的市场营销信息);其次,选择适合的问卷调查方式,选定调查对象的样本量;再次,通过市场营销调查专家和相关领域专家意见编制问卷草案,进行事前试点调查,修正问题并完成最终问卷;复次,问卷调查员经过系统培训后进行数据收集、数据整理、数据编码;最后基于整理好的数据进行统计分析,导出调查结果,并将其用于市场营销问题的决策。

问卷调查方法有以下几个优点:第一,问卷大多数是结构化或标准化的,相对容易管理;第二,问卷的问题多数是有限定答案的选择题形式,可以导出一贯的答案,所以数据可

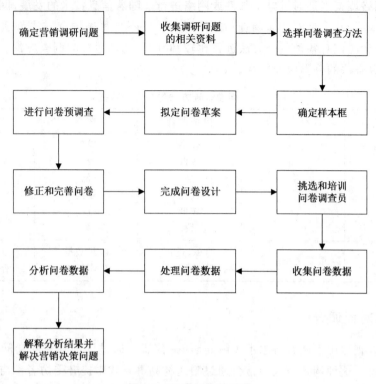

图5-1 问卷调查的过程

靠性较高且答案具有可比性;第三,问卷数据与定性调查数据相比,数据分析更加简单且结果更加客观。

然而,问卷调查也存在局限性。第一,调查问卷以限定答案的选择题形式进行,会存在不能反映调查对象真实意愿的可能性。例如,关于调查消费者选择特定百货商店的动机,调查对象可能无法意识到自己的真正动机,此外,如果问卷项目涉及敏感或私人的选项,会导致调查对象错选或不选的情况。第二,结构性问题因限定答案的缘故,所获取的数据可能存在无法准确表达调查对象信念或感觉的情况。第三,如果问卷需要辅助物(如产品或广告等),问卷调查就很难进行有效的展示,还会增加调查经费。第四,控制回答时间会限制可收集的信息量和遗漏调查对象的真实意愿,因此问卷调查不适合需要复杂、大量信息的调查。第五,在问卷调查过程中,调查员有可能会对调查对象产生影响,这是很难控制的外在影响因素。尽管如此,问卷调查在市场营销调查中仍是收集原始数据最普遍的方法之一。

二、问卷调查分类

根据与问卷调查对象的接触方法的不同,问卷调查可以分为四种:面对面调查、电话调查、邮件调查、网络调查。面对面调查一般在特定的场所进行(家庭或卖场);电脑作为辅助收集工具,电话调查可分为传统电话调查或电脑辅助电话调查;邮件调查通常以纸质邮件进行;网络调查则是通过电子邮件或网络进行。随着信息技术的发展,网络调查和电话调查最为普遍,其次是面对面调查和邮件调查。并不是每种调查方法都适合所有的情况,因此调查者应该对各种调查方法进行比较和判断,选择适合的调查方法。表 5-1 总结了各种问卷调查法的分类以及特性。

表 5-1　问卷调查方法的分类和特征

	面对面调查	电话调查	邮件调查	电子调查
调查的准确性	高	较高	较低	低
数据的复杂性	高	较低	较高	较低
调查的灵活性	高	高	低	较高
应答率	高	较低	较高	低
费用	高	较低	较高	低
时间	多	快	多	快
适合的 调查类型	重要市场决策	简单、迅速 舆论调查	收集数据 事实调查	简单的意见 活动性调查

(一)面对面调查

面对面调查适用于调查对象不理解问题的情况下,通过详细解释问卷问题来更好地获得所需信息。这种调查方式通常会通过赠送礼品等方式来提升受访者参与调查的积极性,进而提高答复率与真实性,但是这样会产生高额的调查费用。此外,调查人员有可能会影响调查对象的回答,从而妨碍回答的客观性。面对面调查又分为家庭面对面调查、商场面对面调查以及电脑辅助面对面调查。

1.家庭面对面调查

家庭面对面调查是指在调查对象的家庭中进行,因为调查费用高,其使用比例正在减少。

2.商场面对面调查

商场面对面调查是指以在商场购物的人作为调查对象,在商场里进行。其优点在于调查者可以更快速地找到自己所要调查的目标对象。

3.电脑辅助面对面调查

电脑辅助面对面调查是指调查对象使用电脑或其他电子方式(如视频、动画片、反应式应答等)进行调查。通过电子设备可以进行多种形式的动态问答,便于提示错误的信息;此外,图片、视频等形式的刺激会让调查对象产生兴趣,使调查对象关注问卷内容。电脑辅助面对面调查通常在购物中心、会议场所、展览会等收集数据,最常见的是通过使用展台来收集。

(二)电话调查

电话调查是指通过电话进行调查,以电话号码簿为样本框来选定调查对象。电话调查适用于在短时间内获取大样本数据。电话调查可以在很快的时间内以低廉的费用进行,一般电话调查的费用比面对面调查节省 50% 以上,并且样本更容易选择。但是,调查对象需要通过电话理解问题并回答,如果问题内容难或问卷内容长的话,就很难得到调查对象的配合。再加上样本框的电话簿中存在号码不完整的情况,被选定样本的代表性可能会出现问题。例如,在电话号码簿上没有被登记的或无法打通的电话号码会在抽样中被剔除。电话调查可以分为传统电话调查和电脑辅助电话调查。

1.传统电话调查

传统电话调查是指打电话给被选为样本的调查对象进行问卷调查。调查者将调查对象的电话应答记录在问卷上。随着通信技术的发展,全国性的电话调查通过中央设备变得很容易进行。

2.电脑辅助电话调查

电脑辅助电话调查比传统的电话调查使用更普遍。电脑辅助电话调查通过录音自动提问的方式进行,调查时间变少,流程更加简洁,数据质量提高。由于调查对象的回答直接输入电脑,所以可以实时收集数据,结果也几乎可以立即确认。

(三)邮件调查

邮件调查方法可以通过邮件或通过邮件面板进行。邮件调查方法是在调查对象完成邮件发送的问卷后,利用回信信封的方式进行回收。邮件调查法的优点是,与个体接触相比,调查费用低廉;同时可以发送问题较长的问卷,调查对象也相对愿意配合。但是如果调查对象不能理解问题内容,就无法进行补充说明,进而造成答复率下降。因此为了保证适当的样本数量,需要发送较多的问卷调查,可能会花费相当多的调查费用。此外,低答复率会降低选定样本的代表性,因而减少调查的可靠性。由于可靠性问题,邮件调查方法不常用于重要的市场营销调查,更常用于简易的调查。

1.一次性邮件调查

传统邮件调查是把问卷以邮件的形式发送给事先选拔出来的调查对象,邮件问卷袋中包括发送的信封、封面信、问卷、回信信封以及一些激励物品(奖励)。调查对象在回答问卷后,使用回信信封将问卷邮寄返回。调查前要做好两方面准备:首先,事前需要制定调查对象的地址目录,该地址目录可以通过电话簿、顾客名册、联合会员名簿、媒体读者目录、广告公司等具有相关地址的企业或机构获得,与调查对象之间没有直接联系。为确保问卷准确送达,制作地址目录的及时性非常重要,要收集最新的地址。其次,对于调查对象的招募,调查者必须对邮件调查所需的各种因素做出判断,例如收件人和答题人是否一致等。

2.邮件面板

邮件面板由同意接受定期调查的样本会员所进行的邮件问卷数据组成,包括问卷调查、产品测试、电话调查等方式产生的具有代表性的全国性的大规模样本。由于参与面板调查的会员将得到多种补偿,因此面板会员的数据每年都会更新,且答复率一般较高。而且,邮件面板可以从同一调查对象处重复获取信息,因此该面板也常被用于进行纵向调查。最近,由于互联网的发展,很多市场营销调查企业正在从邮件面板移动到网络面板。

(四)网络调查

信息技术的发展和扩大也给调查方法带来了很多新的形态。网络调查可以通过互联网或移动手机等电子设备向调查对象发送电子形态的问卷,并将回答好的问卷以电子文件形式进行收集和整理。在使用互联网调查法时,不能对所有顾客进行随机的调查,需要选出合适的在线样本,因此要进行系统的事前准备,特别是对垃圾邮件的限制和对在线问卷调查的负面认识很有可能影响在线问卷调查的效果。电子问卷调查可以通过电子邮件、互联网和移动手机调查等方法进行。

1.电子邮件调查

电子邮件调查是指使用电子邮件来制作调查内容,通过互联网向调查对象传送问卷的调查方式。电子邮件问卷调查通过技术处理可以对问卷以多种形式进行制作,即使不用连接互联网也可以发送给电子邮件地址目录上的任何人。调查对象在客观或主观问题的应答栏中输入答案后,点击提交就可以将答案自动存储在数据库中,并被进行统计处理和形成图表化形式,因此进行电子邮件调查的关键是购买具有样本代表性的电子邮件地址目录。

2.互联网调查

互联网调查是指使用电脑或移动手机等电子设备,通过网络分发问卷进行调查的方法。一般市场营销调查企业都建立了潜在的调查对象数据库,实施调查时可以通过传统方法发布公开的招募信息,也可以通过数据库招募调查对象。调查对象访问特定的问卷收集网站(如问卷星、见数[①]等)参加调查,网站并不是只对招募者开放,其他非招募的调查对象也可以访问公开的调查网站根据条件参加调查。

网络调查具有以下优点:首先,由于网络使用 HTML 语言,网络调查可以提供选择按钮或选中框等多种响应形式来辅助调查对象,每次输入答案时,都可以检查答案是否妥当。其次,问题的呈现或逻辑上具有更多的表现形式,如需被试在一个问题中选择多个答案时,可以设置为强制性多选;在设限不要求回答的地方可以设置自动跳过。再次,可以将调查需要的图表、视频、动画等附加性的刺激内容插入调查网站里或调查网站周围。最后,调查对象的回答结果会自动存储在数据库中,为统计处理提供多种形式的数据。

(五)其他问卷调查方法

除了以上介绍的调查方法外,还存在多种方式其他的问卷调查方法。表 5-2 展示了几种最新的问卷调查方法。

---

① 问卷星(www.wjx.cn)是国内非常成熟的问卷调研平台,提供在线设计问卷、数据采集、自定义报表、调查结果分析等系列服务。在问卷星设计问卷时,可以设置各种题型,插入图片、视频等,并且可以通过各种社交媒体发送问卷,同时收集到的数据结果可以下载为 excel 格式。见数(www.credamo.com)也是国内非常流行的问卷调研平台,功能与问卷星类似。

表 5-2　其他问卷调查方法

方法	优点/缺点	备注
全自动化电话调查	与电脑辅助电话调查相同	在短时间内低成本获得大量调查对象
办公室面对面调查	与家庭面对面调查相同	有助于采访忙碌的管理者
中央位置面对面调查	与商场面对面调查相同	包括贸易博览会、会议、展示、采购
传真问卷调查	除了高答复率外，与邮件调查相同	有助于部分商业问卷调查

三、问卷调查方法的选择

（一）问卷调查方法的选择标准

根据调查项目的性质，选用的调查侧重点存在差异。比较调查方法所依据的重要因素大体上可以分为项目、环境、调查对象。与项目调查目标相关的特性包括多样性和灵活性、物理刺激使用、样本控制、数据量、答复率等要素。与环境相关的特性包括数据收集、环境控制、现场控制、调查者偏见、速度、费用等要素。与调查对象相关的特性包括匿名性、社会理想性、信息敏感性、调查发生率等要素。表 5-3 根据各种要素的区别，将各问卷调查方法从多个标准进行比较。

表 5-3　问卷调查方法详细比较

标准	电话接触	家庭个别接触	卖场个别接触	电脑辅助个别接触	一次性邮件接触	邮件面板	电子邮件接触	互联网接触
多样性和灵活性	中	高	高	高	低	中	中	中
物理刺激作用	低	中	高	高	中	中	低	中
样本控制	中	中	中	中	低	低	低	低
数据量	低	高	中	中	中	高	中	中
答复率	中	高	高	高	低	高	低	很低
环境控制	中	高	高	高	低	低	低	低
现场控制	中	低	中	高	高	高	高	高
调查者偏见	中	高	高	低	没有	没有	没有	没有
调查速度	高	中	中	中	低	低	高	很高
调查费用	中	高	中等偏高	中等偏高	低	中	低	低
匿名性	中	低	低	低	高	高	中	高
社会理想性	中	高	高	中	低	低	中	低
信息敏感性	高	低	低	中	高	高	中	高
调查发生率	高	低	低	低	中	中	中	高

1.问题的多样性和灵活性

调查问题的多样性取决于调查对象对调查问题的理解能力,调查问题的灵活性取决于调查方式本身。在调查中,调查对象可能会提出各种问题,调查者需要明确地对模糊问题进行详细说明。调查者进行面对面调查时,可以很容易地通过多种方式说明复杂的问卷,甚至可以利用非结构的方法进行提问。因此在家庭面对面调查、商场面对面调查以及以电脑辅助的面对面调查中,问题的表达具有较强的多样性。但是,与家庭或商场面对面调查相比,以电脑辅助的面对面调查在多样性和灵活性上都存在一定的局限性。

在邮件调查和电子邮件调查中,问卷调查基本上由调查对象独立完成,调查者无法当场给出额外的参考信息或对问卷内容进行解释,因此多样性和灵活性较低。

互联网调查的优点是即使没有面对面的调查者,也可以利用多媒体技术来获得数据,但是在问题的多样性方面,相较于面对面调查则较低,处于中间水平。但是,利用多种媒体技术制作提高了问卷的灵活性。例如,互联网调查还可以快速改变包括问题在内的问卷形式。如果在回答初期发现有追加问题的必要性,那么在必要的时候可以变更或追加提问,这在邮件问卷中几乎不可能。

2.物理刺激的利用

在问卷调查过程中,调查者经常会使用产品、商业或促销展示物等作为物理刺激来帮助调查对象回答问卷。例如,在大部分测试味道的试例中,调查对象可以进行产品试吃,同时也利用照片或地图等其他视听觉刺激物。在面对面调查中比较方便使用刺激物,在邮件调查或邮件面板中也可以利用物理刺激,可以通过邮件与问卷一起发送促销传单或甚至产品样品作为物理刺激物。同样,在互联网调查中,也可以适当使用物理刺激,例如,在网络问卷中也可以附加广告进行调查。但是,在传统的电话调查或电子邮件调查中,利用物理刺激具有相当大的局限性。

3.样本控制

样本控制是指调查者对于调查的样本单位、调查对象、是否需要其他成员参与以及参与到什么程度等各个方面进行有效的控制,目的是保证调查顺利进行。

面对面调查可以直接接触到调查对象,能够得到相应的有效控制。在家庭面对面调查中,调查者会面临各种问题,例如,大多数人因白天在外工作无法参加调查,或者调查对象考虑到安全问题对调查者进家有些抵触等诸多原因致使调查者失去对样本的最佳控制。在商场面对面调查和电脑辅助面对面调查中,调查者可以自行选择调查对象,所以对调查对象的控制水平对较高。但是,如果调查者在商家较为密集的商场中选择频繁购物的消费者为调查对象,那么很可能会失去样本的代表性。此外,调查对象也存在故意回避调查或主导调查的可能性。与商场面对面调查相比,电脑辅助面对面调查可以自动随机选择调查对象,进而更容易确定样本配额。

电话调查和邮件调查都可以进行以上的样本控制。以电话调查为例,调查对象通常取自于电话目录样本,电话可以接触到分散地区或偏远地区的调查对象。调查中普遍使用的抽取样本框是电话号码簿,但该号码簿有以下几点限制:第一,可能会存在号码缺失;第二,无法完全涵盖最近开通电话的人。随着技术的发展,随机拨号技术的出现克服了电话簿上没有登记的号码或最近开通的新号码等出现的数据问题,该技术会随机选择 11 位数的电话号码,实现了样本的随机性和弥补了样本偏差的局限性,但是会增加调查费用和时间,因为随机拨打技术无法判断拨打的号码是否在使用中。

邮件调查需要在地址通讯录中寻找适合的样本,这种方法便于对分散地区和偏僻地区的调查对象进行调查,但是通讯录上的地址也有存在错误的可能性,此外,无法控制的另一个因素是无法确保调查对象会不会回答问卷以及是否为本人回答。另外,还存在大多数调查对象对这种调查不感兴趣并拒绝回答,以及一些调查对象有可能因为文化水平不高不能回答问卷等因素,因此邮件调查的样本控制程度较低。相反,邮件面板可以对样本进行从中到高水平的控制,因为面板内的样本基本上是经过反复调查的特定群体。

在互联网调查中,并不是所有被招募者都能成为调查对象。虽然可以对调查对象进行资质检查来判断是否符合标准以进行样本分配,但是样本分配会受到访问网站中调查对象的数量和特性限制,所以与电子邮件调查和邮件调查的各个限制相似,可以进行低水平的样本控制。

4.数据量

数据量是指在一份调查问卷样本中可以获得的信息量的多少。在面对面调查中,调查对象可以通过调查者的帮助来进一步理解或回答问题,调查者记录调查对象的回答时,同样也可以通过调查对象提供的回答来追加信息。在家庭面对面调查中,调查者可以在家庭的安稳环境下通过调查者和调查对象之间的当面接触进行数据收集,因此可以获取相当数量的数据。与家庭面对面调查相比,电脑辅助面对面调查一般是在特定的环境中进行,这种环境并不像家庭环境那么熟悉,时间也相对有限,所以只能提供中等数量的数据。

在邮件调查中,为了保证问卷答复率,一般邮件调查选择相对较短的问卷,所以也只能提供中等数量的数据。而邮件面板通过为面板成员提供持续的奖励来激励调查对象,因此可以产生大量的数据。相反,电话调查的调查对象配合度相对较低,且愿意投入的时间相对较短,所以在电话调查中可获得的数据量也相对较低。

5.答复率

调查答复率又称为问卷调查完成率,即完成答复的个数与总调查数的百分比。面对面调查答复率相对而言是最高的,电话调查答复率略低,邮件调查的答复率最低。由于邮件调查对调查对象的控制较低,调查对象只对自己感兴趣的内容进行答复,由此导致的低答复率会造成严重的样本误差。互联网调查需要调查对象具备上网条件,需要有更多的技术支持,然而电子邮件只需要日常投入,因此早期电子邮件调查的答复率一般会高于互联网调查。但是随着互联网和智能手机的普及,网络使用的便利性也大大提高了互联网调查的答复率。

为了提高问卷的答复率,可以使用适当的引导措施,诸如:

(1)提供现金或商品等补偿;

(2)提前询问调查对象参加调查的意愿;

(3)运用多重请求策略,以相对容易的问题引导对方以产生轻松的状态,之后引导对象回答复杂的问题;

(4)利用个人化调查方法。

6.环境控制

调查对象回答问题多少的差异在很大程度上取决于对调查环境的控制程度。一般情况下,面对面调查对环境控制的程度最高。例如,在面对面调查中,调查者可以通过设置演示产品等物理刺激物来进行高水平环境控制以提高答复率。另外,在电话调查中,虽然调查者看不到调查对象所处的环境,但是可以通过感知周边环境条件来引导调查对象集中注意力以提高参与程度。最后,在邮件调查、邮件面板调查、电子邮件调查和互联网调查中,调查者几乎无法控制环境。

7.现场控制

调查对象会受到调查者或参与数据收集的人员的影响。在邮件调查、邮件面板调查、电子邮件调查和互联网调查中,调查对象不需要与调查者接触,所以不会受到相关人员的影响。在传统的电话调查、电脑辅助电话调查、电脑辅助面对面调查中,调查集中在中央电话设施,对调查者的监督和控制相对比较简单,所以都可以进行中等程度的控制。在家庭进行的调查中,现场调查者的控制可能存在困难性,多数调查者在不同的场所进行调查,因此细致的监督和控制事实上是不可能的。

8.调查者偏见

调查者在调查中负责三个主要环节,分别是选择调查对象、向调查对象提问、记录调查对象回答的内容。在这三个环节中,调查者都可能会影响调查结果。在面对面调查中,调查者的介入越多,调查者歪曲调查结果的可能性也会升高。在电话调查中,调查者的介入相对较少,因此歪曲调查结果的可能性也较低,但是在电话调查中也存在一定程度的因调查者干扰而造成事实被歪曲的可能性,例如语调和音色,调查者可能会通过语调和音色来传达他们的态度以引导调查对象选择答案。然而使用电脑辅助相关调查与人工调查对调查对象的干扰相对较少,歪曲结果的可能性相当低,邮件调查、邮件面板调查、电子邮件调查和互联网调查都没有调查者参与,因此不会产生调查者现场造成的数据误差。

(二)调查速度

互联网调查是获得大量样本最快速的方法,因为不需要印刷纸质和邮寄等流程,问卷制定后,从问卷发放到数据收集可以在几个小时内完成。互联网调查数据一般以电子形式获得并可以直接用统计分析软件处理,形成相关描述统计结果的图表。除了互联网调查外,电子邮件与其他调查方法相比,是相对较快的方法,因为编制电子邮件目录并输入数据需要一定的时间。电话调查也是比较快速获得数据的方法,利用中央集中式电话设施,一天内可以实现数百个电话调查。与以上调查相比,面对面调查采集数据的速度相对较慢,调查者需要到特定的场所进行数据收集,并需要在一定的时间内对数据进行处理。邮件调查是采集数据速度最慢的调查方法,从发送问卷调查到完成问卷回收通常需要几个星期,如果需要后续调查时,所需时间将会更长。

(三)调查费用

在需要大规模样本的调查中,互联网调查与其他调查方式相比可以节约相当多的调查成本,因为互联网调查不需要印刷费、邮费、录入费用、调查费用等,并且增加调查数量所产生的费用也相对较少。但如果用互联网调查进行小抽样调查,那么会产生比较高的程序费用,所以小抽样调查可以使用邮件、电子邮件调查。在所有调查中,面对面调查是人均数据收集费用最高的调查方法。一般情况下,互联网调查、电子邮件调查、邮件调查、邮件面板调查、传统的电话调查、电脑辅助电话调查、电脑辅助面对面调查、家庭内面对面调查所需要的调查者数量依次增加,并依次需要更严格的监督和控制,调查费用也会随之增加,但相应费用会根据调查主体和采用的步骤有所不同。

(四)匿名性

匿名性是指调查对象对调查者不知道他们真实身份的感知程度。在邮件面板或互联网调查中,调查对象与调查者没有直接接触,所以调查对象感知匿名性的保障最高。相反,面对面调查与调查者进行当面接触,调查对象感知匿名性程度较低。电话调查与电子邮件调查是在电话号码簿或电子邮件名单中招募调查对象,并非全匿名调查,因此调查者感知到的匿名性程度是中等水平。

(五)社会理想程度/信息敏感性

社会理想答复是指调查对象根据社会所推崇的积极答案进行问卷答复,答复内容可能与自己真实行为和想法不相关。邮件调查、邮件面板、互联网调查几乎不存在与调查对象之间的直接接触,因此,这些调查结果中社会理想程度相对较低,有助于获取财产或收入等与私生活相关的敏感信息。但是如果调查对象能意识到自己的个人信息可能被暴露,依然存在做出社会理想答复的可能性。因此,社会理想程度的高低取决于调查者在调查中的介入程度,面对面调查做出社会理想的回答的可能性最高。此外,匿名性、社会理想性和信息敏感性之间存在着密切的关系,调查对象倾向于在匿名问卷中提供敏感的信息。

(六)调查发生率

调查发生率是指有资格参与调查的调查对象的比例,发生率是由所需样本的多少和需要与多少调查对象接触的比例来决定的。调查发生率低会导致调查答复率降低,例如,如果以普通人为对象进行样本抽取,每20名普通人中只有1名有资格,就会出现调查对象的选择偏差。在这种情况下,需要根据调查方法的选择来提高招募调查对象的有效性,使资源浪费最小化。电话调查和邮件调查可以用较低的成本选择具有潜在资格的调查对象,因此可以有效地控制发生率。互联网调查可以利用事先的提问检查,快速并有效地剔除不合格的调查对象,因此互联网调查能够有效地提高发生率。相反,面对面调查方法需要调查者高度介入,所以最难有效地提高发生率。

四、选择问卷调查方法

综上所述,任何调查方法都不可能是完美的,在不同的调查环境中都存在一定的局限性,因此,调查者需要根据所需获得的必要信息、预算的限制、调查对象的特色等因素进行调查方法的选择。此外,调查目的的不同可能会出现有多种方法都适合或都不合适的情况,而且数据收集方法之间并不是相互排斥的,调查方法之间可以互相采纳彼此的优点或弥补彼此的缺点。调查者可以结合并使用多种问卷调查方法,开发出新的创造性方法。在市场营销调查项目中运用多种调查方法时需要注意不同的调查方法会对调查过程产生不同的影响,因此通过不同方法得到的调查结果很难直接进行比较。

第二节　因果性调查

一、因果关系的概念与条件

因果关系(causality 或 causation)是指一件事(即"因")与第二件事(即"果")之间的作用关系,后者被认为是前一件事的结果。一般而言,一件事是许多因素综合而成的结果,在证实因果关系时,通常会探讨影响某一事件的其他影响变量保持不变的情况下,这两个事件或变量之间存在因果关系。在因果关系被确定之后,研究者可以根据具体事件的原因,提出合理的预测结果的依据。但要证明因果关系,有许多必要条件,在现实中很难确定因果关系,推错因果关系的情形常常存在。确定因果关系或假定存在因果关系必须满足三个条件,即共存性、顺序性和外生变量控制。

(一)共存(concomitant variarion)

假定因果关系的条件是因果关系的起因和结果应同时存在或发生,即原因变量和结果变量要同时发生,或原因变量改变时,结果变量必须同时发生变化。举例来说,假设在品牌销售(结果变量)和品牌广告(原因变量)存在因果关系时,品牌广告投入增加或减少,品牌销售应增加或减少。一般而言,因果共存可以用定性的方法进行推测,通过调查来证实共存性的存在。

(二)顺序(sequence)

因果关系存在优先性,即事件原因发生在事件的结果之前或至少是同时发生的。例如在一般的品牌广告决策中,品牌广告是在品牌销售前决定的。本例中品牌广告与品牌销售之间存在时间顺序关系,可以推测因果关系存在。但在许多情况下,即使假定原因和结果有明确的顺序,也很难清楚地证明这两者之间的因果关系。比如,尽管品牌广告是在品牌销售前发生的,但在品牌广告决策过程中,品牌销售同样会影响品牌广告策略,因为品牌广告策略会依据之前的品牌销售进行调整,所以品牌广告与品牌销售的时序关系就变得模糊。在这个例子中,因果关系存在内生性(endogenetity),要证明因果关系,就需要用其他方法。

(三)控制外部变量(control of exogenous variables)

除研究者所关注的具体原因和结果变量外,还存在其他可能影响因果关系的变量,即外生变量(extraneous variable)。通常证明两个变量之间存在因果关系,必须满足:除了原因变量外,结果变量的发生没有其他可能的原因或已经控制了其他因素的影响。所以要证明明确的因果关系,控制外生变量很重要。例如品牌销售会受到许多因素的影响,如促销方式、价格、销售节点等,如果要证明品牌广告与品牌销售之间的因果关系,就必须控制这些外生变量的影响,以证明仅品牌广告对品牌销售是否有影响。但是,在现实中,要完全控制外生变量并不容易,尤其是控制已经发生的外生变量实际上是不可能的。在以往的问卷调查中,在确认变量(事件)之间的关系过程中,很难控制外生变量带来的影响;进行问卷调查后,可以采用适当的统计分析方法间接地控制外生变量的影响,但通过问卷调查来显示严格意义的因果关系并非易事。虽然有许多限制,但是控制外生变量的最合适的方法还是实验方法。实验可以更直接地消除外生变量的影响,在人为控制的情况下,直接确定原因变量与结果变量的关系。所以,为了找出严格意义上的因果关系,研究者必须通过精细的实验设计来控制外生变量以研究原因变量的效果,如图 5-2 所示。

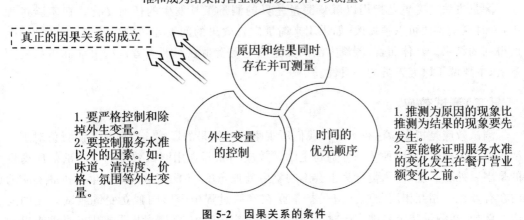

图 5-2 因果关系的条件

二、外生变量种类

常见的影响内在效度的外生变量包括历史因素(history)、成熟效应(maturation)、测试效应(testing)、测量方法的变更(instrumentation)、均值回归(statistical regression)、挑选偏差(selection bias)、实验对象的消失(mortality),如图 5-3 所示。

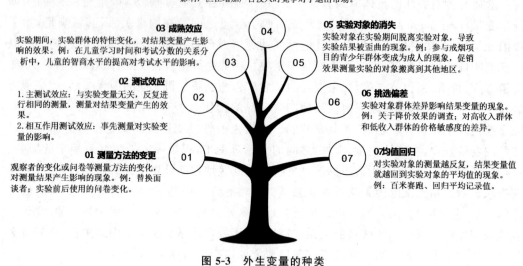

04 历史因素
实验者完全没有想到的事件，并对实验结果产生巨大影响的偶然事件。例：调查广告投入对销售额的影响，但在增加广告投入时竞争对手退出市场。

03 成熟效应
实验期间，实验群体的特性变化，对结果变量产生影响的效果。例：在儿童学习时间和考试分数的关系分析中，儿童的智商水平的提高对考试水平的影响。

02 测试效应
1.主测试效应：与实验变量无关，反复进行相同的测量，测量对结果变量产生的效果。
2.相互作用测试效应：事先测量对实验变量的影响。

01 测量方法的变更
观察者的变化或问卷等测量方法的变化，对测量结果产生影响的现象。例：替换面谈者；实验前后使用的问卷变化。

05 实验对象的消失
实验对象在实验期间脱离实验对象，导致实验结果被歪曲的现象。例：参与戒烟项目的青少年群体变成为成人的现象，促销效果测量实验的对象搬离到其他地区。

06 挑选偏差
实验对象群体差异影响结果变量的现象。例：关于降价效果的调查；对高收入群体和低收入群体的价格敏感度的差异。

07均值回归
对实验对象的测量越反复，结果变量值就越回到实验对象的平均值的现象。例：百米赛跑、回归平均记录值。

图 5-3 外生变量的种类

（一）测量方法的变更

测量方法的变更是指用以解释测量差异的测量工具发生的任何变化。在实验过程中，有时测量方法可以被修改，如果用来衡量广告效果的问卷题项发生改变，那么会影响所得到的结果。具体而言，测量方法的变化效应易发生在对调查者进行事前和事后的测量上，主要源于研究人员的一贯性。

（二）测试效应

测试效应是指实验过程本身对我们所观察到的结果的影响。当前某一测量值对下一测量值有影响时，该两种结果分别是主测试效应和相互作用测试效应。主测试效应衡量的是事后处理态度，但测量行为也会影响事后处理态度，主测试效应的发生会扭曲实验的内在有效性。相互作用测试效应是指暴露在实验过程中会影响独立变量测试单元的反应。例如，在测量特定品牌广告对品牌态度的影响实验中，受测者接受事先问卷调查以测量品牌基本知识和态度；经过适当的程序所构成实验情形，比如看完广告之后，被试回答了测量品牌态度的问卷调查。这种实验中，受试者很难保持实验前后态度的准确性，即第一次测量可能会影响第二次测量。在广告学实验中，人们在展示品牌态度时，由于通过广告对品牌的态度产生了认知程度上的差异，因此较非实验组可能会有更高的品牌敏感度。

（三）成熟效应

成熟效应是指受试者在实验过程中自身的内在变化。其与历史因素的相似之处在于，这种变化不会受原因变量或自变量的影响，而是受时间因素的影响。人类实验中的成熟效应是指实验对象在长大、经验丰富、学习、疲劳、厌倦、兴趣丧失等方面发生了变化。成熟效应通常会在一个实验周期很长的情境下发生,偶尔也会发生在引起心理变化或需要大量认知努力的短期实验中。

(四)历史因素

历史因素是指不受研究人员控制,发生在实验的开始和结束之间,并影响因变量数值的任何因素。比如在探究百货公司的新促销活动效果的实验中,可以通过对比新促销活动前后百货公司的销售情况来确认新促销的效果。如果销售不变,就会得出新的宣传活动不起作用的结论。但是,如果在实验过程中出现了预期不到的经济衰退因素,那么这个经济下滑因素对百货店销售的影响也应该被考虑。如果忽略了经济不稳定这一偶然事件,实验结果就会被严重扭曲。在这个时候,偶然事件的经济不稳定性可以被视为这个实验中需要考虑的外生变量。一般情况下,偶然事件不可预知,难以寻求事先控制。但是如果可以在经验上预测的话,可以考虑采取事先控制的方法。

(五)实验对象的消失

实验对象的消失是指在实验过程中实验单元的消失。由于不能确定消失的实验单元和其他的检测单元是否能产生相同的反应,因此实验对象的消失可能会扭曲结果。

(六)选择偏差

选择偏差是指在实验条件中实验单位的选择不当。在推测群体与测试群体有系统差异时,调研人员得到的结论可能是不准确的。例如假设两种不同的商品配置(新旧)被分配到不同的百货商店,实验中百货公司的规模、声誉、位置等实验以外的因素会对结果产生影响,百货公司的这些特点可能成为影响销售的外生变量。

(七)均值回归

均值回归是指在实验的过程中,具有极端行为的目标群体向着行为均值发展的可观察的趋势。当在广告实验中进行事先测量时,如果一些调查对象表现出非常友善或很不友善的态度,那么在事后测量时,调查对象的态度会逐渐接近平均。

三、外生变量控制

外生变量的存在会对实验结果提供除原因变量之外的其他解释,这对实验的内在效度和外在效度造成了严重的威胁,如图 5-4 所示。如果不控制外生变量,不受控制的外生变量最终会影响因变量并歪曲实验结果,因此外生变量也被称为混淆变量(confounding variables)。控制外生变量的方法有四种:随机化、均衡化、统计控制、设计控制,如图 5-5 所示。

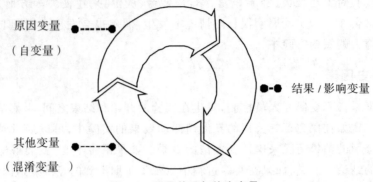

图 5-4　因果关系与外生变量

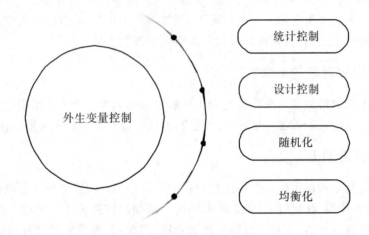

图 5-5　外生变量的控制

（一）统计控制（statistical control）

统计控制是指测量外生变量后，通过统计分析来证明因果关系。例如为了调查时尚服装和教育之间的关系，可以统计控制收入后的效果。利用像协方差分析（ANCOVA）这样的统计方法进行统计控制。

（二）设计控制（design control）

设计控制是指通过一些特殊形式的实验设计达到对外生变量的控制，这些设计将在本章后面加以讨论。

（三）随机化（randomization）

随机化是指使用随机数字来随机分配实验组的实验单元。随机化可以最大可能地实现与受试者特征相关的外来原因性因素在每种处理条件下相等地出现，从而消除外来因素的影响。

(四)均衡化(matching)

均衡化原则就是对照组除了缺少一个试验处理因素之外,其他条件应当与试验组基本一致。在实验中,商店基于平均销售量、大小、位置进行均衡化后,将一部分商店分配到实验组,另一部分分配到对照组。均衡化有两个缺点,一是实验单位只有少数性质的均衡化,所以只有选择的变量和实验单位是相似的,和其他变量不一样;二是如果均衡化的特性不适合因变量,则均衡化就毫无意义。

第六章 实验研究法

第一节 实验研究的思想

不管在生活中还是研究中,我们往往会在现象中发现多个变量之间的因果关系。例如,"小明的身高随着其年龄的增长不断增长",我们会说"小明的'年龄'影响到了其'身高'的变化",或者更加严谨地将小明的年龄限制在 18 岁以前。与之相近的一个例子,"小明的身高随着其父亲年龄的增长不断增长",这的确也是客观存在的现象,但是我们不能说"小明的'父亲的年龄'影响到了小明'身高'的变化",因为其中不存在因果关系。

在市场营销和管理学的研究中,我们也会经常思考变量间的因果关系。如一个营销刺激对消费行为产生了怎样的影响?该影响是不是由该营销刺激发挥的作用?该作用产生的机理是什么?某家淘宝店铺在"双十一"期间开展了价格促销活动,销售额相比前几个月提高了很多。作为淘宝店铺的店主,可能会推测"本店铺开展的'价格促销'活动影响了'销售额'"。从研究的角度,营销学者可能会思考:"是'价格促销'直接导致了'销售额'上涨吗?是否还有其他的影响因素,如活动期间,平台的整体购买人群数量和客单量都提高了,进而导致每个店铺的销售额都有所提升。"

上述生活中的营销实践和研究中的小案例,说明我们在讨论一个因果关系时,可能会混淆相关性和因果性,以及因果关系中可能存在其他替代的可能解释或者影响因素。正是因为这种对因果关系探究的普遍性和复杂性,实验研究法被广为应用于检验因果关系。

一、实验研究法的概念和特点

实验研究法是指在研究目的的基础上运用一定的手段,主动干预或控制研究对象,在典型的环境中或特定的条件下进行的一种探索活动。简而言之,实验研究法是一种验证因果关系的方法,主要通过操纵、改变某一变量的水平来观测因变量的变化。实验研究法的逻辑在于,控制环境中其他所有相关要素不变,仅操纵某个可能的影响因素,进而观测结果变量是否发生变化。如果在这样的设计下,因变量的变化就可以用来证明"该操纵要素"的确影响到了"结果变量",即二者之间存在因果关系。如图 6-1 所示,想要探究服务水平与餐厅喜好度之间的因果关系,应该控制价格、口味等无关的变量,仅观测服务水平的变化是否会对餐厅喜好度产生影响。

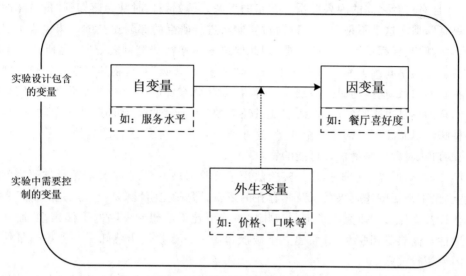

图 6-1　实验研究中变量的种类

　　实验研究法主要具有三个方面的特点:第一,研究的自变量少。因为实验法是通过控制、操纵某个要素和观测因变量的变化来检验因果关系,所以必然要求每次实验探索的影响因素不能过多。实验法研究中的自变量往往只有一个或两个,较少的情况是超过三个。第二,研究的样本具有同质性。实验法需要控制除操纵变量外的所有条件的一致性,因此接受实验操纵的样本(被试)也要求具有同质性,即样本被试具有相似的人口统计特征,属于接近的群体,这样可以避免样本差异带来的干扰。通常在心理学、消费者行为学中,实验法的样本往往是大学生。第三,实验法要求的样本量较小。实验法中的样本量往往每组 30 人左右,这一方面有助于保证样本被试的同质性,另一方面有助于实验室实验的可控。第四,实验法要求实验开展的周期尽可能短,避免过长的实验周期带来的其他环境要素的干扰。

　　实验法的特点使得其研究结论具有较高的内部效度和较低的外部效度。较高的内部效度是指实验所发现的因果关系结论在该实验环境和方法流程操作下可靠性较高;较低的外部效应是指该研究结论推广到更一般的环境中(比如营销实践)或更普遍的人群中(比如不同群体的消费者),该因果影响关系可能就不存在了,甚至出现相反的因果影响。因此,在使用实验法的研究中,研究人员会尽量尝试开展现场实验(field experiment),即在真实的现场环境中检验实验室结论的可靠性,以提升实验的外部效度。

二、实验法的研究思路

　　研究方法都是基于研究课题进行设计和开展,实验法同样是为研究服务的。在学术科研中,实验法的开展以明确具体的研究问题为前提,同时需要清晰的理论逻辑来支撑因果关系,进而围绕研究逻辑开展实验检验。

第一,明确具体的研究问题。明确具体的研究问题是指自变量和因变量是清晰的、具体的,并且对二者之间的因果关系有初步的思考。例如我们时常会感知到"重口味的食物热量更高",那么这是不是一个可以通过实验法进行研究的课题呢?重口味包含了多个变量,油多、辣味、咸都是重口味的特征,因此要进一步厘清研究问题,到底是研究哪个特征变量与食物热量间的关系。从常识上来讲,"油多"、"辣味"和食物热量或食物热量感知之间存在必然联系,这样的研究问题没有价值,因此研究课题可以具体细化为"人们会认为咸味的食物热量更高吗?"此时,研究变量还需要进一步细化:咸味只是味觉的一种,应该与哪种味觉对照才可以构成一个变量,这在研究理论上才是适合的。研究者进一步确定了"咸淡口味对食物热量估计可能的影响"。

第二,清晰严谨的逻辑推理。实验法用于检验因果关系,在定义清楚具体研究问题的基础上,接下来要阐述因果关系及其存在的逻辑,即咸味比淡味是提升还是降低了食物热量的估计?为什么?研究人员推测咸味比淡味更让人联想到食物的不健康性,而食物的不健康性与高热量相联系,进而建立了咸淡口味——食物健康感知——食物热量估计之间的因果逻辑关系。

第三,实验设计和组织。实验法是为研究服务的,即上述提出的研究问题:咸味比淡味让人们对食物热量的估计更高,食物的健康感知发挥了中介作用。在检验这样的研究问题时,不是一个实验就能够完成的,需要多个实验有机的组织,用以检验咸淡口味对食物热量估计影响的主效应、中介机制和可能的调节变量等。

接下来,我们将具体介绍常见的实验设计、实验法中的变量设计和测量以及实验的开展。

第二节　常用的实验设计

实验设计分为预先实验设计(pre-experimental designs)、实验室实验设计(lab experimental design)、准实验(quasi-experiments)。预先实验设计基本不能控制外来因素的影响,但设计简单且成本低,常用于商业营销研究。实验室实验设计是指调查者随机把实验处理分配到随机选出的测试单元中。当设计一个真实实验时,调研人员必须创造人为环境来控制独立变量和外生变量。因为这种设计的人为性,实验结果存在外部效度的问题。因此,人们利用准实验设计来解决这个问题。在准实验设计中,研究人员一般不会对实验处理进度表的完全控制,或必须以非随机的方式将受试者分配到实验处理中。

表 6-1 实验设计分类

预先实验设计	实验室实验设计	准实验
—单组后期测试设计 （one-shot case） —单组前后测量设计 （one-group pretest-posttest design）	—前后测试控制组设计 （before and after with control group design） —仅为后测控制组设计 （after-only with control group）	—间断时间序列设计 —多重时间序列设计

预先实验设计是指在正式科研项目开始之前进行的初步研究，只对所有实验对象的原因变量进行操纵，来验证是否会对结果变量产生作用，不用设置对照组。这种方法在严格的意义上不能称为是实验，预先实验设计包括单组后期测试设计和单组前后测试设计两种。

与预先实验设计相比，实验室实验设计的特点是随机分配，有实验组和控制组。实验室实验设计是指在实验期间必须严格区分实验组和控制组，通过对原因变量进行操作和对结果变量的变化进行对比的一种方法。实验室实验设计有前后测试控制组设计和仅为后期测试控制组设计两种。

前后测试控制组设计（古典的实验设计）：

$$(R)EG:O_1 \quad X \quad O_3$$
$$(R)CG:O_2 \qquad O_4$$
$$(E)=(O_3-O_4)-(O_1-O_2)$$

可以检测实验组和控制组的处理前状态是否相同，但是无法消除外部因素的影响

仅为后测控制组设计：

$$(R)EG:X \quad O_1$$
$$(R)CG: \qquad O_2$$
$$(E)=(O_1-O_2)$$

可以除掉历史效应、成熟效应、回归效应等影响内在效度的因素，但是无法检测两组的观测值在实验变量处理前是否相同。

表 6-2 各实验设计和可控制的外生变量

外生变量的种类	前后测试控制组设计	仅为后测控制组设计	间断时间序列设计
历史事件	√	√	×
成熟效果	√	√	×
主测试效果	√	√	×
相互作用测试效果	×	√	×
测量方法的变化	√	√	√
选定实验单位的误差	√	√	×
实验单位的消失	×	√	×
对实验目的的预测	×	×	×

√：根据该实验设计，可控制外生变量。

×：根据该实验设计，不可控制外生变量。

常用的实验设计包括单因素组内实验设计、单因素组间实验设计、双因素组间实验设计，以及在这些实验设计基础上开展的现场实验和准实验。

一、单因素组内实验设计

单因素组内实验设计是指给予同一组被试两次或多次的实验刺激，这些实验刺激是在一个变量的不同水平下进行的，观测和对比被试在不同实验刺激下的心理、认知或行为反应。例如，营销人员研究同一促销方案的不同表述方式对消费者购买意向的影响时，可以考虑单因素组内实验设计。该研究问题是：同样的促销成本（100 元产品，促销价格 80 元），使用优惠金额表述（原价 100 元，优惠 20 元）和使用折扣形式表述（原价 100 元，现价 8 折），哪种更容易提升消费者的购买意向？组内的实验设计是将这两种促销表述方式（优惠 20 元 VS. 8 折）依次呈现给被试，进而测量和对比分析被试在两种促销方式表述下的购买意向。

组内设计的优点是观测同一个被试在面对不同刺激时的行为变化，在逻辑上可以更有效地衡量不同刺激产生的影响作用。但是，组内实验设计存在两个重要的弊端：第一，被试可能会猜测研究人员的研究目的。被试先后看到两种相近的营销刺激，进而会揣测"研究人员是不是想调查我对不同促销表述方式的反应"？这样的揣测自然会影响到实验的结果。第二，即使被试主观意识上没有揣测研究目的，但是前面一个营销刺激（例如，优惠 20 元）必然会影响后面一个营销刺激（例如，8 折）对个体的作用。简而言之，操纵变量的不同水平之间相互产生了干扰。

不过，组内的实验设计在某些情况下还是具有优势的。例如，当个体无法意识到自己接触了不同的操纵刺激，如内隐联想测试反应时实验中的组内刺激；或者两次实验刺激间隔一段时间进行，间隔的周期让被试忘记了之前的实验刺激，如女性生理周期的研究中，在女性的排卵期和黄体期分别测试其对食物偏好的反应。

二、单因素组间实验设计

单因素组间实验设计则是根据自变量的操纵情况，将被试随机分配到不同的操纵组别中，观测被试的心理、认识和行为变化，进而做不同组别间的对比分析。同样是上述提及的同一促销方案中不同表述方式对消费者购买意向的影响的研究问题。单因素的组间的实验设计将两种促销表述方式（优惠 20 元 VS. 8 折）随机呈现给两组不同的被试，测量他们在两种促销方式表述下的购买意向，进而对比分析。类似的，在食物咸淡口味对食物热量估计的影响研究中，研究人员则给两组被试分别品尝咸味或者淡味的花生，再让他们估计花生的热量。因此，在组间实验设计下，被试自己只填答了一份问卷，并不清楚问卷中哪个要素是被操纵的，也就很难猜测研究目的，且操纵变量的不同水平间很难对被试形成干扰。所以，组间实验可以避免组内实验设计中的被试猜测实验目的和对照实验刺激的弊端。

刚开始学习实验研究法的人员普遍会有这样一种疑惑：实验刺激不就应该给同一个

人做,然后观察被试对不同刺激的反应吗? 如果是不同的人,那么可能被试之间的不同之处会造成对实验结论的干扰。前文介绍,实验法的一个重要特点是样本具有同质性,因此在随机分组的情况下,可以假定每组样本的重要特征是相同的,也就是可以默认两组样本是相似的。

单因素组间实验设计一般分为两组或三组,主要依据自变量的水平多少进行确定。例如在配偶寻求动机对消费决策的影响的研究中,配偶动机分为有、无,则为两组;若配偶动机再细分为短期配偶动机和长期配偶动机,则自变量就为三组。

三、双因素实验设计

双因素组间实验设计是指探索两个变量共同对因变量产生的影响,需要对两个变量进行操纵。在两个变量中,可能一个是自变量,一个是调节变量;也可能是两个变量共同交互对因变量产生影响,并不明确区分哪个是自变量,哪个是调节变量。

在咸淡口味对食物热量估计的影响中,研究者设计了一个 2(咸淡口味:咸味 VS. 淡味)× 2(食物健康与否:健康 VS. 不健康)的双因素组间实验,共有四个实验组别。此时,研究人员操纵了两个变量,一个是食物的咸淡口味,一个是食物本身的健康与否。

双因素实验设计可以分为双因素组内设计、双因素组间设计和双因素混合设计。双因素组内设计是指两个因素都是组内的,所有被试同时接受所有操纵的刺激。双因素组间实验设计则是将被试分布到不同组别,每个被试仅接受一种操纵刺激。双因素混合实验设计是指一个变量为组内的,另外一个变量为组间的。

在双因素实验设计中,存在采用连续变量测量的方式,而非操纵变量的方式。例如在孤独感的研究中,往往采用连续变量测量孤独感,另外一个因素操纵的方式:2(产品类型:新产品 VS. 传统产品)× 孤独感(连续变量测量)。

理解了单因素组内设计、单因素组间设计和双因素实验设计,自然就可以进行其他更为复杂的实验设计,如三因素的实验设计、现场实验和准实验等。

四、现场实验

现场实验(field experiment)又称为田野实验,是相对于实验室实验而言的,是指在被试没有注意的情况下,通过在真实的生活、消费环境和工作环境中设置微妙的操纵因素,观测被试在没有严格控制的实验环境中的决策行为变化。例如,在一项社会支持对花钱行为影响的研究中,研究者们前期开展了若干实验室实验,为了更好地检验研究结果的外部效度,研究人员进行了一个现场实验。研究人员选择了一家餐厅,时间是在冬季,在饭馆门上悬挂不同的牌子("出去时请穿上外套,外面很冷"VS."出去时请把门关上,以免冷风吹进来"),进而观测不同牌子的情景下,进店消费者消费的金额情况。

在实验设计上,现场实验和实验室实验的思路是完全一样的。只是把实验的环境改为真实的现场环境,样本为该环境下的普通人群,他们并未被主动邀请或要求参与;实验的操纵往往是实验本身没有被被试样本察觉。在一项节水节电的研究中,研究人员随机选择大学生宿舍,在宿舍中张贴"节约用水,棒棒哒!"(正面激励组)或者"浪费水,不温柔"(负面激励组)或者不张贴任何标语(控制组),进而观测标语对节约用水的影响。就实验设计而言,这是一个单因素三组的组间设计,只是实验在现实环境中开展,样本在不知不觉中受到了影响。

现场实验的优点是能够更好地检验实验室实验结论的外部效度,其缺点是对于现场实验中的实验环境控制非常有限,很容易受到其他无关因素的干扰。因此,在现场实验中,实验室实验结论可能无法被很好地复制。不过基础实验可以在实验室或现场进行,实验室的实验环境为人工制造,按理想条件进行实验。例如,为测试广告的效果,虽然实验是在实验室环境下进行,实验对象观看固定在电视节目中的广告实验,但是同样的实验可应用于实际电视广告中。

相比现场实验,实验室实验具有以下优势:实验环境是指在一个易于控制的严格环境中进行结果变量的观察,因此不太可能出现意外事件。在实验室中做实验的实验单位数目少,所需时间短,场地面积有限,比现场实验容易进行,进而一般实验费用较低。

但是,实验室实验仍存在一些不足:环境的人为性会对研究对象的反应造成影响,研究对象会推测实验目的并作出满足期待的反应(demand artifacts),例如,当被试观看一个实验广告时,他可以推测该实验是改变品牌态度的实验;此外,人工环境下所得出的结果难以推广到实际应用中,相比现场实验,实验室实验的外部效度比较低。

调查人员需要把这些所有因素都进行考虑,然后再决定进行实验室实验和现场实验。实验室实验和现场实验虽然起到了互补作用,但是在市场调查中,实验室实验比现场实验更常见。表 6-3 显示了根据各实验设计可控制的外生变量。

表 6-3　各实验设计和可控制的外生变量

外生变量的种类	前后测试控制组设计	仅为后测控制组设计	间断时间序列设计
历史事件	√	√	×
成熟效果	√	√	×
主测试效果	√	√	×
相互作用测试效果	×	√	×
测量方法的变化	√	√	√
选定实验单位的误差	√	√	×
实验单位的消失	×	√	×
对实验目的的预测	×	×	×

注:√表示根据该实验设计,可控制外生变量;×表示根据该实验设计,不可控制外生变量。

五、准实验设计

准实验设计(quasi-experiment)是指在研究设计上采用实验设计的思想,尽量控制其他无关要素,设置实验组和控制组,但是实验组和控制组不是随机分配或者操纵产生的,而是自然条件下已经存在的。准实验设计在研究中也是较为常见的,例如在生理周期对食物消费的研究中,生理周期的不同阶段(排卵期 VS. 黄体期)并不是由操纵产生的,而是天然存在的分组变量,只是按照实验的思想,将被试分为排卵期组或者黄体期组。类似的,如果营销人员想研究自助机点餐相比柜台点餐方式对点餐的金额、种类的影响差异,也可以按照实验的思想,将店里自助机点餐的数据和柜台点餐的数据做对比分析。准实验也可以将某些自然事件作为实验分组的标准,如在探索新冠疫情对人们认知和行为决策影响的研究时,研究人员可以选择某个疫情高风险区和疫情低风险区的人员,对比他们的认知和行为决策。

上述有关准实验设计的例子中存在一些实验设计方法上的不足,在因果关系上可能会有诸多其他可能的解释:因为样本不是随机分配的,柜台点餐和自助机点餐的结果差异可能是由于两种点餐方式下人群本身的差异导致的;生理周期的阶段划分可能伴随着其他干扰因素,如不同时间点的天气等状况的变化;依据疫情高低风险区域分组,可能会存在两个地区人员的本身差异。

为了减小或排除准实验设计时可能掺杂的其他无关干扰因素,研究人员可以采取以下三种方法:第一,尽量做到相匹配的两个组别的样本的其他要素一致或接近。例如,在疫情事件的研究中,所选择的两个地区应该尽可能在地理位置、经济情况和社会文化方面相近。第二,采用 DID 方法(difference in difference)。例如,在新冠肺炎疫情事件的研究中,可以再进一步观测当疫情消失后(对照组),两个区域的消费者的决策行为是否发生变化。第三,操纵一个因变量的对照组,观测准实验设计的影响因素对因变量和因变量对照组的影响差异,以排除其他可能的解释。例如,在生理周期对转基因食物偏好影响的研究中,研究人员在检验生理周期对转基因食物的影响时,还设计了天然食物组做对照。

六、实验法中的变量操纵和测量

实验法中的变量包括自变量、因变量、中介变量和调节变量,变量测量上有一些通用的、规范的操纵或测量方式,在研究中往往可以引用前人的方法进行操纵或测量。

(一)自变量

实验法中的自变量往往是被操纵的,即将不同的刺激材料呈现给被试或者让被试在生理、心理上接收到这样的刺激。操纵自变量是有效检验因果关系的关键。在实验法中,操纵自变量需要做到两点:第一,确定操纵了相应的构念或变量。例如在怀旧的研究中,操纵怀旧往往是让被试想象"过去让其怀旧的事件",对照组则是想象一件"近期的事件"。在这样的操纵自变量中,研究者需要注意是否真正有效地引导被试去回忆让其"怀旧"的事件,而不是被试随意回忆了一则事件。此外,可能存在回忆的深度不够的情况,没有促发怀旧的效果,因此实验人员需要要求被试简要描述该事件。对照组是否也可能促发了怀旧也很重要。总之,要仔细考虑操纵的有效性。第二,自变量的操纵要干净,没有受其他变量的干扰。实验法因果关系检验的优势就在于控制了自变量之外的其他要素。例如,在配偶动机相关的研究中,研究人员要注意配偶动机是不是对个体情绪产生了干扰,进而影响了因变量。

注意到上述自变量操纵过程中的细节内容,研究人员需要考虑自己设计的自变量操纵是不是有效的、科学严谨的。实验法中的自变量往往可以引用前人的设计或者在前人研究基础上进行调整。社会心理学、管理学科中有很多被广泛使用的自变量,进而已经有了成熟的操纵范式,例如调节聚焦(regulatory focus)、解释水平(construal level)、配偶寻求动机、社会排斥等。

(二)因变量

实验法中的因变量往往与某个情景相结合,测量被试在情境下的心理、认知和行为,而不是简单地将量表抛给被试。品牌态度、购买意向这些常规的因变量测量都需要结合特定的场景、产品、品牌设计。例如,对于新产品购买意向的测量,需要给被试呈现某款具体的新产品以及简要地描述该产品,进而测量被试的购买意向。

实验法中的因变量也有一些固定的测量变量范式,例如消费者自我控制中的享乐品、实用品的选择,消费者的多样化选择行为、储蓄行为、道德行为和亲社会行为等等,研究人员同样可以借鉴前人的研究材料。

(三)中介变量

中介变量是实验研究中的重要理论机制,是实验法在因果关系检验中非常注重的变量。中介变量的测量往往是通过量表测量,例如食物健康程度感知、决策风格倾向等。某些心理机制的中介变量可能会用眼动仪、内隐联想等工具进行测量。在实验法的研究中,从变量的操纵、测量来看,中介变量的测量相对简单,但是关键在于需要在理论逻辑中理清中介变量是什么。

(四)调节变量

实验法中的调节变量既可以测量又可以操纵。自变量对因变量的影响可能会因为个体特质存在差异,因而可以将个体的特质作为调节变量。在怀旧对享乐品和实用品选择影响的研究中,该影响可能对于非常理性的人是不存在的,所以调节变量可以是个体的理性主义倾向。在咸淡口味对食物热量估计影响的研究中,研究人员操纵食盐健康与否的信念为调节变量,如果让人们相信适当食用食盐是健康的,那么咸淡口味对食物热量估计的影响就消失了。

从上述两个例子中,我们可以对实验法中的调节变量进行测量或操纵的思路一目了然:测量时选择相应的变量量表,操纵时按照实验法自变量操纵的设计开展。但更为重要的是,调节变量的选取最好是能够检验中介机制的,简而言之,该调节变量可以抑制中介机制(相信适当食用食盐是健康的,抑制了咸淡口味对食物健康感知的中介)或者强化中介机制。

(五)其他的变量

实验法研究中还会涉及排除其他可能解释的变量、操纵检验、人口统计信息变量等。

其他可能解释的变量是指自变量可能会通过其他影响路径作用于因变量的机制,实验研究中需要对其进行测量,在数据分析时加以控制或排除。操纵检验则是在实验法中必须衡量自变量或调节变量是否有效的测量检验。人口统计信息在实验中也需要汇报,用以了解样本的情况,判断样本同质性问题和研究结果内外部效度的问题。

七、实验的效度

实验的效度是指实验结果能够以多大的精确度证明两个变量之间的因果关系。实验的效度大致可分为内在效度(internal validity)和外在效度(external validity)。内在效度是指明确查明实验中原因变量对结果变量的影响程度,即结果变量的变化是否真的是由原因变量的变化而引起的。外在效度是指实验结果是否能在更大的招募组或现实中实现一般化,即实验所产生的因果关系一般化(generalization)的可能性。下面再详细介绍内在效度和外在效度。

(一)内在效度

内在效度是指一个原因变量或处理变量的操作是否会对结果变量产生可观察的效果。所以,可以通过明确实验单元内观察到的效应是否受除处理变量之外的其他变量的影响来判断内部效度。当观测到的效应可能受外生变量影响时,就不可能明确地证明原因变量与结果变量之间的因果关系,这严重影响了内在有效性。当内在效度较低时,实验结果扭曲的可能性较大,结果的可靠性也有所降低,因此控制外生变量成为保证内部有效性的最重要环节。

(二)外在效度

外在效度是指实验中明确的因果关系在外部环境下的可扩展程度。换言之,在不受控制的环境下,实验中表现的因果关系有多大可能会发生。在不加控制的实验条件下,如果外在效度受到其他相关变量的影响,则无需考虑外在效度。所以要使实验研究结果具有外在效度,必须考虑以下条件:第一,用不同于现在这个实验的方法来测量变量,得到相同的结果。当实验结果随着试验中所用变量的测量方式改变而变化时,该实验就不具有外在效度。第二,在其他实验单元中,也要得到同样的结果。假如一个实验对象是从这个招募小组中抽取的样本,那么在对招募小组的其他样本进行实验时,实验结果也要是一样的。

(三)内在效度 VS. 外在效度

内在效度与外在效度都考虑到了实验设计的重要性,但两者之间存在冲突,所以往往只需要强调一种效度。为控制外生变量,研究者采用人工方式进行实验,尽管加强了内在有效性,但受控的实验环境最终会阻碍实验结果的普遍化,降低其外在效度。如果实验的内在有效性不够,对实验结果的一般性讨论本身就毫无意义。内部有效性受到阻碍因素的同时也会对外在效度构成威胁,因此内在效度是保证实验有效性的前提。为保证实验设计的有效性,对外生变量的控制过程十分重要。

第三节　实验的开展

实验的开展即执行实验、数据收集的过程。实验开展的环境是多样的，并不要求一定在实验室中开展。在已发表的采用实验法的论文中，有较大的比例采用纸笔问卷开展实验，这样的纸笔问卷多在图书馆、自习室、课堂或者网络平台上进行数据收集。实验室的实验则要求招募被试、实验场次安排和实验开展等过程。现场实验则需要更多的与实验开展场景相联系的工作。

一、线下纸笔问卷实验的开展

线下纸笔问卷实验的开展与问卷调查法的数据收集类似，都是通过接触样本获得问卷调查机会，但在操作过程上存在重要区别，主要在于控制实验开展过程中无关要素的干扰。第一，线下的纸笔问卷实验要求接触的样本群体尽量同质，例如都是自习室、图书馆中的大学生；第二，线下的纸笔问卷实验的抽样调查环境尽量是较为安静的，或者样本在闲暇时进行作答，以避免其他环境因素的干扰；第三，实验问卷要事先做好随机，这样在问卷发放时实现被试分组的随机；第四，实验问卷尽量集中在某半天或某一天完成，避免时间因素的干扰；第五，问卷调查人员尽量是同一个人，避免不同人员接触对被试产生干扰。

二、线上网络问卷实验的开展

线上网络问卷主要基于网络问卷在线平台设计实验问卷，通过问卷链接转发、推送的方式完成数据的收集，常用的线上网络问卷设计平台有问卷星、见数和 Qualtrics 等。这些平台都可以进行实验组别的随机设置，即一个问卷链接包含了不同组别的问卷，每个样本点开问卷后被随机分配到不同的组别。线上问卷可以更为便捷地接触到更广泛空间的群体，包括国内、国外，能够获取丰富的数据；此外，线上问卷还可以实现数据的自动录入，也节省了数据录入的时间。

线上网络问卷实验的数据收集有两种主要方式：一是研究人员通过自己的熟人群体或者社群转发问卷填答；二是通过线上调研公司的样本库分发问卷。例如问卷星、见数平台都有很大样本量的样本库，国外抽样调查还可以用 Amazon M-Turk 的样本库。

三、实验室实验的开展

在实验室环境下进行实验开展的效果更好，因为被试在同样的环境下作答，没有其他干扰，更好地实现了对无关要素的控制。实验室实验开展涉及被试招募、场次安排、实验开展等过程。高校里的研究学者可能会建有研究团队的样本库，每次实验时通过样本库推送问卷给拟调研人员。招募好被试后,再根据被试合适的时间安排实验场次,尽量集中在较短的时间周期内完成。在实验开展中,研究人员需要提前准备好实验流程和话术,确保每场实验中被试接触到的实验环境、材料和实验人员的介绍都一致。

总体而言,实验的开展和问卷调研具有相似之处,不同之处主要在于实验需要尽量控制除自变量之外的其他因素。

第四节　实验数据分析和汇报

实验法的数据分析方法和问卷调研数据的分析方法有很多相似之处,诸多数据分析方法在本书的前面章节已经介绍过,本小节主要阐述实验法数据分析主要用到的数据统计方法和注意事项。

实验设计包含单因素组内设计、单因素组间设计、双因素实验设计,对应的统计检验方法包括配对样本 t 检验、独立样本 t 检验、单因素方差分析、双因素方差分析、重复测量方差分析、交叉表、二元逻辑回归。在中介效应检验时,可采用 PROCESS 插件实现。

实验法数据汇报的内容,包括各组的均值、标准差,统计检验的 t 值、F 值、显著性、效应量。由于实验法往往是分组的,因此数据汇报时多会绘制柱状图,便于读者更为形象地了解数据结果。

本章简要但系统地介绍了实验研究方法,包括实验研究的思想、常见的实验设计、实验中的变量操纵和测量、实验的开展,以及实验数据的分析和汇报,为开展实验研究提供了初步指导参考。研究包含诸多细节和不同研究课题的特色之处,因此本章的介绍无法涵盖实验法的所有内容。此外,一个研究也不是由一个实验构成的,实验法的研究往往是多个实验有机组织、层层递进、相辅相成,最终实现研究假设的有效论证。

第七章　测量尺度

第一节　测量尺度

测量(measurement)是指根据事先特定的规则,给调查对象(顾客、产品、服务等)的特征赋予数值(number)或某种特别符号象征(symbol)的系统性过程。在市场营销调查中,测量对象并不是顾客或产品等调查对象本身,而是调查对象的特征。例如,关于消费者的市场营销调研更多关注消费者的看法及行为,以及消费者的收入、年龄等现状;针对某品牌的市场营销调研,关注消费者的感知、态度、喜好等想法,以及品牌的购买与否、是否访问店铺等行为。在调研过程中可以采用测量将调查对象的特征数值化,这种方式一般存在以下两点优势:第一,调查对象数值化后可以使得进一步的统计分析成为可能;第二,数值化后,调查者更容易掌握测量规则和测量结果之间的关系。

测量过程中需要注意的重要事项如下:第一,如何对进行数值化过程的测量规则进行具体、系统性的规定,例如如何赋予数值、如何评价数值等;第二,测量的特征和数值之间必须一一对应,例如,如果将年收入进行金额数值化,那么拥有相同金额的调查对象就是指拥有相同年收入的调查对象;第三,赋予数值的规则是不能根据调查对象或时间的不同而发生变化的,要保证规则的标准化和一贯适用性。

尺度(scale)是指为了测量而特别开发的标准化测量工具,包含一系列结构化的符号和数字。调查对象特征的测量值通常随着尺度工具的选择而变化,因此需要先确定尺度,随后才能确定相应的测量值。例如,为了测量某个物体的长度可以使用米(meter)制尺或码磅(yard-pound)制尺进行辅助测量。在这个过程中,测长度的过程称为测量,为了测量使用的米制尺或码磅制尺称为尺度。在市场营销调查中,标准化的尺度体现为对调查对象的测量结果采用系统、一贯对应的数值或象征的体系方式呈现。例如,测量"消费者的品牌态度",可以使用七分尺度测量,调查者假设调查对象利用 1～7 分之间的数值选择来表现自己的态度,将非常不喜欢的情况定为 1 分,非常喜欢的情况定为 7 分,其间的数值随着调查对象对品牌喜欢程度的增加而增加,也就是说调查对象对品牌的态度在数值1～7 分之间,如图 7-1 所示。但是,测量"对品牌的态度"的尺度并不是只有一个,调查者可以根据调查的目的不同选择多种尺度,甚至还可以根据调查需求开发新的测量尺度。

例如,调研者可以使用"对品牌的态度"好或不好形态的两分法尺度。使用什么样的尺度是根据调查的目的来决定的,使用尺度的适当性要根据规定的标准来评价。

| 非常
不喜欢 | 大体
不喜欢 | 一点
不喜欢 | 一般
喜欢 | 一点
喜欢 | 大体
喜欢 | 非常
喜欢 |
| 1 | 2 | 3 | 4 | 5 | 6 | 7 |

图 7-1　7 分尺度的例子

第二节　测量过程与测量对象

一、测量的一般过程

测量的一般过程如图 7-2 所示。首先,需要明确测量对象。一般而言,测量需要根据调查目的来明确具体从调查对象那里收集什么信息。其次,因为收集信息的形态和种类会对测量过程产生影响,所以调查者需要规定测量对象的范畴,从而确定测量尺度。市场营销调查属于社会科学调查范畴,其使用的尺度与自然科学中使用的标准化尺度不同,更多地使用相对非标准化的主观性尺度。调查者可以选用现有尺度,如果现有尺度不适合当前的测量,也可以按照既定的规则开发新的测量尺度,但开发新尺度是一个相当复杂且细致的过程,如果没有开发尺度相关的专业知识,建议尽量使用现有尺度。再次,确定尺度的种类后,要分析如何进行具体测量。在市场营销这样的社会科学调查中,使用的尺度往往介入了调查者的主观判断,因此,测量方案设计非常重要,例如尺度的水平、尺度的标示方式、对尺度的回答方式等。由于每个测量方法都有优缺点,需要选择符合调查目的的测量方法。最后,测量评价需要以测量的设计过程和结果为基础。基本上对测量的评价是以可行性和可靠性为标准,可行性在调查前就能进行事前评价,可靠性是事后统计评价。

| 确定测量对象 | 确定尺度种类 | 确定测量方法 | 确定测量方法 |

图 7-2　测量的一般过程

二、测量对象

测量的第一个流程是定义符合调查目的且清晰明确的测量对象。调查者应该准确理解调查目的,并以此为基础明确规定需要从调查对象身上掌握的特性,并将其定义为测量对象。测量对象包括年龄、性别、收入、购买量等可以被测量的客观变量,同时也包含认知、感知、喜好、态度等调查对象的主观观念,主观观念可以给每个调查对象赋予不同的意义或解释。由于调查对象的主观观念具有抽象性,且不能用眼睛直接观察,所以在实践中是无法对主观观念做到完全准确的测量。为了最大限度地排除测量的主观性,调查者应更具体、客观地定义主观观念类的测量对象。如果调查对象没有明确定义测量对象,那么在没有客观标准或尺度的情况下,两个具有相同喜好水平的调查对象可能有不同水平的回答,调查者就可能无法正确区分喜好度和满足度。例如,一个调查对象回答非常喜欢,另一个调查对象回答一般。因此调查者必须针对测量对象定义正确的概念,提出符合定义概念的统一和具有系统意义的明确的测量范围和标准。如图 7-3 所示。

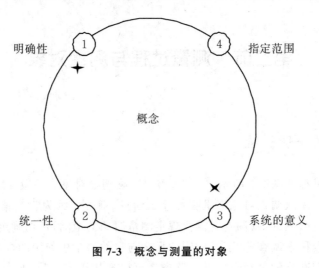

图 7-3　概念与测量的对象

第三节　尺度的种类

史蒂芬按照不同测量法的数学特性,将测量尺度分为四类:定类尺度、定序尺度、定距尺度和定比尺度。图 7-4 和表 7-1 描述了这四类尺度的一些基本刻画信息。

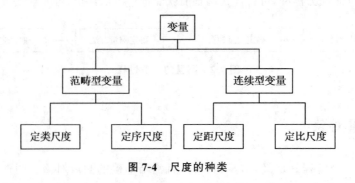

图 7-4　尺度的种类

表 7-1 测量尺度的基本特性

尺度	基础的特性	一般示例	市场营销示例
定类	为了对测量值进行分类而定义数值	性别、职业、居民号码	品牌、商店类型、性别分类
定序	数值显示其测量值的相对位置，但不显示测量值之间的差异或大小	名次、等级、奖牌目录	喜好度排名、市场位置、社会阶级
定距	可以比较测量值之间的差异，存在相对零点	温度（华氏、摄氏）	态度、意见
定比	绝对零点被固定，可以计算测量值的比例	长度、重量	年龄、收入、费用、销售额、市场占有率

一、定类尺度

定类尺度（nominal scale）是一种对事物进行平行分类和分组进行区分的测量方式，对测量数据以"类别"为主。定类尺度是市场营销研究中最常见的测量方式，主要是为了区分调查对象性别、品牌数、产品属性、店铺类型等而使用。定类尺度适用于基于计数形态的统计分析，如频次、各组计数、比例、百分比以及代表集中趋势的众数（mode）等。定类尺度以分类为目的，数字和测量值分类（如：男/女）之间要有明确的一一对应关系，每个数字分配在一个测量值类别上，每个测量值类别只有一个对应的数字。因此，用于定类的数字不具有数字本身的任何价值或信息，除了区分测量值以外没有其他意义，只起到了等级或范畴的标识作用。例如，将调查对象分为男子组和女子组，两组由数字（如：男—1，女—2）来分类。在同一组中的所有对象都标记为相同的数字，两组之间不能存在相同的数字。这两个数字只表示组间区分，没有顺序和大小的概念，没有其他意义。而且定类尺度除了用数字进行标注之外，也可以使用字母或其他形式的符号进行分类。

定类尺度必须符合两个原则，第一是互斥原则，不同类别之间必须完全互斥，没有交集和重叠；第二是完整原则，测量尺度的分类必须包括所有的可能性。换句话说，定类尺度应该做到数据完整诠释并相互独立。因此，在进行测量工作之前，建立一套适当的分类架构是确保测量顺利进行的重要环节。

◇定类尺度实例：

您的婚姻状况？

(1)未婚_____   (2)已婚、有配偶_____

(3)其他_____

您最常使用的购物网站是哪个？

(1)天猫   (2)京东   (3)拼多多   (4)其他

您拥有自己的车吗？

(1)是   (2)否

到目前为止你选修的市场营销相关科目有哪些？请在相关栏中全部标记。

(1)市场营销_____   (2)市场营销调查_____

(3)消费者行为_____   (4)物流管理_____

(5)新产品开发和产品管理_____   (6)广告和促销_____

二、定序尺度

定序尺度(ordinal scale)也称为等级尺度、排序尺度。除了类似于定类尺度中对调查对象的属性和特征进行分类的作用,它还能够显示测量值的相对大小。例如,1、2、3、4年级除了组间类别区分外,还具有等级特征和顺序差别,因此与1、4、3、2年级有不同的意义。测量值的差异明确了测量对象的大小关系,如质量等级、比赛中球队排名、社会经济阶级以及组织中的级别等,测量值大对比测量值小代表测量对象更优质(更高)或更劣质(更低)。在市场营销调查中,定序尺度可以用来测量相对的态度、意见、认识和喜好等。为了确定定序尺度测量,调查者在向调查对象提问中,需要采用"比……好"或"比……差"等问题形式。此外,定序尺度在测量中原则上依然需要遵循定类尺度对数据完整诠释并相互独立的原则。

定序尺度可以明确地说明测量值在程度上的差异性,但不能具体表示有多大程度的差异。即第一个顺序的测量对象与第二个顺序的测量对象相比具有更多(更优质)的特性,但是无法测量两者之间相差多少的具体数值。例如,以定序尺度来测量品牌喜好度为例,第一位的品牌比第二位的品牌更受欢迎,第二位的品牌比第三位的品牌更受欢迎,但是无法测量出品牌之间的喜好差异。同样,也不能测量出相隔的两名之间的品牌喜好差异是否相同或者不同。

定序尺度和定类尺度相同的是测量对象都被赋予了类型标识,不同的是定序尺度以多样和一贯的方式通过数值展示了测量对象之间的顺序。对品牌 A、B、C、D 的喜好度以定序尺度来表示时,以 1、2、3、4 表示和以 10、20、35、45 表示之间没有差异。定序尺度的测量值只需要突出测量对象的顺序,因此可以采取任何方式进行测量。也就是说,数值上的差异只是指顺序上的差异,所以只要维持尺度顺序,就可以根据调查目的的不同使用多种形式测量。定序尺度同样可以使用定类尺度所能使用的统计分析,包括以百分位数为基础的统计分析。突出排序的代表值是中位数(median),是指全体调查对象按照顺序排列时,在中间位置的回答者的数量。

◇定序尺度实例:

请按您喜欢的顺序标出以下五种饮料品牌?

可口可乐_____   百事可乐_____   七喜汽水_____   脉动_____

元气森林_____

请在下列两种饮料品牌中,选择您更喜好的品牌打钩。

可口可乐_____   百事可乐_____ ;   可口可乐_____   七喜汽水_____ ;

可口可乐_____   脉　　动_____ ;   百事可乐_____   七喜汽水_____ ;

百事可乐_____   脉　　动_____ ;   百事可乐_____   元気森林_____ ;

七喜汽水_____ 脉　动_____；七喜汽水_____ 元気森林_____；
脉　动_____ 元気森林_____；

三、定距尺度

定距尺度(interval scale)又称为等距尺度或区间尺度,如图 7-5 所示,定距尺度是指将总体划分为若干顺序排列的部分或组的数量标志,对相同数量或相同数量范围的总体单位或其标志值进行计量的方法。由于各分项需要保持所有相邻的两个测量值之间的差值相同,所以要使用自然或物理单位计量尺度以确保单位长度的标准化。比如,以定距尺度测量的测量值 3 和 4 的差值与测量 4 和 5 的差值相同,同时还是 3 和 5 的差值的一半。但是定距尺度没有绝对的零分,只有相对的零分,如测量值 6 不能说比测量值 3 多 2 倍,在测量值上使用比例的概念是没有意义的。例如,温度计的刻度显示的温度之间的间隔是一定的,但摄氏 0 度不是绝对温度零点,而是为了现实中的便利设置的相对零点,因此摄氏温度可以轻而易举地变更为华氏温度。

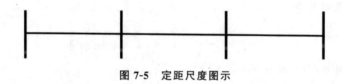

图 7-5　定距尺度图示

在市场营销调查中,顾客的想法、意见等主要以定距尺度的形式进行测量。定距尺度包含了更多的信息量,可以利用更多的统计方法进行分析,包括可以计算出显示测量值整体分布的平均值(mean)和方差(variance),并且可以利用范围更广的参数统计学(para-metric statistics)。而定序尺度和定类尺度不能计算平均值和方差,只能利用使用范围有限的非参数统计学(non-parametric statistics)。调查者可以利用非参数统计方法对"等距"假设是否成立进行检验。

由于定距尺度可以利用多样化的统计方法进行分析,因此它成为市场营销调查中使用最多的尺度。经常用于测量消费者对品牌、店铺、属性等的感知。但是,当测量消费者对品牌的信念、态度、购买意图等内在决策时,定距尺度的使用可能存在以下问题:第一,无法确保调查对象能够明确地认识定距尺度上的等距,无法避免调查对象以大概的顺序为基础进行回答。第二,市场营销调查者由于时间和费用等现实问题,将以定序尺度测量所获得的数据视为以定距尺度测量数据并进行相应的统计分析。

◇定距尺度问卷测量题项实例:

(1)您家庭的年收入属于以下哪一项?(以万元为单位表示)

• 1999 万元以下
• 2000 万元～2999 万元
• 3000 万元～4999 万元
• 5000 万元～7999 万元
• 8000 万元以上

(2)您的年龄在以下哪个年龄段？（年满）

- 19 岁以下
- 20～29 岁
- 30～39 岁
- 40～49 岁
- 50～59 岁
- 60 岁以上

(3)通常一周上网几次？

- 超过 20 次
- 16～20 次
- 11～15 次
- 6～10 次
- 1～5 次
- 不上网

(4)我喜欢可口可乐

    1   2   3   4   5   6   7

完全不同意　　　　　　　　　　　　完全同意

(5)你觉得可口可乐如何？

   −3   −2   −1   0   3   2   1

很不好　　　　　　　　　　　　　　很好

四、定比尺度

定比尺度(ratio scale)又称为等比尺度或比例尺度,它反映了被测对象的实际数量。定比尺度拥有定类、定序、定距尺度的所有性质,甚至可以表现其他尺度无法表现的绝对零分(0 分)。所以定比尺度可以确认或分类测量对象并进行排序,不仅可以比较间隔或差异,还可以计算比例和倍率。定比尺度测量的测量值是绝对值,比如,测量值 4 和测量值 2 的差距不仅与测量值 5 和测量值 3 的差距相同,测量值 4 还是测量值 2 的 2 倍。能够测量绝对值的定比尺度一般用于测量可直接观察的物理事件或现象,比如,身高、体重、年龄、收入,以及产品价格、收入、员工人数等绝对数量的情况;在市场营销调研中下,销售、费用、市场占有率以及顾客数量等通常采用定比尺度来测量。定比尺度可以运用所有的四则运算来计算,适用于算术平均、几何平均、调和平均等多种类型的平均计算方法,还适用多种参数统计方法。在比较主观及相对价值测量的市场营销调查中较少采用定比尺度和定距尺度。比如,产品的喜好度、知名度、对属性的态度或信念等。但在社会科学研究中,许多变量与特定的社会现实有关,与主观判断无关,无须人为调整改变,并且具备绝对零点,因此定比尺度在社会科学研究中也被广泛使用。

◇定比尺度实例：

(1)您在过去的 7 天里去店里买过几次食品？_____次

（2）您的年龄满多少岁？＿＿＿＿＿岁

（3）您一年开车大概开多少公里？＿＿＿＿＿公里

综上所述，四种不同的测量尺度适用于不同的测量对象。并且，需要注意的是，一般而言，不同测量尺度所适用的统计方法也不一样，具体如表 7-2 所示。

表 7-2　尺度与统计方法的比较

类型	规则描述	平均量度量值	计数统计分析	统计计算分析	范例
定类尺度	对属性特征分类	众数	频数、百分比、众数	卡方检验、二项检验	产品编号
定序尺度	识别类型并测量对象的相对顺序	中位数	百分位数、中位数	符号秩检验、ANOVA 回归分析	产品质量等级、品牌偏好排序
定距尺度	排序及衡量对象之间的差距	算术平均数	算术平均、方差、极差、标准差	积分相关系数、t 检验，F 检验、ANOVA 回归分析，因子分析	温度测量、品牌认知水平衡量
定比尺度	具有以上三者特征，并且具有固定原点	几何平均数	算术平均、方差、几何平均、调和平均	变动系数、t 检验、F 检验	销售额、市场份额、产品价格、家庭收入等

第四节　测量方法

比较量表（comparative scales）和非比较量表（non-comparative scales）是市场营销研究中常用的测量方法（scaling technique）。

比较量表通过对测量对象之间的直接比较进行测量，主要使用排序或定序尺度。例如，为了确认调查对象对可口可乐或百事可乐的喜好，可以直接请调查对象在可口可乐和百事可乐中进行排序选择。比较量表必须用相对的概念或用语来说明，并具有排序或顺序特性。因此，比较量表主要在顺序尺度或定序尺度等非计量尺度中使用，具体的比较量表包括配对比较（paired comparison）、等级顺序（rank order）、常量和（content sum）等。

比较量表最大的优点是可以发现测量对象之间的微小差异。调查对象需在比较测量对象间选择相对优越的对象并以一定的标准来评价测量对象的排序。比较量表是比较基础的一般化测量方法，不包含复杂的评价，因此调查对象更容易理解和回答。另一个优点在于，不同调查对象的价值体系可能存在很大的差异，比较量表可以避免调查对象因对抽象问题的不同理解而造成的数据差异。比较量表的缺点在于测量结果包含了排序的特性，因此很难利用计量或统计方法进行分析。例如，针对两个品牌 A 和 B 的喜好度调查结果，当新品牌 C 出现时，该调查结果就成为无用之物，需要另外进行品牌 A、B、C 喜好度的调查项目。

　　非比较量表是指每个测量对象在测量过程中进行相对独立测量的方法,是对事件或属性的评价而非比较。其测量值一般采用定距尺度或定比尺度的形式。例如,调查对象分别单独地对品牌 A、B、C 进行喜好度测量,采用 1 到 7 之间(1＝完全不喜欢,7＝非常喜欢)的定距尺度形式来表示结果,而非只对 A、B、C 进行排序。非比较量表可以分为连续评分测量量表(continuous rating scales)或分项评分测量量表(itemized rating scale),分项评分测量量表可以再细分为李克特(likert)量表、语义差异(semantic differential)量表,还有斯坦普尔(Stapel)量表。非比较量表是市场营销调查中最广泛使用的测量方法。

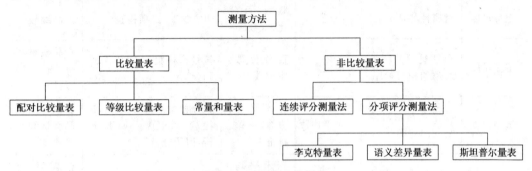

图 7-6　测量方法的区分

一、比较量表

(一)配对比较量表

　　配对比较量表是最广泛使用的比较量表。配对比较量表需要向调查对象提出两个比较对象,调查对象根据某种标准选择其中一个比较对象。常用的配对比较量表形式是让应答者在给定的一对事物特征中比较优劣。

　　采用配对比较量表的测量结果具有顺序特性。调查对象可以回答相比品牌 A 更喜欢品牌 B,和相比品牌 B 更喜欢品牌 C。在这种情况下,可以利用配对比较量表的顺序特性和偏好传递性(transitivity of preference),得出比起品牌 A 更喜欢品牌 C 的结论。例如,表 7-3 是为了掌握 5 个品牌的喜好度,以表格(配对比较表)的形式呈现了通过配对比较量表测量的结果。通过此表可以看出,调查对象为了评价 5 个品牌的喜好度需要 10 种比较配对,通常为了对 n 个品牌进行配对比较,所需的所有可能的配对次数为$[n(n-1)/2]$。

　　配对比较量表的数据可以用几个方法进行分析。调查者不仅可以对所有调查对象进行配对,获得对单个对象(cell)的喜好程度百分比,还可以利用顺序和偏好传递性,以各列的总和为基准,导出品牌的喜好顺序。表 7-3 显示,在喜好次数调查中,喜欢品牌 B 人次最多、喜欢品牌 C 人次最少,所以可以说最喜欢品牌 B、最不喜欢品牌 C。配对比较量表可以变形如下使用:首先,为没有明显偏好的情况提供选项"没有差异"。在这种情况下,调查对象可以选择"更喜欢/不太喜欢/没有喜好差异"的三种对策之一。其次,其他配对比较应用可以是追加提问,让调查对象进行比较选择后,继续询问关于选择的另一个问题,例如提问配对中的哪一个品牌更加偏好,继续提问偏好的程度。

　　配对比较量表以直接比较为基础,需要做出明确的选择,因此比较适用于配对组合较少的调查。如果有很多比较配对组合的话,不仅很难调查所有的比较配对组合,而且调查对象也很难在太多的配对组合中做出明确的比较选择。此外,这种方法中的偏好传递性假设并不总是正确的。调查者需要考虑到传递性假设所忽略的选择情境变化的非现实性,结合心理学相关研究分析什么情境会影响喜好,解释配对比较的结果。此外,比较对象的提示顺序也对选择的结果产生影响,例如按一贯顺序提示比较配对时,比较配对提示会对选择产生影响。表 7-3 为测量 5 个品牌喜好的配对比较例子。

表 7-3　为了测量 5 个品牌喜好的配对比较例子

	A	B	C	D	E
A		1	0	1	0
B	0		0	0	1
C	1	1		1	0
D	0	1	0		1
E	1	0	1	0	
喜好次数	2	3	1	2	2

注:1 是表示列的品牌比行的品牌更受欢迎,0 是表示行的品牌比相应的列的品牌更受欢迎。

(二)等级顺序量表

　　等级顺序量表是最受欢迎的比较量表。在等级顺序量表中,调查对象需要根据某种标准来确定对多个测量对象的顺序或排序。量表要求应答者根据某个标准或某种特性为问题中的事物排列顺序。例如调查对象可以根据自己的喜好来提出品牌排序,在最喜欢的品牌中选择 1,第二个喜欢的品牌中选择 2,并且继续在最不喜欢的品牌上赋予 n,以排序形式提示喜好。像配对比较量表一样,等级顺序量表本质上是有比较和排序的特性,因此调查对象提示的排序第一的品牌也存在实际上不喜欢的可能性。根据等级顺序量表调查,以顺序数据的形式统计结果。

　　◇等级顺序量表实例:

　　在以下几个品牌中,最喜欢的品牌标 1,其次喜欢的品牌标 2,以此类推,到最讨厌的品牌标 5 为止表示。

- 海底捞　(　　)
- 外婆家　(　　)
- 必胜客　(　　)
- 奈雪の茶　(　　)
- 瑞幸咖啡　(　　)

　　如上述例子,等级顺序量表在市场营销调查中可以用于测量品牌的喜好度。因为等级顺序量表可以同时比较多个测量对象,这与一般购物场景非常相似,因此也适用于联合分析等多重比较分析方法里。与配对比较量表相比,等级顺序量表可以同时进行多个对象的比较,所以需要的时间相对较少,调查对象回答次数较少。例如假设有 n 个测量对象,在等级顺序量表中可以通过最少从 1 号到 $(n-1)$ 号的比较来决定排序,但是在配对比较量表中需要 $[n(n-1)/2]$ 比较配对。此外,大部分回答者更加容易理解排序问题。但是等级顺序量表也只能获得排序形式的数据,适用的统计分析也相对有限。

(三)常量和量表

常量和量表要求调查对象根据一些标准在评价对象的一组属性中设置一个固定的常量。如表 7-4 所示,调查对特定产品各个属性的重要性分布,所有属性的分配总分为 100 分,如果一个属性不重要,回答者可以给这一属性赋予零分,如果一个属性比其他任何属性更重要两倍,其属性将得到两倍多的高分,所有属性的分数之和为 100。在常量和量表中赋予的分数具有绝对零分,所以 10 分是比 5 分多两倍,5 分和 2 分的差距与 57 分和 54 分的差距相同。在市场营销调查中,对属性的重要度评价和细分市场调查思路一致。例如,对属性 1 的评价较高的顾客群体为细分市场 1、对属性 2 的评价较高的顾客群体为细分市场 2。这些结果也可以用于区分回答者的三个群体或三个细分市场。由于常量和量表具有一定的计量特性,因此这种特性存在一般化不足的可能性,常量和量表的测量可用定序尺度。

表 7-4　根据常量和量表对产品属性的重要度评价

对以下 8 种产品的属性反映相对的重要性,给予整体 100 分。获得更多分数的属性可以说是更重要的属性。

属性	三个细分市场的平均回答		
	细分市场 1	细分市场 2	细分市场 3
属性 1	8	8	4
属性 2	5	4	27
属性 3	23	19	7
属性 4	33	17	9
属性 5	9	0	14
属性 6	7	5	9
属性 7	5	13	15
属性 8	10	40	15
合计	100	100	100

常量和量表的优点在于不需要花费太多时间就可以辨别调查对象。但是,常量和量表有以下两个重要缺点:首先,该方法容易产生计算错误。例如一个回答者分配的分数总计可能是 102 或 98 分,而不是 100 分。调查者应该修改这些数据或从分析中排除这些数据。其次,如果使用太小的单位,就会出现四舍五入误差。相反如果使用过大的数位单位,回答者的计算负担会增大,会让回答者感到混乱和疲惫。

二、非比较量表

非比较量表可以分为连续评分测量法和分项评分测量法,分项评分测量法中包含李克特量表(likert scale)、语义差异量表(semantic differential scale)、斯坦普尔量表(stapel scale)等,如表 7-5 所示。

表 7-5　非比较量表的类型和特性

区分		基本特征	案例	优点	缺点
连续评分测量法		在连线上方显示	应用于商业电视	易于结构化 易于使用	不计算, 使用不便
分项评分测量法	李克特量表法	从 1 分(完全不同意)到 5 分(非常同意),评价同意程度	测量态度	易于结构化 易于管理 易于理解	需要很多时间
	语义差异量表	用两个极端评价的 7 分尺度法	评价品牌、产品、企业形象	多用途的使用	关于数据间隔的争论
	斯坦普尔量表	除中位值(0)外,以一个方向的 10 分尺度构成(＋5,－5)	态度和形象	结构容易 使用电话方便	适用困难和混乱

(一)连续评分测量法

在连续评分测量法中,调查对象被要求在一个两端有固定端点的连续直线上进行选择和标记,连续评分测量法可以根据调查者和调查环境变换成多种形式使用,如以垂直线表示评分或者用水平线表示评分,还可以添加数字或简略的说明形式等。图 7-7 是连续评分测量法的例子。

◇连续评分测量法实例:如何评价新闻 X?

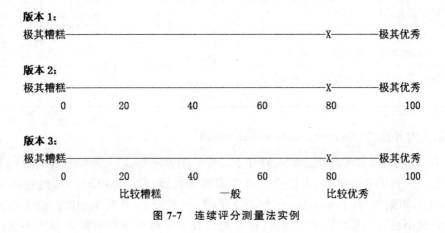

图 7-7　连续评分测量法实例

(二)分项评分测量法

与连续评分测量法有所不同,分项评分测量法要求调查对象在有限类别的选项中进行选择和评价。该测量方法需要向调查对象提供相对有限的简单数字、范畴或分项的附加简单说明。分项评分测量法在市场营销调查中被广泛使用,包括李克特量表、语义差异量表和斯坦普尔量表。

1.李克特量表(Likert scale)

李克特量表以开发者李克特的名字命名,使用非常广泛,回答者们通过对测量对象的连续状态表示同意和不同意的程度来表达他们对于某种事物的态度。传统上李克特量表一般分为5种回答范畴,评分范畴由"完全不同意"到"非常同意",即非常同意的话选择5分、比较同意的话选择4分、同意或不同意差不多的话选择3分、比较不同意的情况选择2分、完全不同意的情况选择1分。除此之外,也可以采用7分李克特量表和9分李克特量表的形式。

李克特量表属于评分加总式量表中最常用的一种,即将属于同一构念的题目的分数加总来计分,单独或个别项目是无意义的。因此,最重要的是对各个测量项目的概念进行统一,便于统计分析使用。李克特量表一般要求调查对象对一组与测量主题有关的陈述语句或疑问语句进行评价。李克特量表具有易于构成、管理和调查对象容易理解的优点。以下是对行业顾客波动相关7分李克特测量的实例。

以下是关于行业顾客波动的描述,请根据您对行业的了解,判断下列陈述句与行业客观情况的符合程度。"1"表示"非常不同意","7"表示"非常同意"。在相应的数字上画"√"。

表 7-6　行业顾客波动的描述表

描述	非常 不同意	不同意	比较 不同意	中立	比较 同意	同意	非常 同意
在我们行业内,顾客对产品特性的偏好随着时间的发展变化很大	1	2	3	4	5	6	7
我们的顾客总是倾向于寻找新产品	1	2	3	4	5	6	7
之前从没购买过我们公司产品或服务的顾客,对我们的产品或服务产生了需求	1	2	3	4	5	6	7
新顾客对产品相关的需求与现有的顾客不同	1	2	3	4	5	6	7

2.语义差异量表(semantic differential scale)

在市场营销中,常常需要了解人们对于某些事物的印象,语义差异量表就是用于测量企业形象或广告形象的量表,由社会心理学家奥斯古德(Osgood C.E.)和他的同事萨西(Suci G.J.)、坦纳鲍姆(Tannenbaurn P.H.)等,于20世纪50年代编制的。语义差异量表由一系列两个极端的形容词词对构成,在市场调查中常用于获得消费者态度或意向。例如,两个极端一侧为"弱"的等级,另一侧为"强"的等级,以此构成尺度,被划分为 5 个等值的评定等级(有时也可以划分为 7 个或 9 个),如表 7-7 所示。例如,常用的两级反义词包括"有趣"与"无趣"、"复杂"与"简单"、"强"与"弱"、"传统"与"现代"等等。因为本量表利用两个极端尺度,尺度的中央界线是不属于任何一方的中间分。调查对象在各自的等级上准确地使用"×"或其他标记来进行选择,即调查对象可以选择最能说明想法的测量等级。语义差异量表中两端形容词的选取并非随意,在严谨的学术研究中,最初的量表选择不仅要经典权威,而且后续研究需要对该量表可靠性进行证实。

市场营销调查中使用这种语义差异量表的情况如下:

(1)对特定的产品、服务或企业所具有的形象进行比较时;

(2)与竞争产品相比时;

(3)调查购买特定产品的人群的态度时;

(4)对广告或促销活动的消费者态度或认知发生变化时、在开发有效的广告或促销工具或概念时。

表 7-7　语义差异量表示例

	非常多	一点	两者都不是	一点	非常多	
形容词 1	1	2	3	4	5	形容词 2
弱的						强的
被动的						主动的
坏的						好的
有趣的						乏味的

如表 7-8 所示是语义差异量表运用实例,测量对商场印象的一系列评价属性。每一个属性的两端都有一对描述该属性的反义形容词,中间有 5 个间隔的选项。依据规则,在表中选出最能反映你对 A 商场感觉的选项。若你认为某形容词能完全描述你对 A 商场的感觉,请选择离该词汇最近的一项;若两个形容词都不能完全正确地描述你对 A 商场的感觉,请在两端之间选择最能反映你的感觉的一项。

表 7-8　用语义差异量表测量商场印象的实例

	非常多	一点	两者都不是	一点	非常多	
形容词 1	1	2	3	4	5	形容词 2
优质的						劣质的
时尚的						传统的
方便的						不便的
有趣的						乏味的
便宜的						昂贵的
热情的						冷漠的

　　语义差异量表的主要优点是可以清楚地采用折线图来描述形象。如果存在多个测量对象，就可以得到多条语义差异曲线，由此可以清楚地比较它们在每个属性上的差异。由于语义差异曲线具有实用性和直接的管理意义，因此语义差异量表成为市场营销领域中被广泛使用的态度测量量表。

　　图7-8是语义差异曲线实例，可以非常直观地看到商场 A 和商场 B 在顾客眼中的相对优势和劣势。

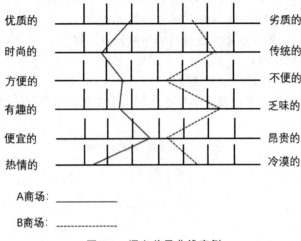

图 7-8　语义差异曲线实例

3.斯坦普尔量表（Stapel scale）

　　斯坦普尔量表是语义差异量表的变形方法，以开发者简·斯坦普尔（Jan Stapel）的名字命名。斯坦普尔量表属于定距尺度中的一种，主要用于测量某种事物、概念或实体在人们心目中的形象。该量表用形容词对事物、概念或形象提出的不同属性进行描绘，以数字测量表示某一属性的认同度，分值越高表示认同度越高。斯坦普尔量表根据一个属性找到不同方面的形容词，让调查对象针对这些形容词依次打分，从而得到这一属性最详尽的描述。因此，斯坦普尔量表适用于属性较少的变量测量。

　　斯坦普尔量表可以同时测量偏好方向和偏好强度，该量表是拥有单一方向等级的范畴型尺度，是没有中位值0(zero)的。回答者必须明确地回答各项目的评分，不允许模棱两可地选择一个中间值进行回答。在斯坦普尔量表中－5分表示完全不理解或完全不是，＋5分是指非常准确地说明调查对象能最大限度地感知这样的属性。但是，斯坦普尔量表在商业调查中从未广泛流行过。在形式上，斯坦普尔量表一般都选择垂直形式。

　　◇斯坦普尔量表垂直形式实例：

＋5	＋5
＋4	＋4
＋3	＋3
＋2	＋2
＋1	＋1

价格便宜	商品丰富
—1	—1
—2	—2
—3	—3
—4	—4
—5	—5

三、量表使用考虑事项

使用非比较量表方式时需要考虑的事项包括:第一,决定想要使用的回答范畴值定在什么程度,也就是确定量表层次的个数;第二,决定使用平衡的尺度还是使用不平衡的尺度;第三,决定范畴的值是奇数还是偶数;第四,决定是否强制选择;第五,决定语言意义的本质和程度;第六,决定量表的形式。

(一)量表层次的个数

量表层次的个数(number of scales category)需要采用适中原则,如果层级个数过多,虽然可以更详细地获得调查对象之间可能的差异,但回答者们会选择回避问题甚至感到混乱,很难得到有效的回答。如果量表层级个数过少,那么粗略的量表难以反映调查对象的感觉及喜欢的强度。传统上适当的层次个数为5~9个,但是并没有明确的最佳层级。在层级的设定中,需要根据方差情况进行分析判断,如果方差太小,尺度分之间的回答结果会变得模糊,有必要增加尺度分的数量;如果方差太大,回答者的回答差异太大,很难判断回答的特性,减少尺度分的数量是比较妥当的。

一般在市场营销调查中,最常见的量表层级是5层量表,5层量表对于回答者比较容易,但回答者们有回避极端值的倾向,所以大部分的回答都是以中间尺度分3分为起点,呈现出与正态分布相似形态的分布。考虑到方差问题,也有使用7层量表和9层量表的情况。此外,如果回答者不能完全理解问题的内容时,也会很明显地出现回答的中心化倾向。为了消除这种中心化倾向,可以考虑使用偶数量表层次,比如4层或6层。一般而言,量表层次超过7层的话,调查对象很难明确地判断自己的意思、态度和想法。为了确保收集到的数据具有可靠性,调查者要仔细确定量表层次的个数。

(二)平衡量表 VS. 非平衡量表(balance versus unbalanced scales)

平衡量表是指在量表中肯定态度的答案数目和否定态度的答案数目相等,否则就称为非平衡量表。传统上平衡量表被认为更恰当,因为在非平衡量表中,无论是偏移肯定或者否定的哪一方,都难以收集客观信息,并且在调查中会存在过于主观性的争议。但非平衡量表在生活和研究中依然常见,并且其具有一个很重要的优点(缺点),即当现有信息或过往调研已经表明人们更可能倾向于做肯定(否定)回答时,那么设计具有更多的肯定(否定)倾向的非平衡量表就是合理的,能规避另一方向不被选择导致的尺度浪费,同时能以更高的精度测量人们的态度倾向。比如,如果要测量被试对品牌出现的可能性预期,便可采用 5 分制非平衡量表(1＝未出现,2＝可能未出现,3＝可能出现,4＝出现,5＝肯定出现)。

(三)奇数层级量表 VS. 偶数层级量表(odd or even number of categories)

偶数层级量表没有中间答案,因此调查对象会被迫选择一个正向或者负向答案,中立者无法明确地表达他们的观点,也就是说回答者哪怕没有意见时也缺少"没有答案"这样的选项来表达其真实态度。在这种情况下,调研者就要考虑这可能会发生严重的事实歪曲。从另外一个角度来说,偶数层级量表可以促使调查对象更深刻地思考自己的倾向与态度,尤其是在没有很强烈的意见和偏好的情况下,会激发调查对象进一步思考自己的选择与判断。

(四)强迫性 VS. 非强迫性量表(forced versus nonforced scales)

强迫性量表和非强迫性量表与量表层次奇偶有关。强迫性量表采用偶数层次的量表设计,剔除了中立答案,调查对象必须给出有偏向性的答案,非强迫性量表采用奇数层次的量表设计,中间评分应是中立或不偏向某一方,非强迫性量表就是要明确规定能够表现中立位置的量表。

这两类量表的选择取决于问卷内容有多少中立的问题和有多少中立的回答者。如果回答者没有中立倾向且不能够冷静地回答调查问卷,即使使用奇数层次,结果集中在中位值的倾向也会减少。但如果集中在中位的倾向较多的话,使用偶数层次强制选择某一方的方法是更加妥当的尺度决定方法。

(五)表达意义的性质和程度(nature and degree of verbal description)

关于量表层级,描述或表达各个层级的意义的程度会影响调查对象。为了更准确地进行描述,调查者不应该单纯地罗列数字,还可以采用图片及词汇进行辅助,努力将各个量表层级的描述准确传递给调查对象。但并不是说准确地传达意思就可以保证收集到的数据的可靠性,保障可靠性的问题往往依赖于调查现场或调查者的态度。

(六)物理形式(physical form or configuration)

无论采取什么样的形式,量表最好能让回答者减少混淆或混乱。例如,相比用词汇表现的尺度,用图画表现可以传达更明确的意义。还有在某些情况下,垂直放置的形式比水平放置会更明确。例如将温度计图片放在水平上测量温度,不如垂直放置测量更有说服力。

第八章　问卷设计与数据收集

　　调查问卷设计是营销调查的重要部分,开发出标准化的测量问题是调查问卷设计过程中的最后一步,也是最关键的一步。调查者需要综合考虑调查目的、调查类型和调查尺度,并在此基础上选择或开发标准化的测量问题以进行问卷设计。本章将对调查问卷这种以标准化的方式向调查对象提问的数据收集方法及其构成进行介绍。

第一节　问卷调查和问卷

　　问卷调查(questionnaire survey)是获得统一的、标准的、定量的数据最基本的方式,一般是对指定的问题以标准化的方式记录回答。问卷调查通过标准化的收集过程获取数据,使收集到的数据具有连贯性,有利于进行多种形式的统计分析。此外,标准化的问卷调查还可以实现快速记录,且记录的准确性也比较高,从而使调查者的数据收集过程相对容易,因此被广泛使用。问卷调查作为一种数据收集工具,整个流程需要进行严谨的设计,包括筛选调查对象、确定调查对象的接触方式以及问卷的展示方式、对回答者的补偿(礼物或金钱)以及选择额外的辅助工具(图片、广告、产品、回信信封等)。调查问卷的设计直接关系到是否可以获取准确可靠的市场信息,不恰当的问卷设计会导致数据分析结果失效。因此问卷提问方式要充分考虑到各变量的测量尺度,对各项流程和指标进行明确化和具体化处理。

　　高质量的问卷要达成以下三个目标:第一,问卷要进行合理有效的问题设计。调查者需要掌握提问技巧,不但要考虑调查对象的回答意愿,还要考虑不同的提问方式是否会导致不同的结果。由此,进行有针对性的提问是问卷设计的关键。第二,问卷要为调查对象提供充分回答的动机,因为调查对象不完整的回答会显著降低结果的有用性。在设计问卷时,调查者应考虑到可能会影响调查对象回答完整性的各种因素,例如:尽量降低调查对象在回答问卷过程中受到情绪等因素的干扰;尽量保证设计恰当的问卷,以激起调查对象的回复意愿或提高其回答速度。第三,问卷设计要最小化问卷回答中的错误。以前的章节也讨论过,问卷调查可能产生各种潜在错误。回答错误可能是由于调查对象做出了不正确的回答,也可能是调查者记录出错或分析出错。不当的问卷设计可能是出现回答错误的主要原因,所以在设计问卷时,将这些错误最小化非常重要。

第二节　问卷设计过程

问卷设计的难度在于理论上对什么是理想的问卷没有明确的定义,因此问卷设计过程的专业性很大程度上依靠调查者的经验。经验不足的调查者需要参考相关指南以避免发生较大失误,如果是涉及专业细致问题的问卷,必须由经验丰富的调查者进行设计。

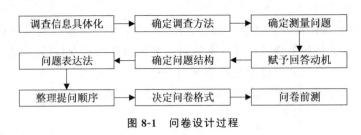

图 8-1　问卷设计过程

如图 8-1 所示,问卷设计过程由多个阶段构成,其中最关键的一步是问卷前测,目的是检验问卷中可能存在的错误并及时调整。虽然多个设计阶段是独立存在的,但每一个阶段都存在系统的联系,问卷设计的整个过程也反复贯彻着执行和检查。例如调查者在问卷形成过程中,会发现调查对象对问题表达的不同解释可能导致对问题的错误理解。在这种情况下,调查者有必要对此前的阶段步骤进行重新研究。以下对问卷设计过程的每阶段进行详细介绍。

一、调查信息具体化

问卷设计首先需要明确调查信息,将必要信息具体化。随着调查的深入,需要对调查信息进行明确的定义,例如接受调查的人群范围、地理划分、调查涉及的行业领域等等。通过必要信息的具体化,以明确目前的探究问题和调查方法等相关因素的合理性,有利于确定调查对象的范围。调查对象的特性对问卷设计有很大的影响,调查对象的社会经济特性会使得不同对象对于调查问题的理解存在较大差异。例如,有关线上教育的问题调查在大学生和主妇中可能会呈现出完全不同的结果,因此要根据具体的研究问题,选择合适的调查对象。如果选择错误的调查对象,就会导致出现较高比率的不确定回答、错误回答或无应答情况。例如,若调查纸尿裤相关需求选取大学生作为调查对象,就难以得到真实可靠的满足需求的结论。此外,调查对象的覆盖面越广泛,问卷设计的难度就越大,工作量和误差也在增加,所以要找到适合大部分人群的问题项目,并且需要在各领域进行细致而专业的问题设计。

二、确定调查方法

在第五章(验证性调查)中详细讨论了问卷调查的方法。面对面调查是指调查对象在调查者陪同下直接查看问卷并做出回答。这时调查对象可以直接询问调查者或访谈者，因此面对面调查在涉及较长或复杂问题时使用较多。电话调查方法与面对面调查法有相似之处，那就是调查对象可以与访谈者进行对话，但电话调查中调查对象不能像面对面调查一样直接看到问卷。由于电话调查的这种特性，它不太适合较长且较复杂的问题，相对简短且简单的问题适合使用电话调查。邮件调查方法将由调查对象独自完成问卷，因此问卷要以简单的问题为主，且有时需要附上相对详细的回答指南。通过电脑支持的调查可以进行实时提问，因此具有一定的灵活性，可以根据调查对象的回答调整提问顺序，增减问卷问题，也可以进行随机提问。其中进行电子邮件调查时还要考虑到被调查对象对电子邮件的反应。总体上来看，采用面对面调查和电话调查的问卷多以对话形式构成，获取信息更加主动、明确、直接，而其他问卷的形式选取要考虑调查对象个人对问卷的理解，以及调查者获取正确答案的可能性等问题。因此针对不同的调查方法，问卷的构成和形式都存在很大的差异，这也会影响到测量问题的构成题项。

三、确定测量的问题项目

具体化调查信息并决定调查方法后，下一阶段需要确定问题项目，即确定具体的测量问题。测量问题项目是指为了获得必要信息而进行的提问。

(一)测量问题的必要性

问卷的所有题项都应为获取必要信息服务。如果题项的回答数据对获取必要信息毫无帮助，那么这个题项就需要删除。但是在特定情况下，问卷也可能会包含与必要信息没有直接关系的题项。有时为了引导调查对象参与调查或对问卷调查产生共鸣和回答的动机，在问卷中会部分提供与问卷目的无关的特定信息。例如，在问卷调查的主题敏感或存在较多争议时，为了隐藏调查的目的，会提问一些与调查主题不相关的问题。此外，为了确保测量问题的可靠性和可行性，可以重复使用题项，或者同时将多个类似的问题项目包含在问卷中，以此进行检验。综上，在问卷调查中可能存在目前调查所不需要的信息，但是这些题项可以满足问卷调查的间接需要或者未来需要。

(二)问题项目的正确性

在决定问题项目时，要评估每个题项能否准确获得所需信息。有时一个问题项目可能包含两个以上的必要信息，或一个问题项目获得的数据很难准确地获得必要信息。为了避免这样的情况，要注意题项的语句设计，不能出现一个问题中包含多个重复的意义或出现多种意义的回答。提问中要排除包含两个评价单位的单词或句子，例如"热情的美食店"，调查对象需要同时判断热情的程度和美味的程度，所以根据回答获得的信息很可能是模糊的。即在对"热情的美食店"持正面态度的情况下,大家都同意店铺的热情和美味;但是在持负面态度的情况下,调查者很难明确调查对象是对热情持负面态度,还是对美味持负面态度,抑或二者兼具。另一个例子是,如果将"为什么"包含在问题项目中时,调查对象可能联想到各种方面的问题,从而使调查结果偏离原本的调查目的。例如调查问题为"为什么在这所学校学习?"时,调查对象无法判断提问的是选择该学校的理由还是学习的理由。因此为了更明确、更准确地传达问题的意义,要慎重考虑问题项目,给出更加明确的选项。

四、赋予回答动机

调查对象正确理解问卷的所有问题,并做出准确回答的可能性并不高。因此调查者需要提前做好准备,应对可能会出现的调查对象无法回答问题或者回答能力有限的情况。

(一)检验调查对象的信息认知

调查过程中出现调查对象无法回答问卷问题的情况是很常见的。特别是在针对某个特定领域的问卷调查中,调查对象如果不是相关领域的专家或专业人士,就可能无法回答相关的问卷问题。在这种情况下,调查对象可能不回答或做出不适当的回答。而且在很多情况下,调查对象在自己没有相关认知时也会回答相关题项,因此调查者应考虑调查对象回答的适当性。例如,调查者可以在自己的问卷中加入附加题项,以此来检验调查对象的适配性以及调查数据的有用性。此外,对于回答存在困难的调查对象,还可以增设回答项目(如:不太清楚/没有意见等)。

(二)激活调查对象的信息回忆

调查对象的记忆能力往往低于调查者的预期,而调查对象的记忆能力又决定了回答问题的质量,因此调查者在设计问题项目时应考虑调查对象的记忆能力。人类的记忆能力会受到记忆对象的相关信息、获取信息时间、辅助记忆信息等外部因素的影响。越是重要的、经常使用的、最近获得的、相关的信息,就越容易被记住,并且回忆起特定信息的可能性就越高。在问卷调查环境中,提高调查对象的回忆能力需要借助于一些外部因素(与对象信息有关联的线索)。例如,面对一系列品牌测度品牌偏好时,往往会提供所选品牌的相关线索,帮助调查对象唤起对相关品牌的记忆。在调查过程中,调查者可以对调查对象的记忆进行省略(不记得的情况)、缩短(将时间错记成了最近的情况)、操纵(出现错误记忆的情况)等处理来获取信息。但是要慎重利用这些外部因素,因为对问题项目的提示可能会对调查对象的回答产生不同程度的潜在影响,从而使问卷信息失去真实性。

(三)辅助调查对象表达

调查过程中可能出现调查对象无法准确表达自己意见的情况,例如进行商铺选址调研时,调查对象缺乏商场地理位置的充分信息或者缺乏对地理位置进行专业评估的能力,就会出现调查对象无法做出适当回答的情况。当调查对象不能做出明确回答时,他们可能会选择无视该问题,甚至对剩下的问题也采用无视和不回答的方式应对。这时候需要调查者为他们提供几个适当的选项,调查对象可以相对轻松地表达自己的意见并愿意进行回答。因此调查者在进行问卷设计时有必要运用多种表现形式帮助调查对象表述回答,例如,照片、地图和补充说明等。

(四)最小化调查对象的努力

调查对象为了给调查者提供必要的信息,需要付出一定的努力,如果这种努力超过一定水平,调查对象可能拒绝提供问题项目或全部问卷的回答。因此调查者有必要最小化调查对象所需要的努力,基于此种考虑来组成题项和问卷。例如,如果调查者要求调查对象记住很多过去的事件或信息,并对其加以记录,调查对象就可能产生疲惫感和逆反心理,最终影响回答数据的准确性。因此,为了得到必要的信息,调查方案需要最小化调查对象所做的努力,才能尽量避免调查对象倦怠等消极态度的不良影响。

(五)适当的情境设置

有些问题是需要在特定的情境下才能完成的,如果调查情境不当会造成调查对象回避调查问题甚至做出错误回答。例如在进行服务评价调查时,要尽量避免提供服务的人员也在场,否则,调查对象很难诚实回答该问题。以中国电信为例,大多数的电信服务公司,往往在提供服务的过程中会要求顾客对他的服务进行评价,这种情况下客户很难给出客观真实的评价。因此调查者有必要设定适当的情境,以便调查对象对问卷调查或问题项目做出轻松的回答。甚至有时候需要人为创造一些场景,为调查对象提供便利,来引导其做出最真实的回答。

(六)回避敏感的信息请求

当调查对象判定信息具有敏感性时可能回避提供相关信息。例如调查品牌偏好的问卷往往会收集调查对象的人口统计信息,但是调查对象可能对年龄、收入等信息是否有必要提供感到质疑,最终拒绝提供相关信息。针对以上情况,首先,调查者有必要说明该题项为什么符合现在的调查目的。通过这样的说明,可以向调查对象明确回答该问题项目的正当性,这种正当性可以提高调查对象的回答意志和动机。其次,调查者在请求提供被调查者的个人信息等敏感信息时,应考虑到这会大大增加调查对象回避回答的倾向,调查对象即使回答敏感的信息问题,也可能会有意识地提供错误的信息。调查对象容易回避的敏感信息包括金钱、家庭生活、习惯、政治信念、宗教信仰、非法/非伦理活动等。在请求敏感信息时,尽量最小化调查对象的回避回答倾向,具体方法如下:
(1)敏感的问题安排在问卷的最后;
(2)在问题项目前叙述正当化问卷目的的题项;
(3)以询问第三方的形式进行提问;
(4)隐藏在其他问题中降低调查对象的敏感度;
(5)比起具体、明确的数值化的回答,引导到比较模糊、不明确的范畴进行回答。

第三节 决定问题的结构

一、非结构式问题

非结构式问题是指可以以自由形式表达、以自由形式回答的问题结构，主要以追求主观式回答的形式进行，回答范围相当广阔，具有探索性特征。例如，"你喜欢什么品牌？"，调查对象可以提供调查者无法预测的多种形式的回答。所以非结构式问题作为开放型主题或特定主题的第一个问题十分合适，通过表现调查对象的态度或意见，可以让调查者对非结构式问题的回答进行多种解释。此外，非结构式问题与结构式问题相比，调查对象不会受到调查者意图的太大影响，调查对象表达意见的自由度更高。调查对象的意见可以给调查者提供丰富的洞察，因此非结构式问题经常被用于探索性调查。

非结构式问题的主要缺点是调查对象的回答需要经过调查者重新整理和解释，因此在数据分析的过程中，受到调查者或分析者的主观影响的可能性相对较高。所以调查者要记录调查对象的原始回答，或者对调查对象的回答进行录音、录像，作为原材料保管。另外，分析过程是基于这些原材料对信息进行分析解释并对回答进行编码，可能需要较高的费用和较长的时间。此外，与口头表达的形式相比，文字记录可能会将调查内容简化，因此如果要获得丰富的信息，非结构式问题的回答不适合采用问卷形式来收集。

二、结构式问题

结构式问题与非结构式问题相比，明确定义了回答方案和回答形式。结构式问题有多项选择、二项选择、连续型等尺度形式。

多项选择型问题属于范畴型尺度，调查者会向调查对象提前提出要回答的选择方案，调查对象会在提出的选择方案中选择一项或多项方案。多项选择型问题的构成需要考虑：第一，选择的方案应该有排他性。如果独立的选择方案之间存在共同点，调查对象可能会对选择感到混乱，存在做出错误的选择或回避回答的可能性。第二，调查者提出的选择方案应包括调查对象可能考虑到的所有可能的回答。但是从现实角度来看，调查者不可能预测调查对象的所有回答，即使可以举出所有的选择方案也并不会全部罗列，因为调查效率会大大降低。因此，现实调查设计中往往增加"其他"选项来代表少数意见。第三，根据选择方案的分配顺序来降低错误。一般来说选择第一项或最后一项方案的倾向比较高，调查对象的选择可能会受到这种倾向的影响。所以为了控制这种顺序效果，需要制定能够变化选择方案排序的多种顺序的问卷。多项选择型的问题类型虽然弥补了很多之前非结构式问题的缺点，但也存在局限性，即有限的选择方案限制了调查对象的意见表达，提出的选择方案可能影响调查对象的判断，最终导致错误的回答等。

与提出多个选择方案的多项选择型问题不同，二项选择型问题是指只提出两项选择方案。两者选一型问题的回答主要以"是/不是""同意/不同意"等形式进行。两者选一型问题的优缺点与多项选择型问题的优缺点非常相似，但两者选一型问题的特殊之处在于"是"或"不是"的中立回答很难被表达出来。另一个缺点与顺序错误相似，调查对象对问题项目中的用语顺序的反应也非常敏感。例如面对"您更喜欢品牌 A 和品牌 B 中的哪个品牌？"和"您更喜欢品牌 B 和品牌 A 中的哪个品牌？"这两个问题，同一对象可能给出不同的回答。因此在这种问题类型中，为了控制顺序效果，可以设计拥有两种类型问题的额外问卷。

最后，连续型尺度在前六章中有详细说明。实际上之前的多项选择型问题和二项选一型问题都属于范畴型尺度，连续型尺度问题包含顺序、等距、定比尺度。

第四节　决定问题的表达方式

问题的表达是指为了让调查对象能够明确理解问题的内容和结构，调查者需要选择合适的术语，并在问题上进行合理排列，提出问题。问题的表达是构成问卷最重要、最困难的工作之一。如果问题的表达不恰当，调查对象可能以不理解问题等各种理由不回答或不正确回答，甚至采用与调查者的提问意图相悖的方式来回答。所以恰当的问题表达是统一调查者和调查对象对调查问题的意见的必要过程。

一、明确表达所需信息

调查者要设计出明确表达所需信息的问题，可以利用"六何"原则（何人、何时、何地、何事、如何、为何）来设计题项。例如，比起"主要购买什么化妆品品牌？"，"您这个月彩妆主要购买了何种化妆品品牌？"这一问题更明确地表达了调查者所需的必要信息。为了从调查对象那里明确得到调查者必需的信息，统一调查对象和调查者对相关题项的理解，在问卷中设置明确的问题、采用明晰的表达是必需的条件。

二、日常用语的使用

问题中使用的用语需要符合调查对象的一般词汇水平。问卷中使用的用语水平是要综合考虑调查对象的教育水平、职业群等特征的。例如，调查对象的教育水平不同（大学生群体和初中生群体），对用语的理解程度也会有所不同；调查对象的职业不同（工程师和医生），问卷中使用的专业术语也会有所不同，甚至相同用语的解释也会有所不同。所以在根据问卷调查的目的选定调查对象后，要使用符合其理解水平的日常用语来构成问卷。当招募的调查对象专业知识水平相对较低时，就要使用相对非专业的用语；相反，如果调查对象的专业水平较高，为了明确地表达问题则可以使用专业用语。

三、使用明确的单词

问卷中使用的单词要求词义明确，以便不同的调查对象有相同的解释。模糊解释的单词很可能在不同调查对象中存在不同的解释。特别是"一般""平时""经常""偶尔""有规律""多""少"等数量、计数、表示时间的形容词或副词等。根据调查对象的不同，解释标准也有所不同，因此大多数情况下不适合用于问卷调查。所以与其将这些形容词或副词用于问题项目，不如对问题项目进行更客观的表达，"1次以上不满3次""3次以上不满5次""6次以上"等具体数量的表达会更客观。这种明确单词的使用减少了调查对象对问题解释的自行判断。此外，调查者为了确认问题项目中使用的单词的明确性，可以参考词典，对每个单词进行"是否正确地表明了调查者的意图""是否有其他意义""其意义是否明确""是否有可能被混淆为其他单词""是否有更简单的单词或表达"等问题的检验。

四、只提供必要的信息—限制诱导问题

在构成问题项目时只提供必要的信息。如果提供不必要的信息，该问题项目很有可能成为诱导问题或具有偏向的问题。

诱导问题是指调查者在问题项目中，把何种回答比较稳妥和该如何回答作为线索包含在内的问题。包含这种诱导问题的问卷会对问卷调查的客观性产生负面影响、对调查真实性造成严重的不良影响。例如"最近环境问题日益严重，您有意愿购买环保产品吗？"这一问题有可能向调查对象泄露不必要的信息，存在诱导提问回答的可能性。

具有偏向的问题产生的误差可能更加微妙，它是指在问题项目中把调查者的信息作为线索包含在内的问题。调查对象从问题中了解到调查者的相关信息，会使回答发生扭曲。例如"我们正在进行一项关于苹果公司的产品偏好的调查研究，想问您几个问题"这样的开场应该尽量避免，再或者是进行过几个问题后，每个问题都与小米手机相关，应答者应该很快就会认识到这是在进行有关小米手机的调查，以上两种情况都可能影响调查对象的最终回答结果。

五、正面问题和负面问题的协调

调查对象回答问题时问题项目的方向性，即是正面问题还是负面问题会对其结论产生影响。为了控制这些影响，有必要对问卷中包含方向性（正面 VS. 负面）的问题项目进行适当的协调。问题项目可以存在一半是正面、一半是负面的表达。在这种情况下，为了控制顺序效果，可以构成两种形式的问卷。

第五节　整理问题顺序

一、初期问题项目

初期问题项目对于获得调查对象的信任非常重要,因此尽量要从简单有趣的问题开始,避免调查对象有被强迫或者被威胁的感觉。由于大多数人都有积极表达自己意见的倾向,所以调查者询问他们意见的问题可以是一个很好的初期题项。因此,与调查问题没有直接关系的问题经常被用作初期问题项目。此外,也可以选择判断调查对象回答资质的相关问题作为初期问题项目。

二、问卷信息类型的问题顺序

从问卷中获得的信息类型可分为:(1)基本信息,是与研究主题直接相关的信息。(2)分类信息,是为了对调查对象进行分类而使用的社会经济、人口统计的调查对象特性信息。(3)识别信息,是指调查对象的名字、地址、电话号码等个人身份信息。一般来说基本信息是与调查目的有直接关联的最重要的信息,关于个人身份的私人问题是调查对象可能回避的,所以最先确保获取基本信息,其次确保获取分类信息,最后才是获取识别信息。

三、问题项目难易度的问题顺序

需要把难度大的、敏感的、复杂的、无趣的问题项目安排在问卷的最后。如果将难度高的问题项目放在问卷前部,不仅会导致调查对象对问卷的信任度下降,也会造成调查对象对难度高的问题的反感,使得回避回答的可能性提升。所以问卷的前部分适合安排比较有趣、难度较低的题项,这样有利于降低调查对象对问卷的警惕心,个人信息或关于个人身份的相关问题,或者具有社会负担的问题放在问卷的最后较为合适。

四、问题的逻辑结构

按照问卷的问题顺序,前一个问题项目或其回答会影响下一个问题项目的回答。例如"您认为电视机的电力效率性很重要吗?"这样的具体问题会影响"选择电视时,您认为重要的因素是什么?"因此,某个具体问题的提出可能对一般问题的答复造成暗示或为一般问题提出回答线索。所以调查者要仔细分析问题之间的关系,整理问题的顺序。问题的顺序要具备逻辑,某个特定主题关联的问题要放在一个主题范围内。如果与一个主题关联的问题在问卷的前、中、后等多个部分分散出现的话,调查对象会在回答时产生混淆。

为了进一步明确问题的逻辑结构,可以使用跳转问题。跳转问题是根据调查对象的回答,给每个调查对象提供不同的问题顺序的提问方式。在这种问题跳转的设计中,调查者必须确认是否包含所有可能的事件,使得调查对象最终能够给出明确真实的回答。在跳转问题中,跳过问题项目的方式可能使得调查者对以后数据的解释和分析过程变得更加复杂,所以要慎重选择。

第六节　问卷样式和配置

问卷回答往往是由调查对象单独完成的,因此,问卷的样式和配置尤为重要,这些因素会对调查对象的回答产生很大的影响。例如,调查对象会比较关注初始问题项目,而略少关注甚至忽视后面的问题项目。另外特殊符号的使用在某种程度上可以使调查对象对部分题项投入特别的关注。大多数调查者会按照主题将问卷分为多个部分,这样有助于缓解调查对象的关注疲乏,使他们更有效地回答问题。另外,问卷打印也会影响问卷结果,问卷打印在品质不好的纸上或者问卷外观简陋时,调查对象会判断成该问卷调查不重要,因而会对回答的质量造成消极影响,所以问卷还要具备专业的外观。

第七节　问卷前测

为了检查出问卷中存在的潜在问题,问卷在正式发放之前要进行小样本前测,并在正式调查前及时修改。即使自认为设计完美的问卷也一定要通过前测进行检验和确认,才能预防在实际问卷调查中出现的错误,从而减少调查损失。问卷前测可以用于确认各项要素,包括:问题项目的内容、问题项目的表达和排列、提问的难易度及顺序、问卷的样式和配置以及指示事项等各个方面。为了提高对实际调查的参考价值,参加问卷前测人员的背景、特性、对主题的熟悉度以及调查对象的态度和行为等都有必要进行检测,因此,问卷前测对象最好从实际调查的招募组中抽样选取。问卷前测的目的不但是对问题进行调整,还要检测调查对象对问卷的反应和态度,因此问卷前测比较适合采用面对面的调查方法。

问卷前测与实际调查不同,需要进行协议分析(protocol analysis)和提交调查对象报告。在协议分析中,告知调查对象本调查属于前测,对问卷的各个问题项目的意义进行说明,并要求调查对象对各项回答做出追加说明。调查者需要录音记录调查对象在回答问卷中出现的问题以及对问卷的看法等,并对记录内容进行分析汇总,形成报告并用于问卷题项的调整、修改以及补充。如果修改幅度较大,还需要重复问卷前测以及问卷调整的过程,如此经过多次预试,直到问卷调查不再发现错误,最终的问卷就完成了。

请运用下列问卷以及提供的数据文件来理解本书的统计分析实践过程。

第九章　抽取样本

　　抽取样本,即抽样(sampling),是指从一个较大总体的某个样本(子集)中获得信息的过程,这一步骤介于问卷设计和进行实际问卷调查之间,调查者会在这一阶段选定调查对象。抽样广泛存在于人们的日常生活和学术研究中,例如流行病学调查、产品质量检查、人口抽样调查等。为了抽取样本,调查者首先要考虑以下五个事项:第一,样本的可靠性;第二,抽取样本的过程;第三,抽取样本的方法;第四,样本的大小;第五,对所抽取样本回答错误的控制。本章以这五个考虑事项为中心,对抽取样本进行介绍。

第一节　抽样调查和全面调查

　　大部分市场调查都是以获取调查对象的总体特征为目标,即收集参数相关的信息。总体是指观察对象的全部集合体,包括了全部具有特定性质(调查者的关心对象)的个体。这里的参数指的是一个数值,它反映了总体的特征(特定的属性或所关心的对象)。市场营销调查的代表性参数包括顾客忠诚度、顾客满意度等指标。关于总体的参数信息可以通过全面调查或抽样调查获得:全面调查以整个总体为对象,对感兴趣的具体性质进行直接调查。根据全面调查收集到的具体性质,可以用简单的算术方法直接计算为参数。抽样调查则是从总体中抽取部分样本,以此来推测总体参数。

　　抽样调查法是指从研究对象的全部单位中抽取一部分单位进行考察和分析,并用这部分单位的数量特征去推断总体的数量特征的一种调查方法。在抽样调查中,样本数的确定是一个关键问题,样本要能够代表总体且是抽样调查对象总体的部分组(子集)。为了从样本统计的基础上推断参数,推算过程和假设检验过程是必不可少的。有关统计推理的过程将在以后的章节中详细说明。

　　选择全面调查还是抽样调查需要考虑的影响因素有很多,包括预算、时间、总体大小、参数方差大小、调查误差程度、测量难易度等。如果调查预算充裕、时间充裕,执行全面调查的可能性就会增加,但是现实中,预算充足、时间充裕的情况却是少之又少。预算有限、时间有限,调查者往往只能选择抽样调查,但是如果总体参数的方差过大,即总体特性多样会导致抽样困难,抽样的统计量代表总体特性的概率也会降低,此时,调查者会更偏向于选择全面调查。因此,在抽样方法和样本量适当的情况下,为了使样本能够有效地衡量总体,可以根据实际调查样本与目标调查总体结构的差异,对调查结果的某些特征进行标准化处理,从而提高对总体的评估效率。

调查误差分为抽样误差和非抽样误差两类。抽样误差是指在抽取样本过程中可能发生的误差,即抽取样本的结果无法完全代表总体所导致的误差。抽样误差可能是偶然发生的,也可能是调查者人为寻求便利或带有特定意图造成的。非抽样误差,也称测量误差,是除去从抽取样本过程中产生的误差以外的误差,主要是指由于研究过程中观察的偏见、记录的错误、计算的不准确所产生的测量误差。在具体的调查实施过程中,在抽样误差发生可能性较大的情况下,为了避免误差发生往往会选择全面调查。如果测量难度较大或测量结果容易被污染或破坏,会更倾向于使用抽样调查,抽样调查和深层访谈一样,经常被用于深度的定性调查或保密性、重要性较高的研究调查。为了避免非抽样误差的发生,调查者往往可以通过最小化测量次数的方法来减少误差。另外,值得一提的是目前的热词"大数据",就是指针对某种现象或情况的总体数据,因而并不存在抽样误差,只有非抽样误差。

第二节　抽取样本过程

抽取样本过程如图 9-1 所示,分为五个阶段。这些阶段从问题定义到结果提出,与市场营销调查过程的各个方面都有着密切的联系,因此抽取样本过程应与其他市场营销调查过程的阶段合并设计。

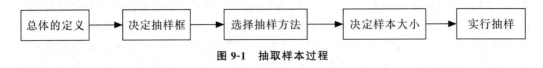

图 9-1　抽取样本过程

第三节　总体的定义

抽样的第一步是明确定义成为调查对象的总体。总体是指包括调查者感兴趣的特性或信息的对象集合体。对于总体的定义要明确,如果总体的定义模糊,抽取样本过程的效率就会降低,最坏的情况下甚至会导致错误的调查结果。对总体的定义应该准确地表现出哪些对象被包括在样本中或被排除在外。

总体要从对象、抽取样本单位、范围和时间等方面来定义。对象是指获得或提供必要信息的对象,问卷调查中的对象是给予回答的调查对象。抽取样本单位是指包含在样本中的对象单位,在市场营销调查中通常包括个人、家庭(家族)、组织(团队、企业、团体)等。范围是指空间和物理的界限。时间因素是指针对对象的调查期间。即使存在必要且明确的各项因素,对总体进行定义也并不容易。例如,调查消费者对新产品或新品牌的反应时,如何定义总体就是个难题,要决定是否应该以全体消费者为对象,还是只针对了解该新产品信息的消费者或直接购买者。因此总体的定义不仅取决于抽取样本的过程,还要综合考虑整个调查的目的。

第四节　决定抽样框

抽样框是指总体对象的集合或把其集合目录化,通常以名单形式呈现,如电话号码簿、电子邮件名册、协会名册、通讯录等,其中电子邮件名册就可以作为以电邮为主要联系工具的调研抽样的抽样框。为了保证样本的代表性,抽样调查最重要的就是建构一个定义明确、无遗漏、无重复的抽样框。对于已定义的总体抽样框,虽然在有些情况下很容易获得,但也有根本无法获得的情况,有时甚至会存在组成总体的对象被遗漏在抽样框外或排除对象被纳入抽样框内等错误,使用错误的抽样框导致的错误被称为抽样框误差。通常可以用几种方法控制这一误差:首先,以可实现的抽样框为基准,重新定义总体来解决总体和抽样框不协调的问题。其次,以最小化抽样框误差为目的,在选定实际调查对象的过程中,检查样本是否能够代表总体。最后,针对统计选定的样本的回答数据,采用统计调整的方法来控制抽样框误差。虽然存在多种解决方式,但调查者需要注意的是被定义的总体和用于抽取样本的抽样框的协调在现实中会相当困难,应综合考虑后决定总体和抽样框。

第五节　选择抽样方法

抽样方法选择是抽取样本过程中最重要的技术过程。抽样方法的选择与市场营销调查的目的及特性有很大的关联。调查者应决定是否更换抽取样本,以及采用非概率还是概率的抽样方法、采用贝叶斯方式还是传统方式。

采用贝叶斯方式抽取样本时,调查者依次进行样本选择、数据收集和分析,以此为基础再重新选择样本,即样本选择采取渐进的形式。采用贝叶斯方式抽取样本最大的特点是,在抽取样本的过程中,以前的信息被用于新一轮的抽取。贝叶斯方法在理论上具有相当大的说服力,但考虑到成本以及统计过程中可能会丢失很多信息,在市场营销研究中并没有被广泛使用。采用传统方式抽取样本最为常见,这一抽取样本方式在收集数据前就确定了整体样本。因此本章主要对传统方式进行详细的介绍。

抽取样本方式的分类标准是样本是否会被重复抽取。重复抽取样本是抽样框中的某一个对象可以重复被选为样本,非重复抽取样本是抽样框中的某一个对象是不能被重复选定的,只有一次机会可以被选为样本。虽然两种抽样方式所对应的统计推论方式有所不同,但如果抽样框大小远远大于样本的大小,统计推论结果并不会有太大差异;而当抽样框的大小不够大时,抽取样本中重复与否将成为重要的考虑事项。

抽样单位是组时,抽取样本要更细致一些。例如,抽样单位是家庭时,那么家庭成员中谁是回答者将成为重要的问题。虽然很多市场营销调查都是以个人消费者为对象进行调查,但实际上抽样单位是家庭的情况也很多。在这种情况下,根据家庭成员中谁来回答,收集的数据质量会有所不同,调查结果也会有所不同。所以要综合考虑抽样方法和抽样单位。

一、抽样方法的分类

最重要的抽样方法的分类如图 9-2 所示,大致可以分为非概率抽样和概率抽样。

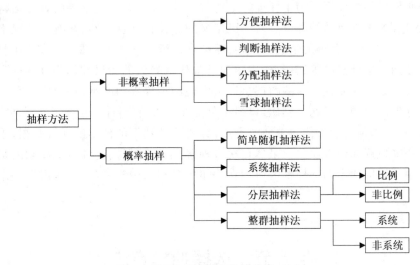

图 9-2 抽样方法的分类

非概率抽样法是指在选择样本对象的过程中,调查者可以随意决定哪些对象被纳入样本中,即从总体中非随机地选择特定对象,这一方法比起概率更依赖调查者的主观判断。一般情况下,非概率样本可能会有很好的参数推定,但非概率抽样的样本客观性或代表性较低,通过样本结果得到的统计推论的准确性也会下降。常见的非概率抽样法包括方便抽样法、判断抽样法、分配抽样法。

概率抽样法是指以概率为基础选择样本对象,总体中的每个单位都有一定的概率被选中。概率抽样法适用的前提是事先确保抽样框存在、提前定义各对象被选择的概率。抽样框内的对象被选择的概率没必要一定相同,但是根据规定的方针,要明示被系统化的选择概率的分布。因此为了抽取概率样本,调查者需要对总体进行正确的定义,并将正确抽样框的存在作为抽样前提。由于是按概率选择的,概率抽样所选择的样本具有客观性和代表性,可以对样本的统计量进行统计可靠性和准确性的验证,可以对总体的数量进行统计推论。代表性的概率抽样方法包括简单随机抽样法、比例/非比例分层抽样法、系统的/非系统的整群抽样法。

二、方便抽样法

方便抽样法是指调查者选择方便的对象构成样本。抽样单位的选择也是由实际调查者或提问者决定的。在适当的时间、适当的场所出现的对象就会被选为样本。方便抽样是抽样方法中花费成本和时间最少的方法。通过方便抽样抽取的样本,具有容易接近、容易测量、协助调查的特点。但是,方便抽样也存在着选择偏向等严重问题,使用方便抽样选择的样本存在严重的选择偏向的可能性,理论上不能代表任何总体,因此立足于方便样本的调查结果实际上不可能实现总体的一般化,所以方便抽样法并不是以满足总体推论为前提的市场营销调查中恰当的抽样方法。虽然不建议用此方法进行描述性调查,但是方便抽样法对为了掌握或洞察现象、生成创意的探索性调查很有用,可以很好地运用到焦点小组访谈或预备问卷调查中。总体而言,对于从方便样本中得出的结论的解释和适用性,调查者需要慎重注意。

三、判断抽样法

判断抽样法是方便抽样法的一种形式,调查者为了将总体的特定对象纳入该调查的样本,在适当的规则标准下选定样本对象。在这种情况下,适当的规则是指主观的标准,即判断样本中包含的对象能否适当地代表符合调查目的的总体。例如,为了了解新产品的市场潜力,调研人员可能会通过自己的判断来圈定某个地点(超市、健身房),认为该区域的人更可能对类似产品产生兴趣并进行消费,于是前往这些地方调研。判断抽样法和方便抽样法一样,费用少、方便快捷,但是将样本的结果普及到总体是很难的。特别是虽然判断抽样法可以利用适当的规则来选择样本,但这一规则也具有一定的主观性质,很难摆脱对于调查者判断、专业知识等的严重依赖。不过判断抽样法在不需要广泛总体推论的情况下应用很多,在商业市场营销调查中也经常被使用。

四、分配抽样法

分配抽样法,又称配额抽样,是根据总体的结构特征来确定样本分配定额或分配比例的两阶段判断抽样法。第一阶段将总体划分为多个部分组(分配)。为了有效区分部分组,调查人员要研究总体的各种特性,制定划分部分组的标准。一般常用的区分部分组的特性有性别、年龄、人种等,根据总体和调查目的可以使用适当的特性来区分部分组。第二阶段在各部分组进行判断抽样。部分组区分完成后,调查者在各部分组中进行判断抽样,在适当的规则下选定样本对象。

将部分组运用到抽样选定时,按照总体中部分组的大小得出所需分配样本的大小。这种考虑比例以选定样本对象的情况称为比例分配,在样本比例中不考虑总体的比例的情况称为非比例分配。通常情况下,总体中部分组的大小和样本中部分组的大小成正比才较为恰当。但根据现实情况,这种比例并不一定必要。在对于总体代表性较高的部分组中,应该更多地选择该部分组样本,即该组样本占比高于在总体中实际所占比例,才是符合调查目的的。

虽然分配抽样法通过部分组划分,将总体的特性比例反映在样本上,但仍然未能突破方便抽样法的局限性。不过与之前的方便抽样法和判断抽样法相比,部分组的构成可以通过分配抽样法相对提高样本的总体代表性。特别是通过增加部分组的数量、严格控制第二阶段的判断规则,调查者可以获得与传统概率抽样法相似的结果。

五、滚雪球抽样法

在滚雪球抽样法下,初期调查对象是随机(概率抽样)选择的,在初期调查结束后,再从调查对象那里得到符合总体标准的对象推荐,以此追加样本,样本推荐对象的增加像滚雪球一样,因此叫做滚雪球抽样法。被推荐的样本与推荐人存在多方面相似的人口统计特性和心理描写特性的概率较高,虽然早期以概率抽样法选定调查对象,但是滚雪球抽样法的最终样本是非概率的样本。

滚雪球抽样法有利于调查在总体中占比相对较小的人群。例如,对不使用记名粮食供应表的特定政府或社会福利事业的人进行调查,对未满35岁的某一等特别群体进行调查,对分散的少数人口成员进行调查等。

六、简单随机抽样法

在简单随机抽样法下,总体中各单位被选择的概率是相同的,简单随机抽样法是最完全的概率抽样,抽样概率＝样本单位数/总体单位数。在所有对象都与各自不同的对象相独立的假设下,在指定的大小(n)内,抽样框中的所有对象实际被选择的概率是一样的。样本是通过抽样框的随机过程形成的,这与在彩票筒里投入名字,摇晃筒公平地抽出中奖人名字的抽奖方式是相同的。为了进行简单随机抽样,调查者首先给总体的所有对象分配唯一的识别号码,组成抽样框,利用电脑程序或计算器生成随机号码,从抽样框中选定要包含在样本框里的对象。

简单随机抽样具有很多优点,例如容易理解、抽样的结果代表总体等,大部分的统计推论也假设统计分析对象数据是由简单随机抽样收集的。但是简单随机抽样法存在以下局限:

第一,很难生成为了正常使用简单随机抽样法的抽样框;

第二,所需样本量过大或以过于宽泛的地区为对象的情况下,通过简单随机抽样收集数据会增加费用和时间;

第三,简单随机抽样标准误差相对较大,准确性会降低;

第四,不能认为简单随机抽样总是选出具有代表性的样本。

虽然一般来说简单随机抽样也可以很好地代表总体,但是特定的简单随机抽样包含了很多异常值,所以也可能无法很好地代表总体,特别是样本量较小的情况下,这种现象更容易发生。

七、系统抽样法

系统抽样又被称为等距抽样,经常作为简单随机抽样的代替方法使用。从样本中进行 i 次要素选择。抽样间隔 i 是用样本大小 n 除人口大小 N 来决定,被四舍五入成最近的整数。比如说人口有 100000 个要素,需要 1000 个样本,这种情况的抽样间隔 i 为 100。在 1 到 100 之间随机选择数字,这个数字为 23 时的样本由 23、123、223、323、423、523 等构成。

系统抽样法下总体的对象被选择的概率相同,从这一点来看,系统抽样法与简单随机抽样相似。在系统抽样法中,调查者假设样本是按照某种特性排列的。如果抽样的顺序(例如按照字母顺序排列的电话号码簿)与关注对象的特性没有关联时,系统抽样与简单随机抽样所导出的结果是非常相似的。

当抽样的顺序与某些可能成为关注对象的特性有关联时,系统抽样法会增加样本的代表性。例如,在按照年度销售业绩排序企业成果数据时,系统抽样可以均等地同时包括小企业和大企业,但简单随机抽样存在只包括几个小企业或只包括几个大企业的可能性。因为和简单随机抽样相比,系统抽样只进行一次随机抽样,所以费用低、更容易。再加上随机选择的数字不需要与简单随机提取一样保证各自的要素一致。如果可以利用与关注对象特性有关联的信息,和简单随机抽样相比,系统抽样法可以寻求更具典型和更值得信任的(低抽样错误)样本进行使用。另一个优点是系统抽样可以在没有对样本的具体信息有充分了解的情况下使用。

八、分层抽样法

分层抽样法是指将总体分为部分组(层)后,在各部分组内适用简单随机抽样或其他概率抽样法的两阶段随机抽样法。与基于方便性或判断而进行的样本选择相比,分层抽样法下的样本会基于一定的概率被选择,这点与分配抽样法不同。分层抽样法的主要目的是在不增加费用的情况下增加准确性。将总体分为多个部分组的变量或特性被称为分层变量,该变量或特性的选择需要考虑被区分的部分组组内同质性、组间异质性、调查目的的相关性和分类费用等。在市场营销调查中常用的分类标准变量有人口统计特性、顾客类型、与企业规模及产业类型相同的企业统计特性等。

将部分组运用到抽样选定时,总体中部分组的大小可以反映在各部分组的样本大小上。调查者要决定各部分组的样本大小是否适用于总体的部分组比例。考虑此比例而选择样本对象的情况称为比例分层抽样法,如果在决定样本比例时不把总体的比例纳入考量,就是非比例分层抽样法。通常情况下,总体部分组的大小和样本中部分组的大小应该成正比才恰当,但实际上这种配比并非必要。在对于总体代表性较高的部分组中,应该更多地选择该部分组样本,即该组样本占比高于在总体中实际所占比例,才是符合调查目的的。如果调查者主要对组与组之间的差异感兴趣,使用非比例分层抽样比较合适。因为分层抽样法与组的大小无关,所有重要的下级总体对象都会被选为样本,因此在总体分布存在偏重的情况下,可以很好地使用分层抽样法。

九、整群抽样法

整群抽样法是一种随机抽样法。抽样时,先将总体分为相互排斥的部分组(整群),然后针对这些分配的部分组进行两步处理:第一阶段是以随机的方式选择部分组为样本;第二阶段是在随机选择的部分组中,对样本对象再次进行随机选择。整群抽样法和分层抽样法最大的差异是,分层抽样法是在所有的总体中提取样本,整群抽样法是只在一个部分总体中选择样本,整群抽样的目的在于通过减少费用来提高效率,分层抽样法的目的在于提高准确度。

由于对同质性和异质性的要求,整群抽样法中构成组的标准和分层抽样法中构成组的标准是相反的:在整群抽样法中,组内的样本应尽可能异质,但组与组相比,应尽可能同质。理想上每个组虽然比总体小,但要代表总体。简而言之,好的整群分组应该做到在组内高度异质,在组间高度同质。整群抽样中,因为抽样是以样本被选择的组为对象,所以相对来说比较容易、所消耗的费用和时间也较少。

针对像国家、公共住宅区或区域等以地区为根据组的抽样,是整群抽样法的代表性例子。如果只适用整群抽样法的第一阶段(例如调查者以区域为组后,所选择区域的所有户主都包括在样本中),这种设计被称为第一阶段式整群抽样法,如果两个阶段都适用的话(调查者抽取了部分区域为样本,再选择区域内的部分户主为样本),则被称为第二阶段整群抽样法。

第六节　决定样本大小

样本的大小表示调查内包括的对象的数量。样本量大小与复杂的质和量的考虑事项都有关联。决定样本大小时,需要考虑有关质的要素有:(1)调查的重要性;(2)调查的性质;(3)变量的个数;(4)分析的性质;(5)相似研究中使用的样本大小;(6)事故率;(7)完成率;(8)资源制约等。

一般来说更重要的决定需要更多的信息,其信息需要更准确地进行收集。这要求调查者寻求大样本,但随着样本量的增大,抽样费用也随之增加。准确度可由标准偏差来测量,标准偏差与样本大小的平方根成反比,即样本越大,标准偏差就越小,准确度就越高,但是随着样本大小的增加量加大,准确度的增加量反而变小。调查的性质也影响样本的大小,在质的调查或探索性调查中,样本大小相对较小,但针对类似于描述调查等需要普及化调查结果的情况时,就需要相对较大的样本量。

最终决定样本大小时,应考虑资源制约。在任何市场营销调查中,费用和时间都是有限的。其他制约包括限制性对象成为对象的可能性。样本大小应在符合资格条件的调查对象和完成率的影响范围内进行调节。

第七节 决定样本大小的统计方法

如果调查者决定了从样本中获得推测值的误差和信任水平的范围,那么通过以下方法可以决定能够满足以上条件的样本大小:

1.决定样本推测值的可允许误差的范围(E)(假设为总体的真数$\pm5\%$)。

2.决定对"1"的信任水平,即决定误差的范围在95%的信任水平上可信(20次中有1次会得出错误的结论),还是在99%的信任水平上可信(100次中有1次会得出错误的结论)。

3.在正态分布情况下,决定相当于"2"中信任水平的样本统计量Z值。例如在正态分布下,信任区间95%相当于Z值为±1.96。

4.总体的平均数为μ,样本的平均数为X,总体标准偏差为σ,样本平均的标准误差(standard error)为$SE(=\dfrac{\sigma}{\sqrt{n}})$时,$\Pr[X-1.96SE<\mu<X+1.96SE]=95\%$的关系成立。在这里SE是指以样本均值为中心、样本数之间方差的程度。

此时在正态分布下,$\pm1.96SE$就是"1"中调查者决定的样本推测值的误差范围。

如果用公式表示的话

$$E=Z\cdot SE=\frac{Z\sigma}{\sqrt{n}}$$

因此为了满足调查者决定的信任水平和误差范围,如下决定样本的大小。

$$n=\frac{Z^2\sigma^2}{E^2} \qquad (以上例子里,Z=1.96,E=5)$$

上述公式很难推测总体的标准偏差σ,所以通常使用过去的推测值代替。

第十章　统计检验和统计分析

第一节　统计检验

一、统计检验的必要性

以上章节中,我们介绍了科学的市场营销调查的概念、流程、种类(research methodologies)、样本计划(sampling)、数据收集方法(data collection)以及收集数据的摘要(descriptive statistics)。但是市场营销调查的范围一般都是以总体(population)为调查对象,因此根据样本计划收集的数据属于抽样信息,以样本数据为基础的市场营销调查的结果存在很多不足。例如,一家市场营销调查企业受委托调查品牌 A 的消费者认知度,抽样调查结果显示,品牌 A 的消费者认知度为 4.7 分(李克特 7 分测量尺度)。一个月后再选择新的样本进行调查,结果显示品牌 A 的消费者认知度为 5.0 分。这时市场调研公司提交调研报告:"A 品牌的消费者认知度调查结果显示,A 品牌的消费者认知度由上月 4.7 分增加到 5.0 分,增加了 0.3 分。"这个结论委托企业是否满意呢?

在此,市场营销调查负责人应对样本选择提出疑问,如果选择其他样本,品牌 A 的消费者认知度是否能同样获得 5.0 分? 因此,抽样调查本身就会存在样本误差。由于样本不包括总体的所有成员,因此类似均值、中位值、众值等样本统计量与总体的统计量也会产生差异,即样本误差(sampling error)。样本误差是指总体和样本之间的统计量差异,例如,为了调查中国国民的平均体重,选择 1000 名样本来调查他们的平均体重,样本的平均体重和中国 14 亿人的平均体重会不一样。此时产生的差异不是其他原因,是单纯由样本选择产生的,这被称为样本误差。因此,品牌 A 的消费者认知度调查结果显示的 0.3 分的增长,既可能是一个月内为提高品牌 A 的认知度而做出的各种努力的结果,也有可能是由于市场变化等系统差异产生的变化,另外也有可能是样本变化而产生的单纯样本误差,甚至可能只是单纯的偶然。该样本误差可以发生在所有的抽样调查中,在不同的样本中发生的概率也不同。虽然无法准确测量样本误差,但可以通过概率推断(probabilistic inference)来推测(estimate)样本误差。样本误差的概率推断过程,就是样本的统计量中为了推测总体的统计量而进行的统计检验的一个过程。

在这里要注意的是,4.7 和 5.0 在数学上是绝对不可能相等的,但是统计上却存在无差异的情况。这是因为数学中的 4.7 和 5.0 是指绝对值,而统计中的 4.7 和 5.0 只是部分组的样本的推测值,所以不要犯数学上的绝对值的错误看法。正如上述的例子,两次的消费者认知度为 4.7 和 5.0,在数学意义上有一定的差异,但在下结论之前,如果考虑到这两个不同的认知度是根据抽样调查而得出的统计量,那么通过统计检验,判断这两个统计量是否在统计上有所不同需要深度讨论后再下结论。

再如,企业在两个不同的市场对某一品牌的消费者偏好进行了调查,这时 A 市场的消费者打了 4.7 分,B 市场的消费者打了 5.0 分。那么,通过这项调查,能不能得出 B 市场消费者对该品牌的偏好程度更高?图 10-1 就这一结果在两种形式下可能得出的结论进行比较。假如把 4.7 分看成 a,5.0 看成为 b,算术比较就是 $a < b$,可以说 B 市场消费者更喜欢这个品牌。但是,这种询问消费者各种意见的偏好调查,其本质是统计调查,所以要通过统计分析得出结论。图 10-1 显示了两个群体 A 组(A 市场,红色)和 B 组(B 市场,蓝色)的偏好度调查结果的分布(计数统计),我们发现上下图的 a、b 均值相同,但是其分布却大相径庭。上面的图片在两个组(市场 A 和市场 B)之间完全不存在交集,但下面的图片在两个组之间存在很多交集,即上面图片表示 B 组的平均偏好度高于 A 组的平均偏好度,B 组的消费者均比 A 组更喜欢该品牌,但是下面图片显示,尽管 B 组的偏好程度平均高于 A 组,但 B 组的消费者中有相当一部分人并不比 A 组更喜欢这个品牌。因此,下面图片与上面图片相比,两个组或两个市场之间的品牌偏好度差异可以说相对较少或概率较小。因此在统计检验过程中,平均比较的结果要考虑到样本分布进行解释,这一过程称为统计检验。

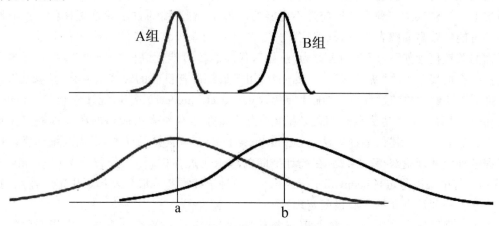

图 10-1　平均算术差异与统计差异的比较

通过样本统计量推测总体的统计量,不表示总体的统计量是直接或单一数字,相反,通过统计检验的总体统计量往往是间接的范围形式结果。例如,在上述消费者认知度的调查案例中,消费者的平均认知度为 4.7 分,通过统计检验推测总体的统计量,其结果可以解释为"消费者认知度的均值为 4.3 分到 5.1 分的可能性为 95%"。推测出来的消费者总体认知度的平均值并不以精确的数字形式表示,而是以范围形式(置信区间,confidence interval)表示,但这一范围也不是绝对的数值,而是以"95%"表示(可能性很高但依然存在 5%的误差)。因此,基于统计检验的推测结果是以统计监测理论为基础对结果进行详细阐述的,统计结果往往以适当的范围或可能性(概率)的形式呈现出来,从而考虑了样本误差或误差的可能性。即使对消费者平均认知范围的推测是正确的,并不代表消费者总体认知水平为 4.3~5.1 分的概率为 95%。正确的表达方式为:在 100 个样本的抽样调查中,95 个样本(95%)的消费者认知水平的均值为 4.3~5.1 分。

像人口普查一样,市场调查不是以总体为对象进行的调查,大部分都是以抽样调查的形式进行,统计检验对于调查结果的解释有相当大的影响。如果前文中调查消费者认知度的目的是分析广告效果,那么,消费者认知度在一个月内从 4.7 分增加到 5.0 分,这一结果为 A 品牌管理者提供了广告效果分析的依据,有助于进行战略决策。一种可能性的解释为,该增幅(0.3 分的变化)是 A 品牌的市场营销或广告的作用,从而品牌管理者有可能决定继续维持该市场营销或广告推广方案。另一种解释则是,这种增幅并不是广告推广带来的,而是单纯的由样本误差引起的,也可以解释为统计意义上的消费者品牌认知度没有变化,因此,要提高品牌认知度需要作出营销或品牌推广方案的战略调整。综上所述,统计检验结果的一般化(generalization)至关重要,调查结果的解读可以作为战略决策的重要依据。

二、统计检验的理论依据

一般来说,调查的目的是要了解总体的特征或参数(parameter)。例如,调查企业在价格上涨时的市场反应,其最终目的是确认所有顾客对涨价的反应。但除了特殊情况外,事实上——确认所有顾客的反应是不可能的。为此,最常用的方法就是选择代表所有顾客的可能性较高的顾客样本,根据这部分客户样本的调查结果推测所有客户的反应。这里面的关键概念如下,所有顾客称为"总体",代表总体可能性高的部分顾客称为"样本",样本顾客的反应称为"统计量"(statistics),用于最终调查目的的顾客反应称为"参数",用于推测统计量参数的过程称为"统计推断"(statistical inference)或者"统计检验"(statistical testing)。因此,为了达到调查目的,选择适当的顾客样本和采用适当的统计推断事关重要。通过前一章所述的抽样方法(sampling method)获得良好的样本,适当的统计推断可根据各种统计理论获得。因此,在统计推断的理论化过程中,样本分布(sampling distribution)与中心极限定理(central limit theorem)对统计推断一般化发挥了决定性作用,我们将在下一节重点介绍中心极限定理。

为了理解样本分布,首先需要理解分布(distribution)的概念。分布通常指变化的程度或形式。从调查观点出发,分布是指对一个事件或变量的整体测量值或数据的集合,将这个集合用多种图表来表现可以确认分布的不同特性。从理论上讲,在统计学中随机变量(random variable)的分布指概率分布(probability distribution)。随机变量是指某一数值的概率函数,即无法预先确定仅以一定的可能性(概率)取值的变量值,概率分布是指用于表述随机变量取值的概率规律,描述不同类型的随机变量具有不同的概率分布形式。如图 10-2 展示了 2019 年中国人口年龄分布。通过这一分布图可以确认各个年龄段人口数和分布,并将其除以整体人口数可以获得其概率分布。

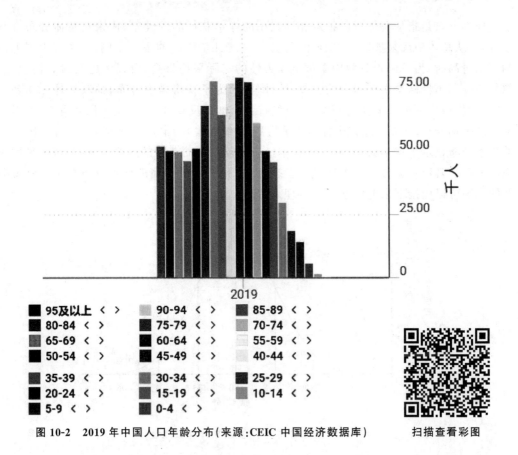

图 10-2 2019 年中国人口年龄分布（来源：CEIC 中国经济数据库）

扫描查看彩图

可以看出，中国人口年龄分布与标准正态分布（normal distribution）图 10-3 相当相似。正态分布也被称为"常态分布"或"高斯分布"（gaussian distribution），是概率理论中最常见的连续概率分布，在数学、物理以及工程等领域都非常重要，是统计学上非常具有影响力的分布。正态分布以整体观测值的均值为中心左右对称，中间部分平均被观测到的概率可能性最高，越到两个极端被观测到的概率就越小。统计学分布除了正态分布外，还有二项分布、泊松分布、几何分布、指数分布、伽马分布、贝塔分布等。

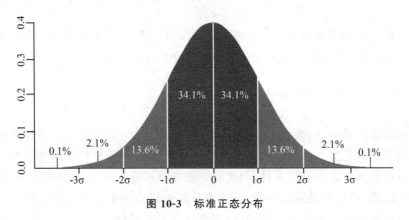

图 10-3 标准正态分布

样本分布是指从总体反复抽取相同大小的样本获得的统计量,用来对总体分布进行估计,即从总体中反复抽取 n 个样本,计算 n 个统计量构成的集合。例如,调查中国男性的平均身高时,为了调查参数中中国全体男性的实际平均身高,可以考虑其代表性,从抽取的 200 名男性样本中获得平均身高(统计量)。为了获得样本分布,抽取另外 200 名男性样本,从该样本中重新获得平均身高(统计量),如此反复 30 次以上可以获得 30 个以上样本的平均身高。这 30 个以上样本的平均身高(统计量)的集合就称为样本分布。图 10-4 的样本分布显示了样本大小为 41 的样本经过反复抽取而获得的各样本 SAT 考试平均成绩的分布。其形式类似于先前所说的正态分布,SAT 考试成绩的样本分布与正态分布类似的原因可以用接下来的中心极限定理来解释。

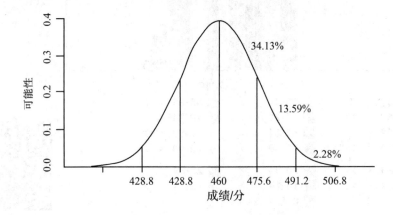

图 10-4 样本分布例子(美国 SAT 考试成绩)

统计学分布有二项分布、泊松分布、几何分布、正态分布、指数分布、伽马分布、贝塔分布等。正如之前说明的,一般分布可以理解为一个事件通过反复观测,各观测值的计数(概率)。在这些分布中,正态分布一般是大众最熟知的,也是在理论研究中最重要的分布,因为世界上很多事件遵循正态分布,其理论基础是中心极限定理(central limit theorem)。在自然界,一些现象受到许多相对独立的随机因素的影响,当每个因素所产生的影响都很微小时,总的影响可以看作是服从正态分布,中心极限定理可以证明这一现象。

中心极限定理是指从总体随机抽取的随机变量(X)的样本均值($\overline{X}$)的分布,在样本量足够大的情况下,会接近总体的均值(μ)和方差(σ)的正态分布。

$$\frac{\overline{X} - \mu}{\sigma / \sqrt{n}} \rightarrow N(0,1) \ , n \rightarrow \infty$$

以抽样调查为基础,以推测总体的特性(例:均值)的统计检验的方法论为根基,中心极限定理起着非常重要的作用。这个定律以统计学以及误差分析理论为基础,指出大量随机变量近似服从正态分布的条件,因此这个前提下实际上对总体变量的分布形式没有限制。换句话说,即使不是正态分布,而是拥有其他任何种类的分布的总体的变量,其样本分布也有可能遵循正态分布。例如,推测调查中国的平均收入时,一般收入分布与正态分布有很大的差异,但是在根据样本均值推测中国的平均收入时,常常假设收入分布为正态分布,事实上以样本均值来推测总体是不合适的。但根据中心极限定理,利用抽样调查的均值和正态分布可以推测中国的平均收入。根据中心极限定理,样本大小为 1000 名的样本随机抽取 100 次,如果制作 100 个样本均值的直方图接近正态分布,可以判断样本均值分布遵循正态分布,即总体分布并不是遵循正态分布,而是其样本的样本均值分布遵循正态分布。图 10-5 显示了总体是均匀分布(上)时和标准正态分布(下)时,抽取的样本的平均分布做模拟实验的结果。如果总体分布为均匀分布,从总体中以 30 个、100 个、250 个的样本抽取 500 次,获得的平均样本分布整体上遵循正态分布的形式,可以确认样本越大(N＝30→N＝100→N＝250)就越接近正态分布,这种情况可以判断总体分布遵循标准正态分布,卡方检验结果显示它们之间没有显著的差异。因此如图 10-5 所示,根据中心极限定理,样本越大,样本分布越会遵循正态分布,与总体的分布无关。

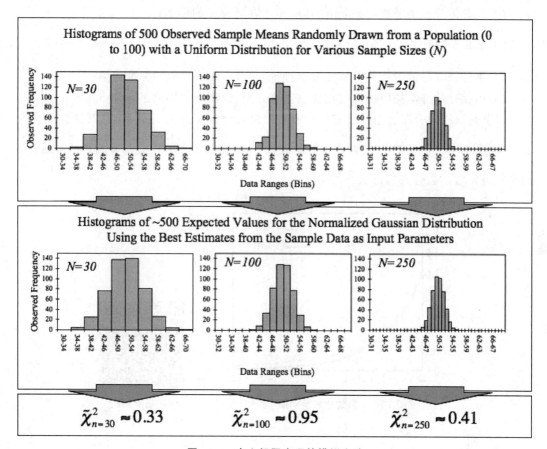

图 10-5 中心极限定理的模拟实验

在概率理论中,中心极限定理为假设的统计检验提供重要的理论基础。但是在实际调查实施过程中,为了提高调查的可行性,很少会调查多个样本,大部分是以一个样本为基础,推测总体的均值。这种情况事实上是没有遵循中心极限定理的,但即使是对一个样本的平均(样本均值),该样本均值是根据正态分布而产生的随机变量的观测值,这一事实对统计推断也起到了重要作用,即目前调查的样本的平均数是由多个样本的平均数构成的分布(或理想的样本均值分布)来实现的值。因此在实际操作中,往往假设样本均值或其他样本统计量为正态分布,对此可以进行统计检验或推测其信任区间。对假设的统计检验的详细说明和中心极限定理的适用,将在下一节进行详细说明。

三、统计分析练习:中心极限定理模拟实验

按照中心极限定理利用 R 进行数据处理,可以从任意分布中抽取样本,通过模拟实验确认样本均值分布是否遵循正态分布。

模拟实验的过程如下:

(1)确定成为总体分布的任意分布;

(2)从总体分布中随机(Random)抽取样本容量为 n 的样本;

(3)获得抽取样本的均值,并利用总体的均值和方差将其标准化:$\dfrac{\overline{X}-\mu}{\sigma / \sqrt{n}}$;

(4)将(2)和(3)的过程充分重复多次进行,并保存样本均值的标准化值;

(5)用保存的样本均值的标准化值制作直方图,确认是否形成正态分布。

以下是以指数分布为总体分布的中心极限定理模拟实验的 R 代码,这时抽样大小为 30 个,抽取样本 10000 次。指数分布的参数为 λ 时,指数分布的均值和方差是 $\dfrac{1}{\lambda}$,图10-6 是参数为 λ 时指数分布的形式。

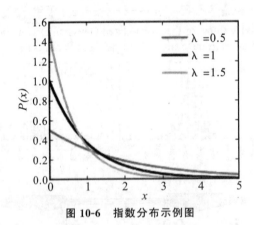

图 10-6　指数分布示例图

扫描查看彩图

代码如下:

```
n= 30 #  sample size
lamda= 1 #  Parameter for distribution
smean= numeric(0)
for(i in 1:10000)#  number of sampling
    {
```

```
    S= rexp(n,lamda)#  Draw n random numbers from exponential distribution with
parameter lamda
    smean[i]= (mean(S)- (1/lamda))/(sqrt(1/lamda)/sqrt(n))#  Normalization of
Sample Mean
    }
    hist(smean,prob= T)#  Graph 10000 sample means
    hist(S,prob= T)
```

以指数分布为总体分布的中心极限定理模拟实验结果如下。首先,图 10-7 展示了抽取 10000 次的样本中的一个样本分布,从中可以看出,样本的分布遵循之前在图 10-6 中确认的总体分布为指数分布的形式,但样本均值分布与总体分布为指数分布时不同,根据中心极限定理形成对称的正态分布形式,如图 10-8 所示。

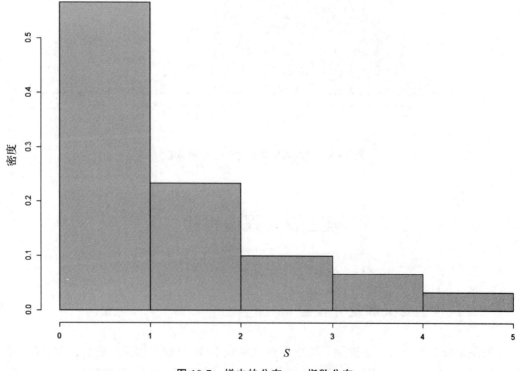

图 10-7　样本的分布——指数分布

不同的分布,例如将二项(Binomial)分布或泊松(Poisson)分布作为总体分布时,也可以得出类似的结果。

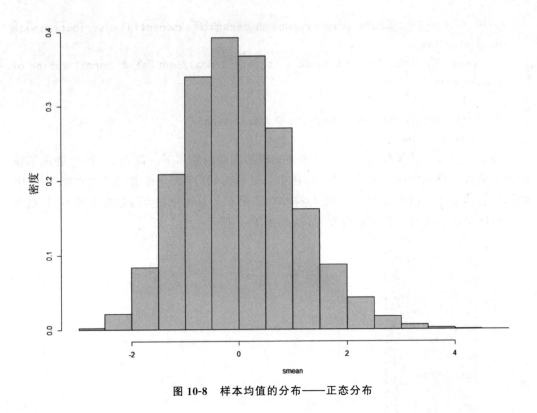

图 10-8　样本均值的分布——正态分布

第二节　假设检验

一、假设的意义和统计检验

假设是指对现有的科学理论无法解释的现象或事件,以现有理论基础为依据,通过逻辑推理,利用科学方法来进行验证的假定,因此假设和假设检验往往是被同时提及的。在市场营销调查中,市场营销调查者通常以调查问题的对策性答案或可行的答案来设定假设,为了判断这个假设是否正确而开展调查。但是,这与在许多市场营销调查中,通过设定研究问题代替设定假设进行调查存在本质上的不同。因为假设本质上是提出了针对调查问题的对策性答案或预期结果,所以假设提出的前提是具有明确的调查目的和方向。因此好的市场营销调查者要从理解研究问题出发,思考如何设定合理的假设。为了从研究问题中导出合适的假设,首先要对研究问题和假设的差异进行理解。例如,对于"植入广告会影响节目的观看吗?"这一研究问题,可以用以下几种对策性答案来设定假设。

假设 1:"植入广告的曝光次数会影响节目的喜好度。"

假设 2:"植入广告的明显程度会影响节目收视态度。"

从以上假设中可以看出,一般情况下假设包含两个以上的变量,是确定两者关系的形式。假设 1 有曝光次数和喜好度两个变量,假设 2 有明显程度和态度两个变量。根据前面提出的研究问题和假设,我们可以把握二者的差异。首先,本研究问题提出了两个变量或概念(植入广告与节目收视)之间关系的问题,假设则提出了对该问题的可能答案。此外,通过实证调查可以解决研究问题,但不能像假设那样预测具体方向和结果。也就是说,相对于研究问题,假设是以更抽象、更宽泛的概念来叙述,设置了各种可能的答案。最终,研究问题在本质上不能判定是真的还是假的,而是假定在调查的基础上,会被判定为正确(接受)或错误(拒绝)。具体而言,基于假设的调查最终过程是对假设的接受或拒绝进行验证的过程。

假设是调查者预测的理论逻辑说明,但并非所有假设都是好的。要成为一个好的假设,有几个条件是必须具备的:

第一,好的假设必须是用说明形式来叙述预测结果,而不是用提问的形式来提出问题。也就是说,不能使用"游泳运动员是否比田径运动员力量大?",而是"游泳运动员比田径运动员力量大"的形式。

第二,要叙述并明确表达预期的变量间的关系,例如,假设 2 修改为"植入广告的明显程度对节目收视态度有消极影响"时,更明确地表示了预期关系。

第三,假设是具有扎实的理论基础的,举例来说,在前面所列的假设中,植入广告过于明显有可能降低受众的注意力,或者提高消费者心理上的厌恶程度。类似的,研究成果或者理论依据就会成为假设的合理性依据。

第四,好的假设应该简明扼要,也就是直接明确表示变量之间的关系,因此应摒弃同时表达许多变量之间各种关系的假设。例如,"植入广告的明显程度会对节目的喜好度和收视态度产生负面影响、对品牌喜好度会产生积极影响"这一假设同时表现了四个变量之间的三种关系,降低了假设的简明性(parsimony)。

第五,假设条件最重要的是可测试性(testability),即可以对假设的变量进行实际测量或观察,并可以用科学的方法验证这些变量之间的关系。例如,假设 1 中植入广告的曝光次数可以直接确定,对节目的偏好也可以直接被调查,因此假设是可以被验证的。

第六,在更大的总体环境中,好的假设应能更好地提出新的理论。比起"化妆品植入广告的曝光次数影响了节目的喜好度"的假设,假设 1 是具有较高一般性的假设。此外,好的假设可以较好地以现有理论来预测和解释困难的事实或未来,并加以解释。

假设统计检验是指在假设条件下,对总体参数与样本统计之间差异的统计评价。在市场营销调查中,样本的统计量与总体参数差异越小,假设被验证的可能性就越大;相反,差异越大,假设被推翻的可能性就越大。例如,在假设"中国男高中生的数学成绩比女高中生的数学成绩高"中,总体参数是男高中生的数学成绩和女高中生的数学成绩的实际差异程度,从样本中调查的男、女高中生的数学成绩差异,是需要通过假设检验才能给出以假设为假定的总体参数正确或错误的可能性。进行假设检验时,往往同时提出原假设(null hypothesis)和备择假设(alternative hypothesis)。原假设与备择假设是一对完全互斥的假设,一般情况下调查者先建立备择假设,然后再得出互斥的原假设,因此两者只有一项可以成立。备择假设一般是指调查者需要证明和支持的预测或主张,通常提出两个以上变量之间的特殊关系并用 H_1 来表示。相反,原假设是备择假设相反的主张,即调查者否定或拒绝的预测或主张,一般认为两个以上变量之间没有关系并用 H_0 来表示,因此在统计上倾向于拒绝原假设,即统计检验方法比起试图接受备择假设,不如尝试解释拒绝原假设。实际调查中调查者希望验证支持自己主张的备择假设,但是科学研究方法的逻辑是拒绝与备择假设相反的原假设以验证备择假设。例如,假设 1(植入广告曝光次数会影响节目喜好度)是直接提出调查者主张的备择假设,这里暗含着"植入广告曝光次数不会影响节目喜好度"的原假设。调查者为了验证假设 1 需要通过数据收集和分析判断原假设是否被拒绝。如果原假设被拒绝,则接受备择假设;如果不能否定原假设,则备择假设被拒绝。因此,对于专业研究者或调查者,理解原假设的概念和逻辑是非常有必要的。

二、假设检验

大多数社会科学调查包括市场营销调查,除了人口普查外,大多数属于假设检验调查。假设检验的过程就是从选定的样本中,对获得的调查结果或统计量与总体的实际值或与事实的关系进行说明的过程,这种过程被称为调查结果的一般化。在这一过程中,将经历多种统计分析方法的统计检验过程,如图 10-9 所示。

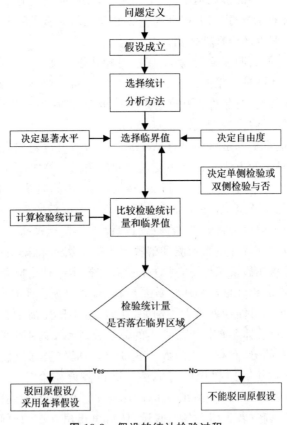

图 10-9　假设的统计检验过程

市场营销调查之前,先确定当前面临的市场营销问题,并以此为基础设定调查假设,为了检验这个假设选择适当的概率分布(probability distribution)和统计检验方法(statistical test)。确定统计检验方法决定着统计量检验标准的确定,例如临界值(critical value)要考虑到显著水平(significance level)、自由度(degrees of freedom)、检验方法(one or two-tail test)等。通过分析收集到的数据,对导出的检验统计量(test statistic)和事先定义的临界值进行比较,如果检验统计量进入临界范围(一般比临界值相同或大),则拒绝原假设并接受备择假设。

(一)问题定义

与调查流程相似,假设的统计检验流程的第一步就是清晰问题定义。在问题定义时,调查者应考虑调查的目的、适当的背景信息、必要的信息类型、调查结果的运用形式等。为了定义合适的问题,调查者不仅要事先与决策者、相关产业专家及调查专家进行面谈,而且还要以焦点小组访谈的形式进行定性调查,进一步明确地定义问题。特别是在统计检验阶段,在明确调查问题定义的前提下进行假设,设定 β 对于提高调查问题的检验可能至关重要。

(二)假设成立

明确调查问题为提出假设奠定基础,因为假设的提出是由调查问题决定的。例如,某工厂某生产线称产品合格率超过 98%,为了检验可信度,进行随机样本检验,那么如何设定原假设与备择假设? 如果调查者的出发点是质疑合格率,那么备择假设是该生产线产品合格率不超过 98%,原假设则是超过 98%,可以看出研究问题决定备择假设的提出,备择假设的对立假设即原假设。检验假设需要在多种统计分析方法中选择最合适的统计方法,有时多种统计方法可以用来检验一个假设。

(三)选择统计分析方法

为进行假设检验,应根据调查目的所建立的假设种类和形式,选择适当的统计分析方法以及概率分布(Z 分布—正态分布、T 分布、F 分布、卡方分布等)。考虑到假设形式(组比较或关系比较)、假设中变量或尺度的类型(范畴型、连续型或名义、顺序、等距、等比尺度)、样本数、样本方差的信息及独立性等,决定统计分析方法和检验概率分布。用检验概率分布来判断假设是否被接受是决定检验统计量的计算方法之一。所以,如何选择统计分析方法,对于假设检验结果的正确性具有重要意义。

1.单变量分析方法 VS.多变量分析方法

一般统计分析方法根据因变量的不同,分为单变量分析方法(univariate statistical methodology)和多变量分析方法(multivariate statistical methodology)。单变量分析方法的因变量只有一个,为了说明一个以上的自变量和一个因变量之间的关系,可以使用多种统计方法。本书的单变量分析方法涉及 t 检验、方差分析、回归分析等。多变量分析方法则同时分析多个因变量和多个自变量的关系,即考虑到多个从属变量的关系,同时执行多个单变量分析。本书以多变量分析方法来处理因子分析,除此之外辨别分析、集群分析、多变量方差分析、结构方程模型，以及正准相关分析等是具有代表性的多变量分析方法。

图 10-10 根据构成假设的变量尺度，分类了检验统计量。首先作为最基础的形式，当因变量是与等距及等比尺度相同的连续型且自变量是与名义或定序尺度相同的范畴型时，可以使用 t 检验、ANOVA 等统计分析方法；当自变量是连续型时，一般可以使用相关分析或回归分析。相对分析方法的难易度较高的形式为因变量为范畴型时，可以使用卡方分析和二项式（binomial）或多项式（multinomial）逻辑等。

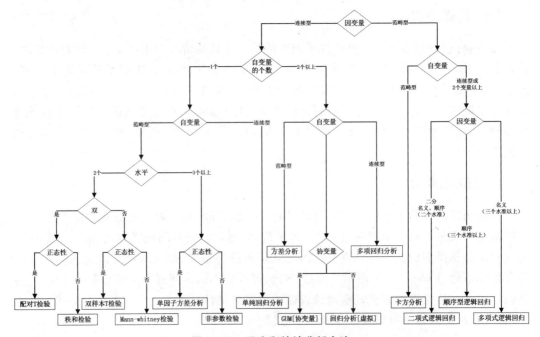

图 10-10　尺度和统计分析方法

（四）决定显著水平、自由度、双侧/单侧检验，以及选择临界值

如果已经选好了统计分析方法和检验概率分布准备进行假设检验，那么首先需要制定接受与拒绝假设的标准。我们一般将该标准称为临界值（critical value），即在假定备择假设正确的前提下，根据检验统计量服从的概率分布所计算出来的检验统计量的阈值。临界值的决定要考虑显著水平（significance level）、自由度（degrees of freedom）、单侧/双侧检验（one-or two-tail test）等三个标准。

显著性水平是指在进行假设检验时，尽管原假设是正确的，样本结果依然给出做出拒绝原假设的判断的水平（错误地拒绝原假设的概率），即犯第一类错误的概率（α）。因此，显著性水平是指我们对第一类错误所能容忍的最大概率，也就是说，通过设定因犯第一类错误而拒绝正确原假设的容忍水平来控制做出错误判断的概率。因此显性著水平的选择是由犯第一类错误所产生的有形或无形的费用来决定的。在社会科学研究中，人们通常将显著性水平设定为 5%。通常来讲，在 5% 的显著水性平下进行假设检验是指，如果接受备择假设,则原假设为正确的概率最大是 5%,即备择假设被错误接受的概率不超过 5%。因此,5%的显著性水平可以说代表着假设检验结果的可靠性。图 10-11 给出了在 5%($\alpha=0.05$)的显著性水平下,原假设的接受区域和拒绝区域。说到底,显著性水平是指在样本分布中,拒绝原假设的宽度。换句话来说,如果提高显著性水平(5%→10%)则原假设被接受的概率会降低,而被拒绝的概率就会上升。最终,假设检验结果为错误的概率会增加。

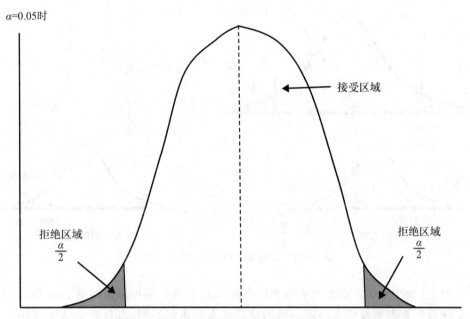

图 10-11　显著水平为 5%($\alpha=0.05$)时,原假设的接受区域和拒绝区域

　　自由度理论上是指在指定的条件下可以自由变化的程度,但概念上是指可以使用的数据数目和想要推测的参数之间的关系。因此,如果数据或样本的数目少,而想要推测的参数多,那么自由度会变小;如果数据或样本的数目多,而想要推测的参数少的话,那么自由度会变大。在通过概率分布即显著性水平来推测临界值时,自由度对决定分布的形态起着重要作用。一般来说,计算每个分布的自由度的方法都是固定的,调查者遵循这些方法即可。

　　双侧检验和单侧检验与假设检验的方向有关。从理论上看,备择/原假设如果是"不同"形式的,那么大于和小于的情况都要进行调查,所以适用双侧检验;如果是"大于"或"小于"形式的,则只需要调查大于或小于的情况,所以适用单侧检验。在以下两个假设中,假设 1 适用双侧检验,假设 2 则适用单侧检验。

　　假设 1:"植入广告的曝光次数会随着男女而不同。"

　　假设 2:"植入广告的曝光次数女子会比男子大。"

　　如图 10-12 所示为双侧检验和单侧(左/右)检验。双侧检验和单侧检验基本上是相同形式的检验,只是由于检验的显著性水平大小的不同,检验的可靠性或严格性的程度存在差异而已。正如之前所说明过的,虽然根据假设的形式存在单侧或双侧检验的差异,但就其使用相同概率分布来检验这一点来讲,检验的整个过程和形式是一致的。不过,即便是相同的显著性水平,单侧检验的拒绝区域宽度是双侧检验的两倍。也就是说,较之于双侧检验,单侧检验拒绝原假设的概率是两倍。这有可能会降低假设检验结果的可靠性,与单侧检验相比,双侧检验能够提供更为严格的检验结果。因此,如果需要确保调查结果的严格性,那么比起单侧检验,我们更推荐进行双侧检验。

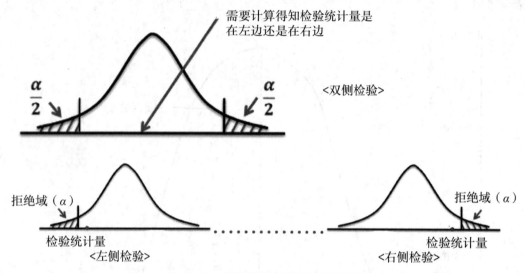

图 10-12　双侧检验和单侧(左/右)检验

在假设检验中,临界值是拒绝域和接受域的边界值。临界值由显著性水平、自由度,以及采用双侧或单侧检验来决定。根据检验概率分布的不同,其计算公式不尽相同。调查者决定了显著水平和检验形式(双侧或单侧)后,临界值会自动进行计算。图 10-13 给出了临界值和原假设的接受域、拒绝域的关系。

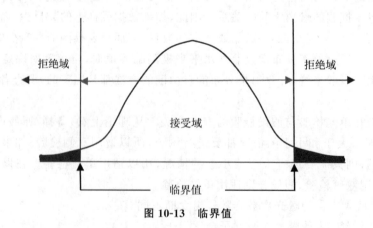

图 10-13　临界值

(五)比较检验统计量和临界值

所谓检验统计量,是代表样本观测值的某种特性或统计量的一个数值,其用途是从统计学上对研究假设进行检验。通常假设检验是以将样本观测值转换为可进行数理概括的一个值的检验统计量为对象进行的。这些检验统计量一般被定义为使用样本观测值的公式。例如,以下公式便是为了检验组 1 和组 2 均值相同的原假设的检验统计量。以这个公式计算出的 t 值为检验统计量,在假定原假设是正确的前提下,该通计量的样本分布遵循 t 分布。使用 t 检验统计量的分析方法一般称为 t 检验(t-test),主要在比较均值在统计学意义上的大小时使用。

$$t = \frac{(\overline{x}_1 - \overline{x}_2) - d_0}{s_p \sqrt{\dfrac{1}{n_1} + \dfrac{1}{n_2}}}$$

$$s_p^2 = \frac{(n_1 - 1)s_1^2 + (n_2 - 1)s_2^2}{n_1 + n_2 - 2}$$

$$\mathrm{d}f = n_1 + n_2 - 2$$

大部分的统计分析方法都会假定适当的概率分布,并根据这个概率分布采用不同的检验统计量计算方法。因此调查者通过之前的统计分析方法的选择,实际上会决定检验统计量的计算方法,而大部分的统计分析软件都会提供相关检验统计量的计算。

计算出检验统计量后,将其与之前计算的临界值做比较,我们就可以做出接受原假设或是备择假设的判断。图 10-14 说明了根据是否接受研究假设,临界值与检验统计量之间的关系。检验统计量比临界值更大时,我们拒绝原假设,接受备择假设;相反,检验统计量比临界值更小时,我们就不能拒绝原假设,所以无法接受备择假设。最终,调查者要以这些假设检验的结果为基础,按照调查的目的和问题,对调查结果进行解读并形成书面分析。

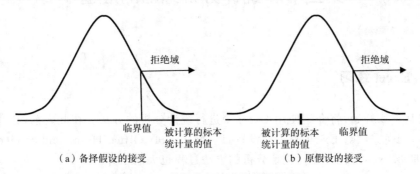

图 10-14 临界值与检验统计量的关系

三、假设统计检验案例

(1)调查问题的定义。了解特定品牌的"品牌忠诚度"在经过各种营销活动之后,较之上月是否有所增加。

(2)原假设和备择假设的设定。

原假设 H_0:本月的"品牌忠诚度"不大于前月的"品牌忠诚度"。

备择假设 H_1:本月的"品牌忠诚度"大于前月的"品牌忠诚度"。

（3）统计分析方法的选择：Z 检验（假定正态分布）。

（4）检验标准的决定：显著性水平＝0.05，Z 值临界值＝1.96，t 值临界值（自由度＝99）＝1.98，实行双侧检验。

（5）检验统计量的计算以及与临界值比较：均值（$\overline{X}$）＝5.5，样本标准偏差（s）＝0.5，Z 值＝10。

（6）决定是否接受备择假设

如图 10-15 所示，Z 值统计量（10）大于临界值（1.98），检验统计量在拒绝区域，在 0.05 的显著性水平上我们拒绝原假设，接受备择假设。由此可知，本月"品牌忠诚度"较上月有所增加。

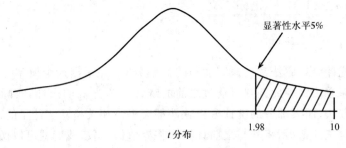

图 10-15　统计检验示例图

第三节　统计分析练习的准备

一、Excel 练习

本书从下章开始，将介绍使用 Excel 来进行统计分析的方法。在此之前，让我们来一起看一下，如何完成对 Excel 的基本设置，以"Microsoft Office Home and Student 2019"为标准，即便 Excel 版本不同，统计分析的方法过程也大同小异。

要使用 Excel 的图表和统计功能，首先需要激活"分析工具库"附加功能。请在主菜单中依次选择"文件"→"选项"，在"选项"窗口中选择"加载项"，最后在下面点击"转到"，勾选"分析工具库"，如图 10-16 所示。

现在我们就可以在"数据"菜单中看到"数据分析"图标，点击此图标可以选择各种分析方法，如图 10-17 所示。该功能以 Excel 输入的数据为对象用于多种统计分析。我们将在后面章节中对不同的统计分析方法进行说明。

二、SPSS 练习

学习 Excel 的同时，本书从以下章节开始还会介绍如何使用统计分析软件 SPSS 进

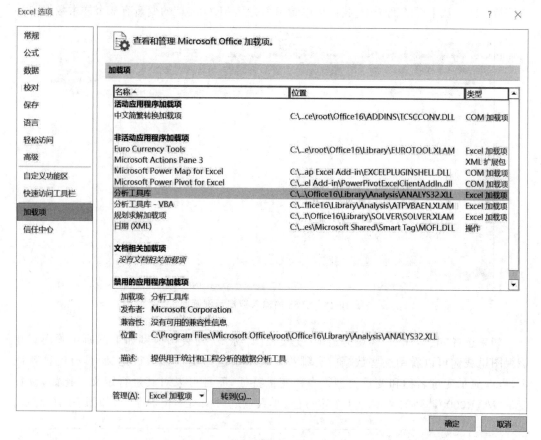

图 10-16 在 Excel 应用程序中添加统计分析功能(2)

图 10-17 Excel 的统计分析功能

行数据分析。在此之前,让我们简单地了解一下 SPSS 所需的基本设置和使用方法。本书所用 SPSS 版本以"IBM SPSS Statics Subscription"为标准。不同版本的 SPSS,其统计分析方法的使用过程大同小异。

(一)在 SPSS 中输入数据

SPSS 运行后如图 10-18 所示,出现与 Excel 工作表类似的"数据视图"标签画面。在这个画面中,和 Excel 一样,可以直接输入要调研的数据。在"数据视图"标签中,"列"指变量,

"行"指个案。从下面的例子中,我们可以看出名为"VAR00001"的变量有 3 个样本数据。

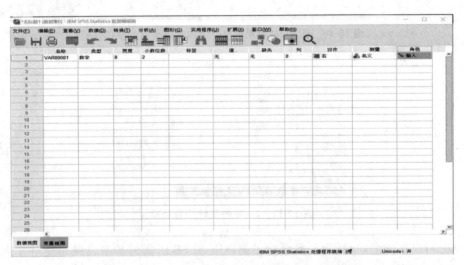

图 10-18　SPSS 的输入数据示例画面

如果选择"数据视图"标签旁边的"变量视图"标签,则会切换到如下图所示画面。在该视图里我们可以看到这些数据中有哪些变量以及这些变量如何被定义、具有何种特征等,可以显示变量名称和变量类型等多种变量特征,而且可以对其进行定义。比如,设置变量"VAR00001"列的宽度为 8 个字符位、小数点之后保留两位数字等,如图 10-19 所示。

图 10-19　SPSS 的"变量视图"标签中确认变量特性

当然,我们也可以在 SPSS 里直接录入数据,不过一般来讲,大多都会使用更为便捷的方法,先在 Excel 里将数据录好再导入 SPSS 进行分析。在 Excel 里面录入数据时,注意与 SPSS"数据视图"的数据格式一致,在列里输入变量,在行里输入个案。在 SPSS"文件"菜单中选择"打开",然后选择"数据"会出现打开数据文件的窗口。SPSS 支持多种数据文件形式,如果要打开的数据形式就是 SPSS(.sav)的话,直接选择想要打开的 SPSS 数据文件即可。如果不是,则在"文件类型"中选择想要打开的数据文件形式。如果想要打开 Excel 数据文件,在"文件类型"中选择 Excel,则会在窗口中看到相关数据文件,在这些数据文件中选择想要导入的文件后,选择"打开"就可以将该数据文件导入 SPSS。

选择 Excel 数据文件时,会出现"读取 Excel 文件"窗口,我们可以在该窗口选择准确的 Excel 的工作表和数据范围(所需行和列的位置),如图 10-20 所示。在这里,SPSS 将会自动设置所需位置并告知,我们可以在此查看数据并在需要时变更工作表和范围。通常 Excel 的第一行为变量名称,所以为了将数据的第一行定义为数据的变量名称,可以选择"从第一行数据中读取变量名称"选项。选择此项时,如图 10-21 所示,SPSS 将会把数据的变量名称自动定义为 Excel 第一行录入的变量名称。

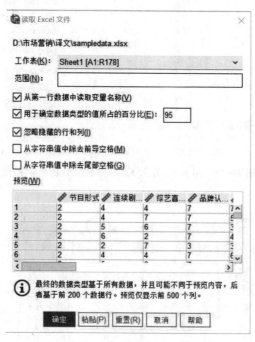

图 10-20   SPSS 的"读取 Excel 文件"窗口

在 SPSS 中导入数据后,有必要对录入的变量根据其特性进行设置。因为单纯录入的数据不具有数字或文字上的意义,所以需要对变量的形式进行具体设置以便进行统计分析,例如,"类型"是数字变量还是字符串变量、量表的形式是类别型还是连续型,如果是类别型那么每个数字所代表的意义是什么等等。在导入数据的 SPSS 文件中设置好"变量视图"标签后,在"测量"题项中按照变量的测量方式选择相应的格式,定距尺度和定比尺度选择"标度",定序尺度选择"有序",定类尺度则选择"名义",如图 10-22 所示。

如果是"名义"尺度,则在"值"一栏定义其名义或范围的值,如图 10-23 所示。

例如,第一行的"节目形式"为名义变量,用以区分节目是"电视剧"还是"综艺"。这时我们按数字"1"代表"电视剧"、数字"2"代表"综艺"录入数据。为了在 SPSS 中能轻松查看并在分析结果里准确反映,在图 10-24 的画面中将"值"和"标签"录入并选择"添加",以定义变量的"值"(类别值)的意义(类别名)。如果有多个"值"或范畴,反复进行添加即可。

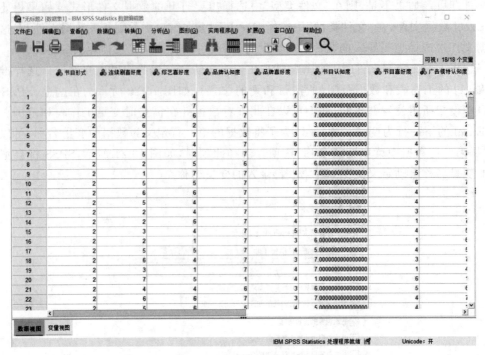

图 10-21　用 SPSS 导入 Excel 数据文件的示例画面

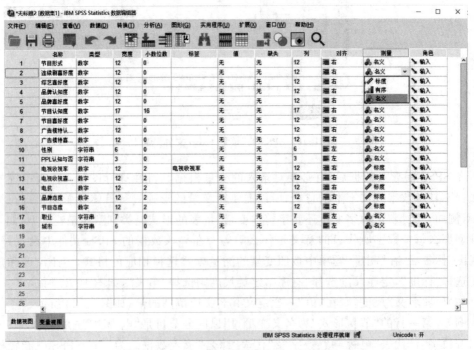

图 10-22　SPSS 中设置变量特性示例画面(1)

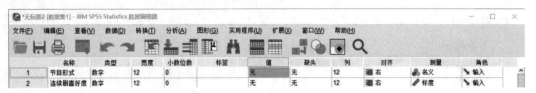

图 10-23　SPSS 中设置变量特性示例画面(2)

图 10-24　SPSS 中设置变量特性示例画面(3)

　　根据统计分析的种类及形式,有时需对录入的资料进行再加工。比如,在将个人收入分为高收入组和低收入组进行统计分析时,以个人收入变量为基础,可能需要区分收入组变量,平均收入或中间收入以上为高收入组、平均收入或中间收入以下为低收入组。像这样使用已有变量生成新形式的变量,可以在 SPSS 中通过"计算变量"或"编码变更"功能来实现。

　　在"转换"菜单中选择"计算变量"功能,就会出现如图 10-25 所示的"计算变量"窗口。综合目前输入的数据中"连续剧喜好度"变量和"综艺喜好度"变量,形成新的"整体喜好度"变量时,需要在"目标变量"栏输入新的"整体喜好度"变量,在"数字表达式"栏中输入形成"整体喜好度"的变量和其计算公式"连续剧喜好度＋综艺喜好度"。在输入"数字表达式"时,"变量"可以在左边选择窗口通过双击相应变量名称来选择变量。全部输入"目标变量"和"数字表达式"后,选择"确定",SPSS 输入窗口便新建了一个变量"整体喜好度",如图 10-26 所示。

　　在"转换"菜单中选择"重新编码为不同变量"功能,就会出现"重新编码为不同变量"窗口。从左侧窗口选择想要重新编码的变量,使用移动箭头移动到"数字变量－＞输出变量"栏。在"输出变量"的"名称"栏中填写变更后的变量名称。如图 10-27 所示的示例画面是将"连续剧喜好度"变量重新编码为"电视剧喜好度 2"变量。

　　设置了要变更的变量(数字变量)和被变更的变量(输出变量),那么接下来选择"旧值

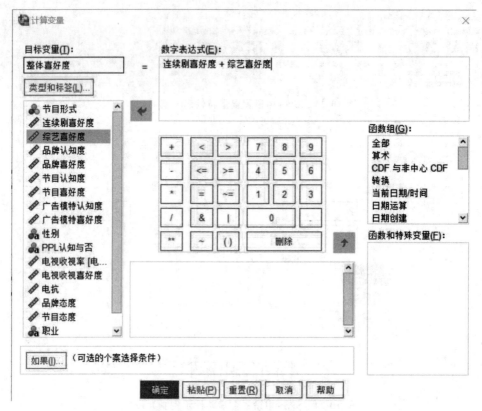

图 10-25　SPSS 中计算变量示例画面

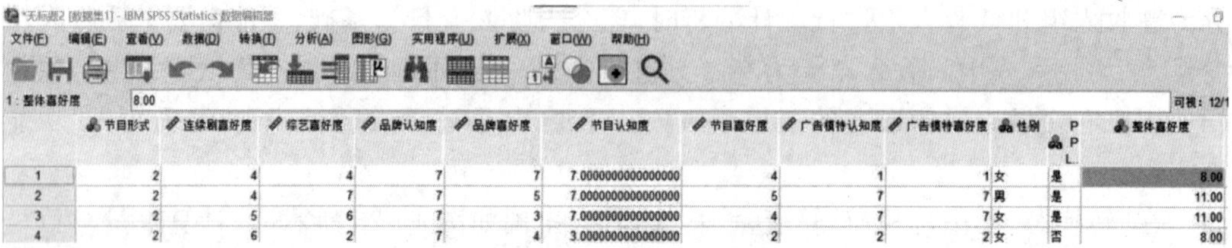

图 10-26　SPSS 中计算变量结果画面

和新值",在"重新编码为不同变量:旧值和新值"窗口中,分别匹配输入要变更变量的旧值与被变更变量的新值。以下例子将要变更的变量"连续剧喜好度"的从 1 到 3 的值变更为被变更的变量"连续剧喜好度 2"的新值,"值"为 1,将"连续剧偏好度"从 4 到 7 的值变更为"连续剧喜好度 2"的新值,"值"为 2,如图 10-28 所示。

"重新编码为不同变量"的结果如图 10-29 所示。

随着变量的变更和再生成,SPSS 可以选择性决定统计分析中包含的数据。SPSS 将数据定义为"个案",在问卷调查中一般表示回答者。所以 SPSS 提供可以选择统计分析中的回答者的功能。

在"数据"菜单中选择"选择个案",会出现如图 10-30 所示的窗口。在这个窗口中选

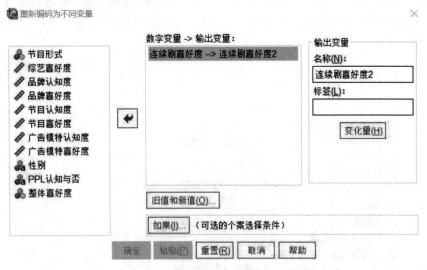

图 10-27　SPSS 中重新编码为不同变量示例画面(1)

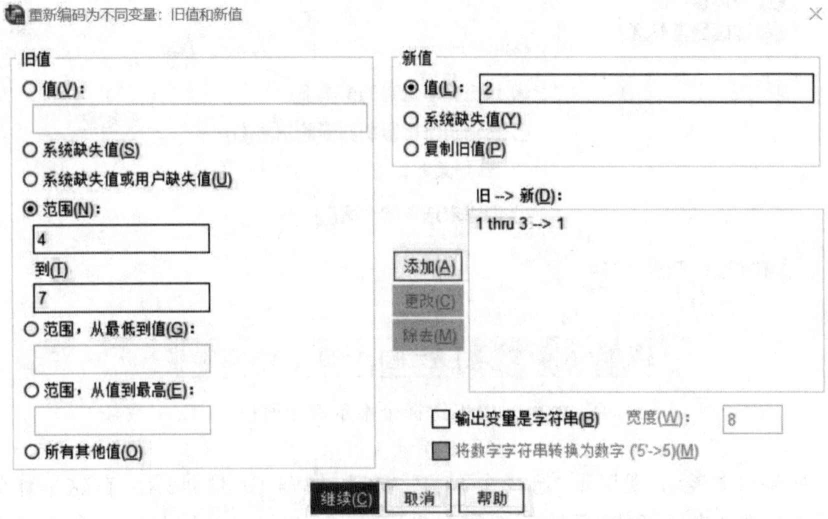

图 10-28　SPSS 中重新编码为不同变量示例画面(2)

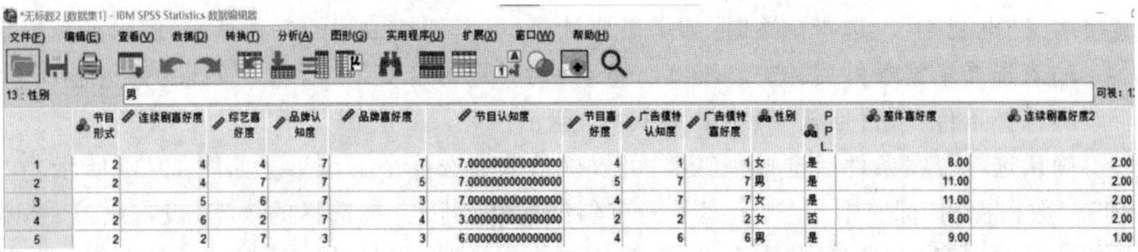

图 10-29　SPSS 中重新编码为不同变量结果画面

择能够提出选择标准的变量。比如"节目形式"只选择"电视剧"的个案进行统计分析时，那么首先作为选择标准变量，在左侧窗口选择"节目形式"变量后，为了输入适当的条件点击"如果"按钮。

图 10-30　SPSS 选择个案示例画面(1)

选择"如果"时，会出现以下"选择个案：If"窗口，如图 10-31 所示。在这里作为选择标准变量，再次选择"节目形式"后输入选择条件。为了"节目形式"只选择"电视剧"的个案，考虑"电视剧"范畴的"值"的"1"，输入"节目形式＝1"的条件，意义是"节目形式"的值只有和"1"一样的个案适用于统计分析，在这里"1"的意义是指之前在名义变量定义时输入的直接名义"电视剧"。选择个案时，如果需要计算，可以使用中间的各种算术/逻辑计算式。

输入选择个案条件后，选择"继续"，重新回到"选择个案"主屏幕，"如果"旁边显示了个案的选择条件"节目形式＝1"，如图 10-32 所示。

确认选择个案条件后选择"确定"，可以确认以下选择个案结果。如图 10-33 所示，在 SPSS"数据视图"标签中，左边个案号码有斜线的是指没有被选择的个案，没有斜线的则是被选择的个案。在这种状态下，进行某种统计分析时，则只针对没有斜线的个案，即只对被选择的个案进行统计分析。

到目前为止，为了使用 SPSS 进行统计分析，我们已经了解了最基础的 SPSS 功能。

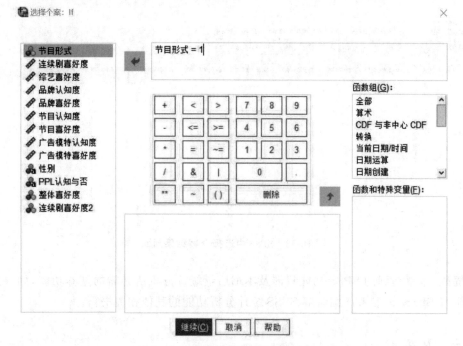

图 10-31　SPSS 选择个案示例画面(2)

图 10-32　SPSS 选择个案示例画面(3)

图 10-33　SPSS 中选择个案结果画面

再次提醒,本章提到的 SPSS 功能只涉及本书后续统计分析所必需的基本功能,如果想进一步学习 SPSS,请参考详细讲解 SPSS 统计分析功能的其他相关书籍。

三、R 练习

与 Excel、SPSS 一起,本书将从下一章开始正式使用统计分析编程语言 R 进行统计分析。在此之前,为了正确使用 R 语言,需要简单地查看一下使用 R 所需的基本设置和使用方法。R 是基于开放源代码的免费软件,与为了执行特定功能而制作的收费软件 Excel 和 SPSS 不同,是为了体现统计分析的多种功能而开发的编程语言。自 20 世纪 90 年代初被开发出来后,R 一直被部分统计学专家所青睐,一开始也是作为专家使用的特别方法,一般人很难掌握。但近十年来,随着信息技术的发展、高级应用程序使用者的增加以及编程语言教育的普及,R 的关注度急剧增长。特别是,随着近些年产业界对大数据分析的高度关注,R 的热度更是爆发性地增加。R 语言以开放源代码的特点为基础,拥有适用最新统计分析技术的程序包,用户群体正在急剧扩大。虽然具有出色的扩展性和功能灵活性,但从本质上来说,R 语言在使用便利性方面,大众化仍然存在很多困难。如今,随着产业需求和使用者的 IT 活动力的增加,可以预期 R 用户会逐渐增加。

免费版本的 R 语言软件在如图 10-34 所示的 R 官方网站(www.r-project.org)或者如图 10-35 所示的 R 官方综合档案网(cran.r-project.org)上可直接下载安装,用户可根据目前使用的电脑操作系统,选择适当的版本进行下载,如 Windows 用户应选择"Download R for Windows"。

下载安装文件后,运行该安装文件,点击适当选项进行安装,安装完成后运行 R 程序,会出现如图 10-36 所示的画面。

R 程序与其说是"程序",不如说是使用统计分析编程语言 R 向电脑或操作系统传达命令的翻译器(Interpreter),即是说,将 R 语言通过 R 程序向"电脑"传达特别命令,通过 R 程序传达命令结果的结构。这时传达命令并接受传达结果的窗口就是"R Console"。比如,在

The R Project for Statistical Computing

[Home]

Download

CRAN

R Project

About R
Logo
Contributors
What's New?
Reporting Bugs
Conferences
Search
Get Involved: Mailing Lists
Developer Pages
R Blog

R Foundation

Foundation
Board
Members
Donors
Donate

Help With R

Getting Help

Documentation

Manuals
FAQs
The R Journal
Books
Certification
Other

Links

Bioconductor
R-Forge
R-Hub
GSoC

Getting Started

R is a free software environment for statistical computing and graphics. It compiles and runs on a wide variety of UNIX platforms, Windows and MacOS. To **download R**, please choose your preferred CRAN mirror.

If you have questions about R like how to download and install the software, or what the license terms are, please read our answers to frequently asked questions before you send an email.

News

- **R version 4.0.5 (Shake and Throw)** has been released on 2021-03-31.
- Thanks to the organisers of useRI 2020 for a successful online conference. Recorded tutorials and talks from the conference are available on the R Consortium YouTube channel.
- **R version 3.6.3 (Holding the Windsock)** was released on 2020-02-29.
- You can support the R Foundation with a renewable subscription as a supporting member

News via Twitter

News from the R Foundation

图 10-34　R 官方网站(https://www.r-project.org/)

CRAN
Mirrors
What's new?
Task Views
Search

About R
R Homepage
The R Journal

Software
R Sources
R Binaries
Packages
Other

Documentation
Manuals
FAQs
Contributed

The Comprehensive R Archive Network

Download and Install R

Precompiled binary distributions of the base system and contributed packages, **Windows and Mac** users most likely want one of these versions of R:

- Download R for Linux
- Download R for (Mac) OS X
- Download R for Windows

R is part of many Linux distributions, you should check with your Linux package management system in addition to the link above.

Source Code for all Platforms

Windows and Mac users most likely want to download the precompiled binaries listed in the upper box, not the source code. The sources have to be compiled before you can use them. If you do not know what this means, you probably do not want to do it!

- The latest release (2021-03-31, Shake and Throw) R-4.0.5.tar.gz, read what's new in the latest version.
- Sources of R alpha and beta releases (daily snapshots, created only in time periods before a planned release).
- Daily snapshots of current patched and development versions are available here. Please read about new features and bug fixes before filing corresponding feature requests or bug reports.
- Source code of older versions of R is available here.
- Contributed extension packages

Questions About R

- If you have questions about R like how to download and install the software, or what the license terms are, please read our answers to frequently asked questions before you send an email.

图 10-35　R 官方综合档案网 CRAN(https://cran.r-project.org/)

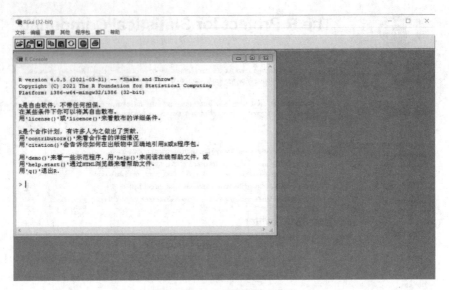

图 10-36　R 程序输入界面

"R Console"窗口中输入"library(MASS)"的指令，"R Console"会传达给"电脑"进行指定的操作。"library(MASS)"指令是为了使用聚集多种数学功能的集合（程序包）而做准备的命令，是呼叫数学程序包的命令函数。所以当这个指令传达给"R Console"，"R Console"就会准备可以使用"MASS"这个软件。类似的"data()"命令是显示现在可用的示例数据的命令。按照该命令会弹出"R data sets"的新窗口，显示现在可用的多种示例数据，如图 10-37 所示。

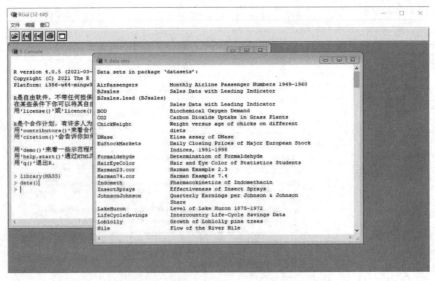

图 10-37　R Console 和 R data sets 示例画面

比如想要使用"MASS"程序包中的"Cars 93"。在"R data sets"中确认"Cars 93"数据信息的话，说明为"Data from 93 Cars on Sale in the USA in 1993"，可以知道是什么数据。如果实行"data(Cars 93)"，"R Console"将准备可以使用"Cars 93"数据。"head(Cars

93）"命令显示 Cars93 数据中的前一部分。如图 10-38 所示实行"head（Cars 93）"的话，Cars93 数据中可以确认有"Manufacturer"（汽车制造商）、"Model"（车型）、"Type"（车辆种类）、"Min.Price"（最低价格）、"Price"（平均价格）等信息或变量。

```
R Console                                          □ ▣ ✕

> data(Cars93)
> head(Cars93)
  Manufacturer    Model     Type Min.Price Price Max.Price MPG.city
1        Acura  Integra    Small      12.9  15.9      18.8       25
2        Acura   Legend  Midsize      29.2  33.9      38.7       18
3         Audi       90  Compact      25.9  29.1      32.3       20
4         Audi      100  Midsize      30.8  37.7      44.6       19
5          BMW     535i  Midsize      23.7  30.0      36.2       22
6        Buick  Century  Midsize      14.2  15.7      17.3       22
  MPG.highway              AirBags DriveTrain Cylinders EngineSize Horsepower
1          31                 None      Front         4        1.8        140
2          25   Driver & Passenger      Front         6        3.2        200
3          26          Driver only      Front         6        2.8        172
4          26   Driver & Passenger      Front         6        2.8        172
5          30          Driver only       Rear         4        3.5        208
6          31          Driver only      Front         4        2.2        110
   RPM Rev.per.mile Man.trans.avail Fuel.tank.capacity Passengers Length
1 6300         2890             Yes               13.2          5    177
2 5500         2335             Yes               18.0          5    195
3 5500         2280             Yes               16.9          5    180
4 5500         2535             Yes               21.1          6    193
5 5700         2545             Yes               21.1          4    186
6 5200         2565              No               16.4          6    189
```

图 10-38 样品数据使用示例画面

想了解"Cars 93"更详细的说明的话，执行"？Cars 93"命令即可。在这里"？"是请求帮助的命令语。例如，如果想准确地知道统计分析方法"t.test"的使用方法，那么如图 10-39所示使用"？t.test"的命令，可以进一步确认"t.test"的使用方法，如图 10-40 所示。

虽然可以在"R Console"中直接输入数据，但与 SPSS 相似，比较偏向首先在方便使用者和程序有用性相对较好的 Excel 中输入数据并将其在"R Console"中导入并进行统计分析的方式。在 Excel 中输入数据的方式与在 SPSS 中类似，列指变量，行指个案。但在使用 R 的数据时，最合适的文件格式是"CSV（Comma Separated Value）"，在 Excel 输入数据后，在"另存为"中选择保存文件形式为".csv"，并进行保存如图 10-41 所示。在本例子中，将数据输入文件保存为"sampledata.csv"。

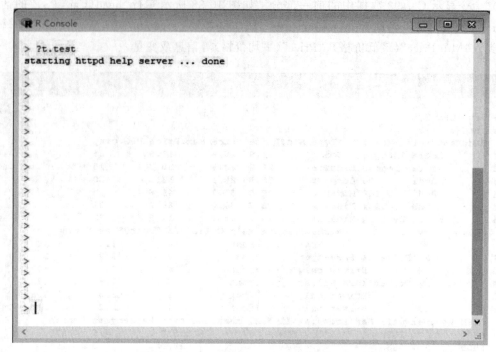

图 10-39 "t.test"帮助(?)应用示例画面(1)

t.test {stats}   R Documentation

Student's t-Test

Description

Performs one and two sample t-tests on vectors of data.

Usage

```
t.test(x, ...)

## Default S3 method:
t.test(x, y = NULL,
       alternative = c("two.sided", "less", "greater"),
       mu = 0, paired = FALSE, var.equal = FALSE,
       conf.level = 0.95, ...)

## S3 method for class 'formula'
t.test(formula, data, subset, na.action, ...)
```

Arguments

x
        a (non-empty) numeric vector of data values.

y
        an optional (non-empty) numeric vector of data values.

alternative
        a character string specifying the alternative hypothesis, must be one of "two.sided" (default), "greater" or "less". You can specify just the initial letter.

mu
        a number indicating the true value of the mean (or difference in means if you are performing a two sample test).

paired
        a logical indicating whether you want a paired t-test.

var.equal
        a logical variable indicating whether to treat the two variances as being equal. If TRUE then the pooled variance is used to estimate the variance otherwise the Welch (or Satterthwaite) approximation to the degrees of freedom is used.

conf.level
        confidence level of the interval.

图 10-40 "t.test"帮助(?)应用示例画面(2)

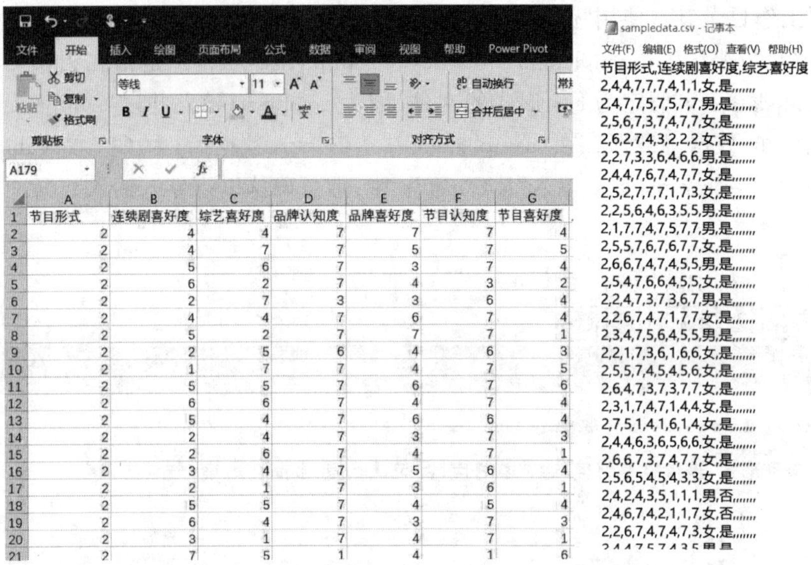

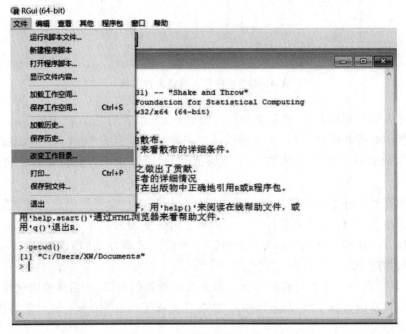

图 10-41　将.xls(.xlsx)文件转换为 csv 格式示例

　　保存为输入数据".csv"形式后,R 程序为了导入该数据文件,必须将保存该文件的目录/文件夹设置成"工作目录"。为此,需要使用如图 10-42 所示的"改变工作目录"菜单,将保存输入数据文件的位置先设置成"工作目录"。用"getwd()"函数可以确认"工作目录"是否设置好。没有正确设置"工作目录"时,在执行导入数据文件命令时,会遇到"No such file or directory"一样的错误。

图 10-42　设置"工作目录"示例

设置"工作目录"后,使用"read.csv()"功能,可以将实际 CSV 文件的数据导入"R Con-sole"。图 10-43 例子中,"sampledata＝read.csv("sampledata.csv")"是指在目前"工作目录"中,将"sampledata.csv"假定为 csv 形式的文件(因为 read.csv)导入并以"sampledata"名来保存。所以导入的数据将被保存在"sampledata"中。在导入数据后,为了查看"sampledata"的具体数据内容,将"sampledata"输入"R Console"中,即可确认以下导入输入数据。

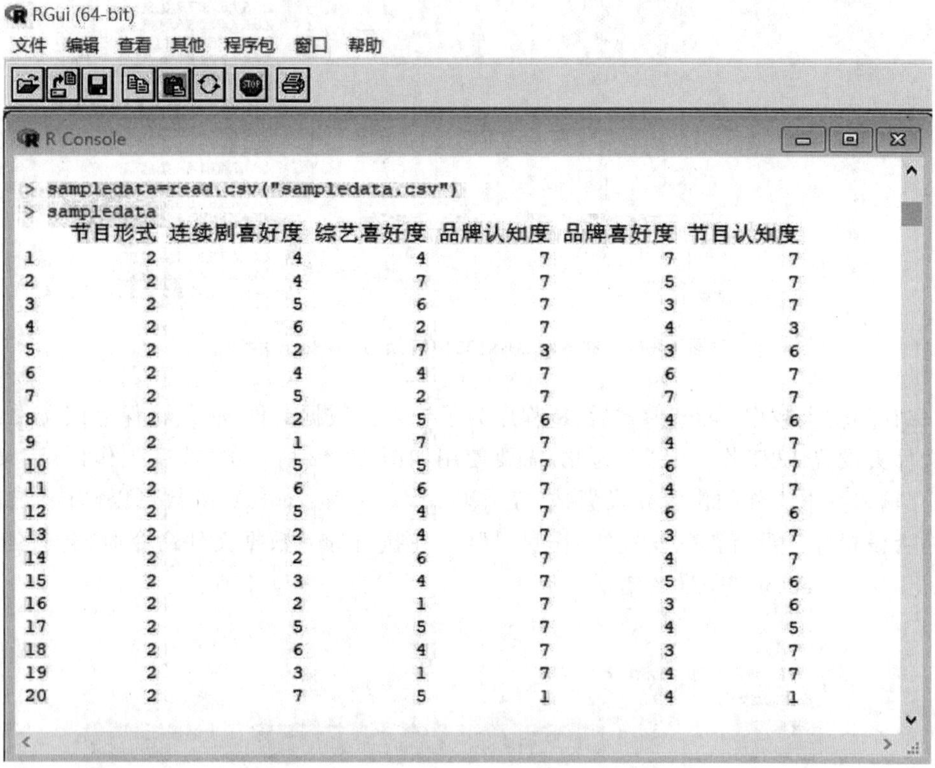

图 10-43 R 中导入数据文件示例

确认导入的数据后,为了确认数据的详细结构,可以使用"str()"函数。str 函数可以确认该数据中有哪些变量、有几个变量以及变量的种类。运行"str(sampledata)"后如图 10-44 所示,数据中有 18 个变量、177 个观测值,同时可以确认各变量是数字型还是字符串型。

R 的最重要的好处是很容易使用多种统计分析功能。为了利用这一点,需要将多种统计分析程序包/库设置在 R 程序中。下面来了解一下如何在 R 程序中安装想要的统计分析程序包/库,比如想使用"aqp"的统计库,首先应在 R 程序的"程序包"菜单中选择"安装程序包",如图 10-45 所示。

之后,会弹出一个设置下载程序包的国家或服务器的窗口,然后再弹出选择要安装程序包的窗口。本例选择了"China(Beijing 2)",并选择了"aqp"作为安装对象的程序包,如图 10-46 所示。

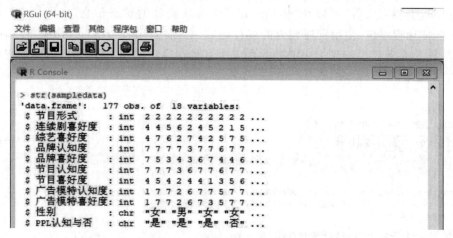

图 10-44 确认数据的结构示例

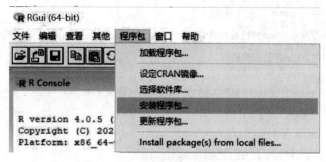

图 10-45 安装程序包/库(1)

图 10-46 安装程序包/库(2)

程序包安装完成后，可以在"R Console"中确认安装的状态信息，如图 10-47 所示。为了实际使用程序包，使用程序包内的多种函数，必须用"library(aqp)"命令将该程序包（"aqp"）导入 R 程序。除了 R 程序提供的几个基础程序包外，必要时要将需要的程序包/库装入 R 程序。

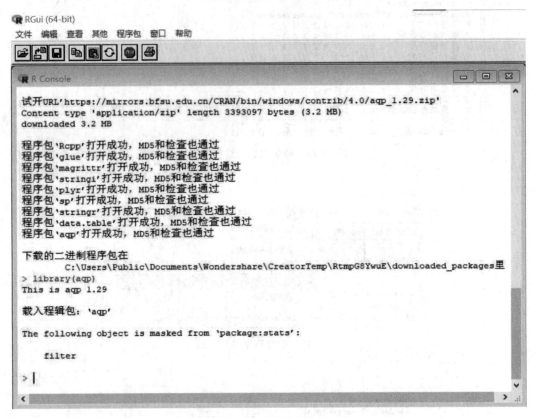

图 10-47　安装程序包/库(3)

到目前为止，我们了解了使用统计分析编程语言 R 所需的最基础的设置和功能。再次提醒，本章所提到的 R 的相关说明只是为了给后续所涉及的统计分析方法做铺垫，只包含了必要的基本说明。如果想更详细地学习 R 语言，请参考其他有关 R 的书籍。

第十一章 数据的提炼及整理

本章内容主要讲解如何对多种形式的数据进行摘要、归纳、整理和审查,在严密复杂的统计分析前,对收集到的数据进行简单但直观的分析,有助于调查者对数据形成基本的了解。代表性的基础分析有描述性统计(包含集中量数和差异量数)和图表分析(包含频数表、直方图、箱图、散点图等)。

第一节 描述统计量

描述性统计的目的在于掌握数据的集中趋势和数据的分散程度。为此使用较多的基本统计量可以分为两种:集中量数(measures of central location)和差异量数(measures of variability)。集中量数是数据分布的中心位置和集中趋势的表现,通常包括平均数、中位数、众数等。差异量数是数据离散趋势的表现,用作判断分散程度的代表性,通常包括四分位数、方差、标准差等。当差异量数数值较低(高)时,代表数据变化程度低(高),集中量数代表该数据的可能性高(低)。

一、集中量数

(一)平均数(mean,average)

最具代表性的描述统计量是平均数。平均数可以测量数据的集中趋势,是使用最多的集中趋势(measure of central tendency)的代表数,适用于以等距尺度和等比尺度测量的数据上。我们一般使用的平均数有算术平均数、几何平均数、调和平均数三个种类。其中,最广泛使用的平均数是算术平均数。算术平均数、几何平均数、调和平均数的计算方式如下:

$$\overline{x} = \frac{x_1 + x_2 + \cdots + x_n}{n}$$

(算术平均数)

比如,5 名体重各 54kg、72kg、65kg、81kg、76kg 的运动员的算术平均数体重为(54+

72+65+81+76)/5=69.6kg；

$$\bar{x} = \left(\prod_{i=1}^{n} x_i\right)^{\frac{1}{n}}$$
（几何平均数）

比如，计算某公司 2021 年各季度增长率 3.9％、3.4％、3.3％、2.7％的几何平均数增长率是$[(0.039×0.034×0.033×0.027)]^{\frac{1}{4}}=0.0330(3.3％)$；

$$\bar{x} = n \cdot \left(\sum_{i=1}^{n} \frac{1}{x_i}\right)^{-1}$$
（调和平均数）

比如，30 km/h、40 km/h、50 km/h 的调和平均数是$\dfrac{3}{\dfrac{1}{30}+\dfrac{1}{40}+\dfrac{1}{50}}=38.30\text{km/h}$。

(二)中位数(median)

中位数也可以作为集中趋势的代表数。中位数指将数据按大小排列时，位于最中间的数。如果数据的数量为偶数，有两个观测值在中间时，将这两个数的平均数取为中位数。

比如，5 名运动员体重为 54kg、72kg、65kg、81kg、76kg，按大小排列为 54kg、65kg、72kg、76kg、81kg 时，位置在中位的 72kg 为中位数。

因为平均数反映了所有观测数的值的集中趋势，所以会受到极端值的影响（过小或过大数），但是中位数是以排列为基础的集中趋势的代表数，较少受到极端值的影响。

(三)众数(mode)

众数指数据中数量最多的观测值。众数可以是两个以上的观测值，当频数对于数据来讲有重要意义，众数是恰当的集中量数。

通常众数指概率分布上的最大数。当数据分布对称时，平均数、中位数、众数相同；当数据分布不对称时，平均数是指数据值乘概率之和、中位数是指数据频数的中位、众数是指频数最高的观测值。三种集中量数的比较如图 11-1 所示。

二、差异量数

(一)四分位数(quartile)

将数据按大小顺序排列时，四分位数是指将数据四等分后临界点上的值，在 25％、50％、75％、100％位置的观测值分别称为第 1 四分位数、第 2 四分位数、第 3 四分位数、第 4 四分位数。第 2 四分位数和中位数相同。第 3 四分位数和第 1 四分位数的差距称为四分位距(interquartile range)，用于衡量一组数据的差异程度，比起标准差更少受极端值影响。四分位距大，说明数据比较分散；四分位距小，则说明数据比较集中。

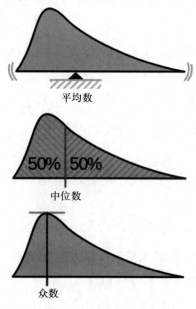

平均数

50% 50%

中位数

众数

图 11-1 集中量数的比较

(二)方差(variance)和标准差(standard deviation)

方差和标准差是数据离散程度的表现,被广泛地用于衡量数据分布。方差是以数据的观测值和平均值之差的平方的平均数来计算的,用于衡量数据离均值多远,从而代表数据的离散程度。

总体的方差:方差(σ^2)是总体平均数(μ)和观测值(x_i)差的平方的平均数(N:总体大小)。标准差(σ)是方差的平方根,用于数据之间的比较(同一单位的使用)。

$$\sigma^2 = \frac{1}{N}\sum_{i=1}^{N}(x_i - \mu)^2$$

(总体的方差)

$$\mu = \frac{1}{N}\sum_{i=1}^{N}x_i$$

(总体的均值)

样本方差(sample variance,S^2)的推测比总体的方差推测稍微复杂一些。直接调查数据的总体情况是极为罕见的,数据调查者一般都是从总体抽取样本进行调查,以样本方差为基础,推测总体的方差。

若我们按照如下的计算方式,估计总体方差,结果将是有偏的样本方差(biased sample variance),

$$\sigma_Y^2 = \frac{1}{n}\sum_{i=1}^{n}(Y_i - \overline{Y})^2 = \left(\frac{1}{n}\sum_{i=1}^{n}Y_i^2\right) - \overline{Y}^2 = \frac{1}{n^2}\sum_{i,j:i<j}(Y_i - Y_j)^2$$

(有偏的样本方差)

因为用该方法计算得出的总体样本估计值为总体方差的 $(n-1)/n$。具体推算过程为：

$$E(\sigma_Y^2) = E\left[\frac{1}{n}\sum_{i=1}^{n}\left(Y_i - \frac{1}{n}\sum_{j=1}^{n}Y_j\right)^2\right]$$

$$= \frac{1}{n}\sum_{i=1}^{n}E\left(Y_i^2 - \frac{2}{n}Y_i\sum_{j=1}^{n}Y_j + \frac{1}{n^2}\sum_{j=1}^{n}Y_j\sum_{k=1}^{n}Y_k\right)$$

$$= \frac{1}{n}\sum_{i=1}^{n}\left[\frac{n-2}{n}E(Y_i^2) - \frac{2}{n}\sum_{j\neq i}E(Y_iY_j) + \frac{1}{n^2}\sum_{j=1}^{n}\sum_{k\neq j}^{n}E(Y_jY_k) + \frac{1}{n^2}\sum_{j=1}^{n}E(Y_j^2)\right]$$

$$= \frac{1}{n}\sum_{i=1}^{n}\left[\frac{n-2}{n}(\sigma^2+\mu^2) - \frac{2}{n}(n-1)\mu^2 + \frac{1}{n^2}n(n-1)\mu^2 + \frac{1}{n}(\sigma^2+\mu^2)\right]$$

$$= \frac{n-1}{n}\sigma^2$$

因此，为了修正这一偏差，得到无偏的样本方差（unbiased sample variance），对总体方差进行无偏估计，样本方差的计算方式为：

$$s^2 = \frac{n}{n-1}\sigma_y^2 = \frac{n}{n-1}\left[\frac{1}{n}\sum_{i=1}^{n}(y_i-\bar{y})^2\right] = \frac{1}{n-1}\sum_{i=1}^{n}(y_i-\bar{y})^2$$

（样本方差）

例如 5 个样本体重分别为 54kg、72kg、65kg、81kg、76kg 时，平均数为 69.6kg。

总体的方差是 $\dfrac{(54-69.6)^2+(72-69.6)^2+(65-69.6)^2+(81-69.6)^2+(76-69.6)^2}{5}=$ 88.24kg^2，而标准差为 9.39kg。

样本的方差是 $\dfrac{(54-69.6)^2+(72-69.6)^2+(65-69.6)^2+(81-69.6)^2+(76-69.6)^2}{4}=$ 110.3kg^2，而标准差为 10.50kg。

我们一般将方差和标准差用于比较数据组之间的离散程度的差异，而非用其绝对值衡量单组数据的离散程度。例如数据 A 的标准差为 9.39kg 时，数据 A 的差异性很难判断，但是与此相比，类似形式的数据 B 的标准差为 10.5kg 时，可以说数据 B 的离散程度比数据 A 的离散程度大。

方差和标准差主要用于比较类似形式的数据，特别是单位相同的数据，如果是比较不同形式的数据或不同单位的数据，用比较方差和标准差是不适合的。例如，用方差和标准差比较月收入数据 A 和体重数据 B 的差异性是不合适的。为此可以使用变异系数（coefficient of variation）来比较二者的差异性，变异系数将标准差除以均值，消除了单位的影响。

$$c_v = \frac{\sigma}{\mu}$$

（变异系数）

三、统计分析练习

(一)Excel 练习

Excel 提供计算基础统计量的函数。平均数可以用 AVERAGE() 函数来计算,方差或标准差可以用 STDEV() 函数来计算。但对多个描述统计量的计算效率比较低,所以也可以利用 Excel 提供的统计包来计算描述统计量。

为了在 Excel 进行统计分析,必须激活"数据分析"的附加功能,以计算"品牌喜好度"变量的描述统计量为例:

如图 11-2 所示,先在 Excel 中选择已激活的"数据分析"工具。

图 11-2　选择描述统计法(1)

接着点击"数据分析",如图 11-3 所示,在这里选择"描述统计",选择"确认"。

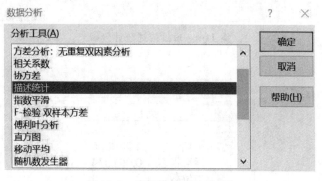

图 11-3　选择描述统计法(2)

弹出如图 11-4 所示的窗口,这个窗口用于设置输入和输出的方式。在这里,"输入区域"是指描述统计的数据范围,本例中由于要计算的描述统计量"品牌喜好度"数据在 E 列 2 行到 177 行,所以输入 ＄E＄2：＄E＄177,或者用鼠标选择该区域。在"输出选项"中,可以选择"新的工作表组"或自定义输出区域。为了计算描述统计量,一般选择"汇总统计",最后选择"确认"。

这时会得到如图 11-5 所示的描述统计量结果。

在总共 176 个样本中,品牌喜好度的平均值为 4.24、标准差为 1.22,除此之外,还可以得到其他多种描述统计量。

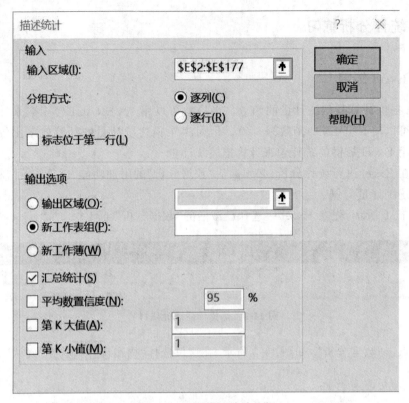

图 11-4　设置描述统计分析

	A	B
1	列1	
2		
3	平均	4.238636
4	标准误差	0.091874
5	中位数	4
6	众数	4
7	标准差	1.218846
8	方差	1.485584
9	峰度	-0.13047
10	偏度	0.930465
11	区域	4
12	最小值	3
13	最大值	7
14	求和	746
15	观测数	176

图 11-5　描述统计分析结果

(二)SPSS 练习

在 SPSS 里计算"品牌喜好度"的描述统计量。首先,按照如图 11-6 所示步骤,在 SPSS 菜单中选择"描述统计"分析。

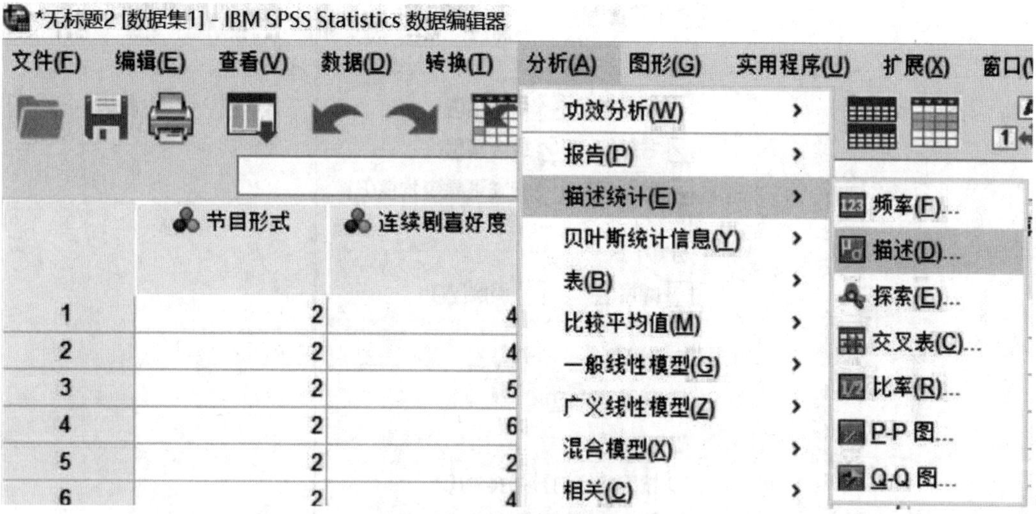

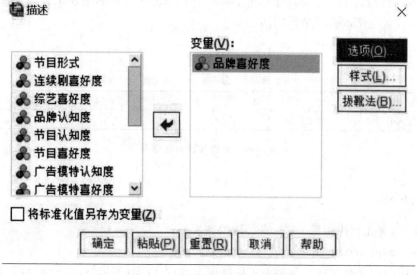

图 11-6 选择描述统计的方法

接着在如图 11-7 所示的描述统计分析窗口中,选择想要进行分析的变量。图例为计算"品牌喜好度"的描述统计,首先选择"品牌喜好度"变量,点击"选项",然后选择与计算相关的描述统计量。

图 11-7 设置描述统计分析(1)

弹出如图 11-8 所示的描述统计量选项窗口,选择想要计算的描述统计量,点击"继续"。

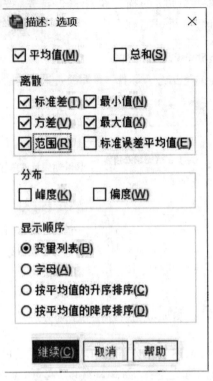

图 11-8　设置描述统计分析(2)

最后,重新回到上一个窗口中选择"确定"。由 SPSS 计算的描述统计量如图 11-9 所示,描述统计量与 Excel 的结果相同。

描述统计

	N	范围	最小值	最大值	平均值	标准差	方差
品牌喜好度	177	4	3	7	4.23	1.219	1.486
有效个案数(成列)	177						

图 11-9　描述统计分析结果

(三)R 练习

在 R 上,首先利用函数 read.csv()读取数据。

```
> sampledata= read.csv("sampledata.csv")
```

使用 head()函数确认数据是否正确读取。如图 11-10 所示,head()函数只对数据的前部分进行选择性输出。

```
> head(sampledata)
```

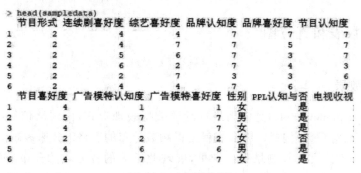

图 11-10　示例数据

确认描述统计量最简单的方法就是利用 summary()函数。如下所示，summary()函数输出最小值、最大值、四分位数。因为"品牌喜好度"变量存在于"sample data"文件的第五列，所以用"sampledata[,5]"来提取计算。

```
> summary(sampledata[,5])
  Min.1st Qu.  Median   Mean  3rd Qu.   Max.
 1.000  3.000   4.000   4.068   5.000   7.000
```

为了获取更多的描述统计量，可以利用函数来计算描述统计量。计算描述统计量的函数有 mean()、median()、var()、sd()、max()、min()、range()、quantle()、fivenum()、length()等。

```
> mean(sampledata[,5])#  所有数值变量的平均数值
> median(sampledata[,5])#  中位数
> var(sampledata[,5])#  方差
> sd(sampledata[,5])#  标准差
> max(sampledata[,5])#  最大值
> min(sampledata[,5])#  最小值
> range(sampledata[,5])#  范围
> quantile(sampledata[,5])#  第 1 四分位数
> quantile(sampledata[,5]),c(.3,.6,.9)#  自定义四分位数
> fivenum(sampledata[,5])#  箱线图元素(最小值、四分位低值、中位数、四分位高值、最
大值)
> length(sampledata[,5])#  指定数据的变量数
```

第二节　使用各种图表查看数据

在正式分析之前，可以先运用描述统计量计算出的平均值或方差等统计量，来对数据的基本分布形式有个大致的了解，为接下来的数据分析提供重要的基础。另外，对各数据的详细特性或数据之间的关系进行大致的分析也是正式调查前的重要步骤，主要使用的方法有频数表、直方图、散点图等。

一、频数表和直方图

(一)频数表

频数表(frequency table)是应用最广泛的数据表现形式,由观察值和频数(度数、次数、绝对频数、相对频数)构成。频数表就是以频数分布的表格形式来表现观测值的分布。

表 11-1 以 7 分尺度来测量得出结果,展现此结果的各分数的分布。第一列是观察值,每个观察值是指 7 分尺度的相应分数,第二列的频数可以确认 1 分是 1 个、2 分是 0 个、3 分是 14 个、4 分是 25 个。第三列表示频数的累计,最后一列表示相对频数,通过频数表我们知道,被选择最多的是 6 分,其次是 5 分,再次是 7 分。

表 11-1　频数表示例

观察值	频数	累计频数	相对频数
1	1	1	0.6%
2	0	1	0.0%
3	14	15	8.2%
4	25	40	14.7%
5	42	82	24.7%
6	52	134	30.6%
7	36	170	21.2%

(二)直方图

直方图(histogram)以频数表为基础,将其以图表形式表现出来,水平轴是观测值、垂直轴是频数。直方图是一种最常用的方法,具备直观性。直方图可以掌握观测值有什么特性,以及数据分布形式如何,比如说数据分布的对称性、偏移程度、极端值以及异常值的存在与否。直方图不需要复杂的数学统计知识,且通常能很容易地运用到决策中,所以在全面正式调查前,一般属于事前分析的程序。

之前的频数表对应的直方图,如图 11-11 所示。

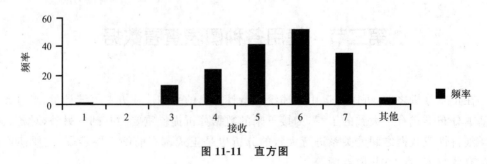

图 11-11　直方图

虽然直方图和频数表起到了简单而重要的作用,但由于过于简单,数据信息会有一定的损失,用于做重要决策时需要格外谨慎,因此,一般仅用于在正式调查前对数据的特性和形式做大致了解。

二、箱图

箱图(box plot)是指将最小值、第 1 四分位数、中位数、第 3 四分位数、最大值以箱图形式简略地表现出来的图。使用箱图,很容易掌握数据的观测值以什么模样分布,以及极端值是否存在。箱图首先以第 1 四分位数和第 3 四分位数为两端画出箱图,箱图里的中位数用加粗黑线表示。将最小值和最大值用水平虚线表示。标出比下四分位数小 1.5 倍的四分位距,以及比上四分位数大 1.5 倍的四分位距,不在这个间距范围内的观测值用星形(*)或圆圈(○)等符号来表示,并将其称为极端值或异常值。示例如图 11-12 所示。

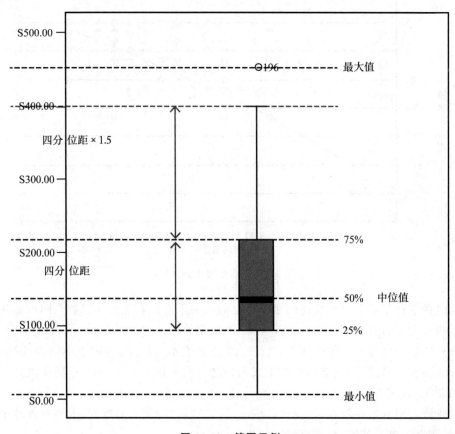

图 11-12 箱图示例

箱图与直方图相比,代表数在图中呈现出来,能更详细地确认分布形式,特别是在需要观测极端值的情况下。

三、散点图

到目前为止,收集到的数据中只有一种变量的特性或分布。但是统计分析是为了了解某种现象的特性或状态,更常见的是通过统计分析掌握或预测两个及以上现象之间的关系。本章对分析两个以上变量之间的关系的方法不做深入讨论,只简略讲解常用的散点图。

散点图(scatter plot)用于收集和分析看似有关联性的变量,并大致观察这些变量互相之间会产生什么样的影响。例如,当好奇某品牌的品牌认知度和顾客喜好度之间有什么关系时,可以通过事前分析,使用散点图进行简单的观测。图 11-13 是展现顾客喜好度和品牌认知度之间关系的散点图。

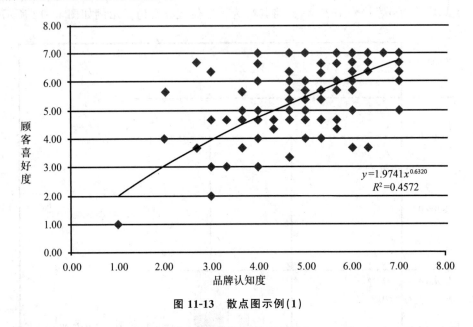

$$y=1.9741x^{0.6320}$$
$$R^2=0.4572$$

图 11-13　散点图示例(1)

通过散点图基本上可以获得两个变量之间的关系形式和强度。以散点图可能掌握的关系形式有三种:正相关关系、负相关关系、不相关关系。

散点图也与之前的其他描述性统计变量、图表表示方法相同,由于不包含统计推断,在解释上需要十分谨慎,只能用于在正式调查之前的大致了解,不能用于确认统计上的关系。如图 11-14 所示。

尽管散点图有这些缺点,但仍可以成为确认变量之间关系的线索,为调查者减少时间和费用,有助于事先掌握两个数据的关系。

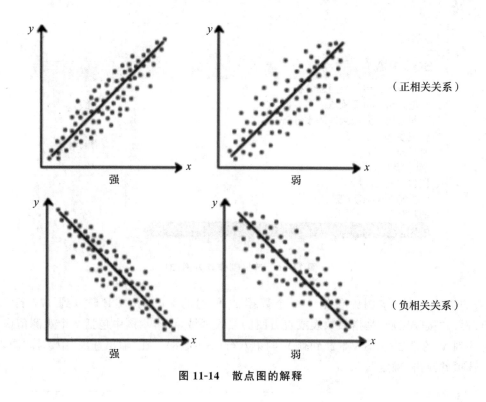

（正相关关系）

（负相关关系）

图 11-14　散点图的解释

四、统计分析练习

（一）Excel 练习

1.制作频数表和直方图

本部分的目的是从之前的示例数据中输出"品牌喜好度"变量的频数表和直方图。为了制作直方图，首先要确定观测值，样本数据中观测值取值范围均在 1～7 分。然后，如图11-15 所示，在 Excel 中选择已激活的"数据分析"工具。

图 11-15　选择制作直方图(1)

选择"数据分析"，就会弹出选择以下分析统计方法的窗口，如图 11-16 所示，在这里选择"直方图"，点击"确定"。

接下来，就会弹出"直方图"的输入窗，如图 11-17 所示。在输入窗中，"输入区域"是

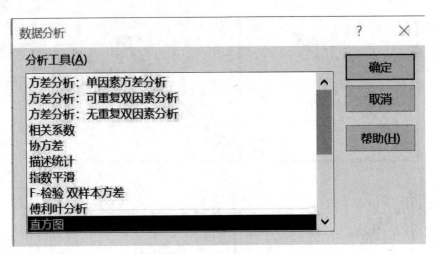

图 11-16 选择制作直方图(2)

调查的数据区域,本例中包括 176 个数据的 E 列的第二行(E2)到 177 行(E171)。"接收区域"是指频数表或直方图的接收区域,在本示例中包括 7 个观测值(1~7分)的列 V 的第二行(V2)到列 V 的第八行(V8)。在"输出选项"中选择"图表输出"选项并点击"确定"。

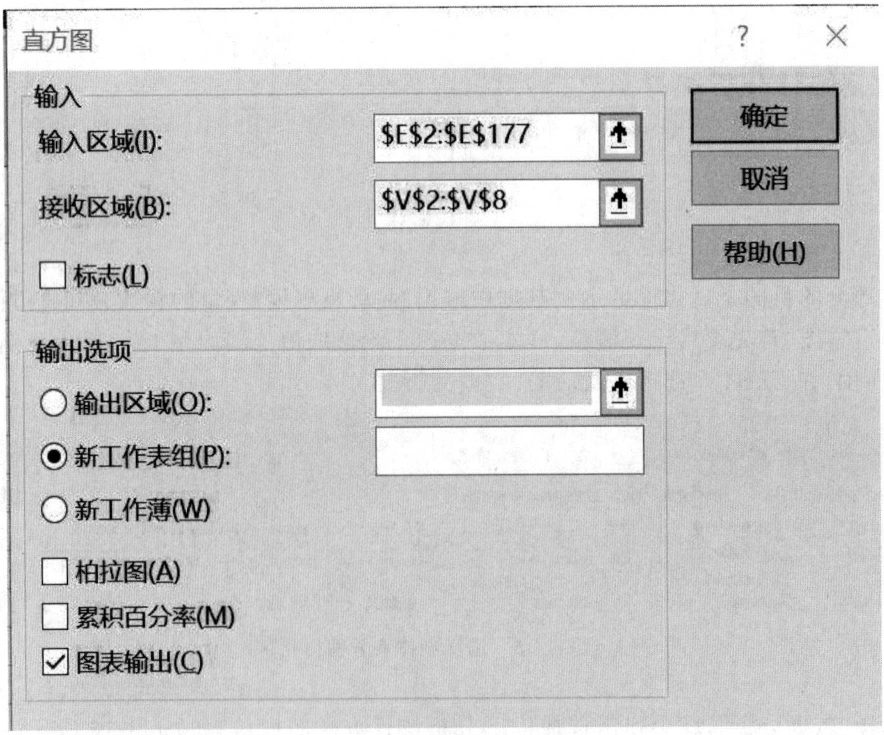

图 11-17 设置制作直方图

如图 11-18 所示,频数表和直方图就会输出到新的工作表上。

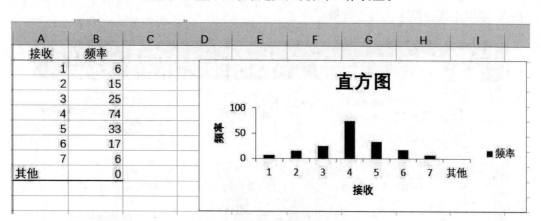

图 11-18 直方图结果

2.制作散点图

在如图 11-19 所示的示例数据中,为了查看"品牌认知度"和"品牌喜好度"变量的关系,制作散点图。

D	E
品牌认知度	品牌喜好度
7	7
7	5
7	3
7	4
3	3
7	6
7	7
6	4
7	4
7	6
7	4
7	6
7	3
7	4
7	5
7	3
7	4
7	3
7	4
1	4

图 11-19 数据的输入

为了制作散点图，如图 11-20 所示，选择"品牌认知度"和"品牌喜好度"的数据列，在"插入"菜单中选择图表工具中的散点图。

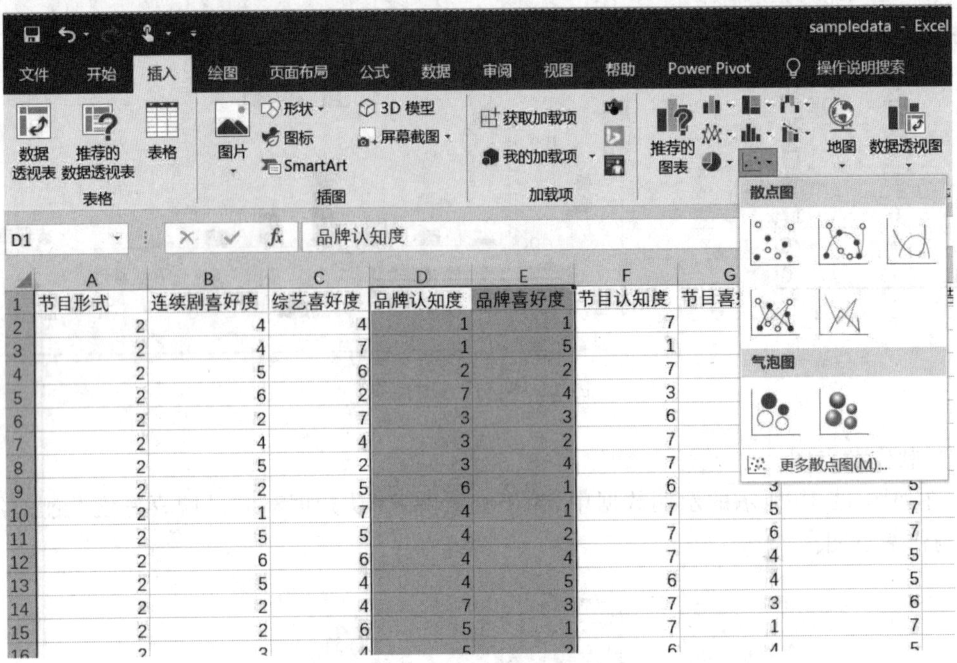

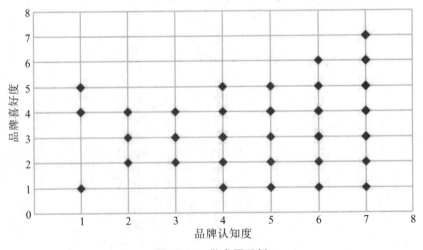

图 11-20　数据的选择及制作散点图

输出如图 11-21 所示的品牌认知度和品牌喜好度之间关系的散点图。

图 11-21　散点图示例

示例数据中由于"品牌认知度"和"品牌喜好度"具有 1～7 的自然数值，因此可能会有很多重复，只有反映重复出现的次数，才能掌握正确的散点或相关关系。但是 Excel 无法表现此要求，只可以更改图表类型及格式（见图 11-22），将图表的形式修改为最合适的形式。

图 11-22 图表类型的选择

(二)SPSS 练习

SPSS 也和 Excel 相似,提供了多种多样的图表布局,即"图表构建器"功能。在 SPSS 中,如图 11-23 所示,点击"图形"选择菜单中的"图表构建器"。

图 11-23 图表构建器

如图 11-24 所示,在弹出的"图表构建器"窗口下方的"图库"中,寻找想要的图表样式并选择后,拖拽该图表样式至"图表预览"区域即可,还可以打印最终图表。

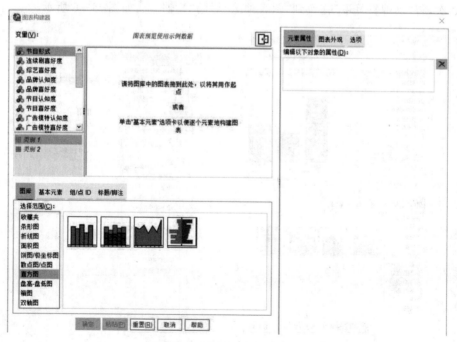

图 11-24 设置制作直方图(1)

1.制作直方图

首先,为了制作"品牌喜好度"的直方图,选择"直方图"图表样式,移动到"图表预览"栏,如图 11-25 所示。

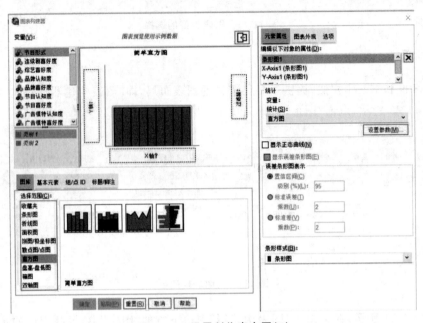

图 11-25　设置制作直方图(2)

其次,将"品牌喜好度"拖曳到"图表预览"栏的"X 轴"上,如图 11-26 所示。

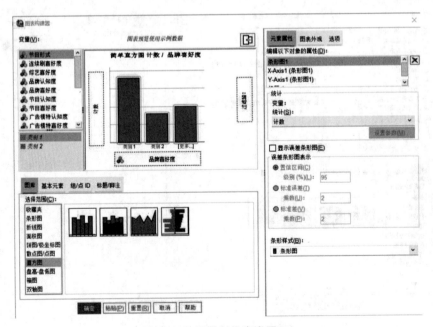

图 11-26　设置制作直方图(3)

选择"确定",SPSS输出窗口会输出如图11-27所示的"品牌喜好度"变量的直方图。

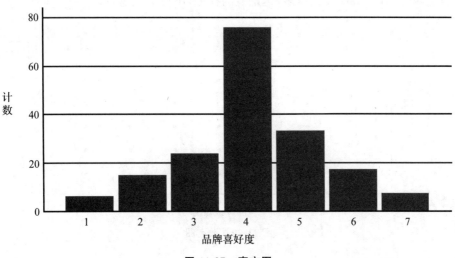

图 11-27　直方图

2.制作散点图

为了确认"品牌喜好度"和"品牌认知度"变量之间的关系,制作散点图。和直方图一样,将"散点图"拖曳到"图表预览"后,"X轴"选择"品牌认知度"变量、"Y轴"则选择"品牌喜好度"变量,然后选择"确定",如图11-28所示。

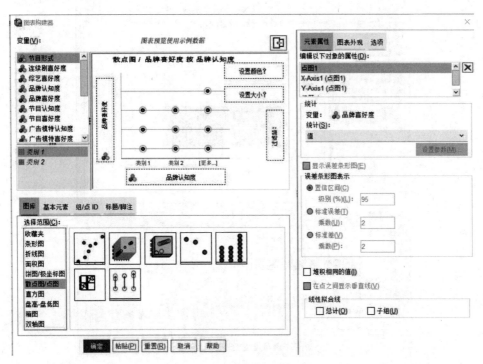

图 11-28　设置绘制散点图

与 Excel 的散点图相似,SPSS 也很难明确地反映重复值。但是,从图 11-29 中可以看出,越是深的标记,出现次数越多,越是浅的标记,出现次数越少。

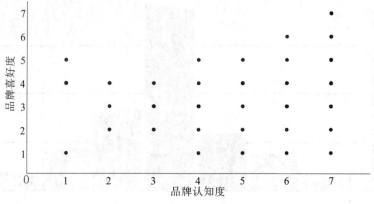

图 11-29　散点图

3.制作箱图

为了解"品牌喜好度"的整体分布形式,可以制作箱图。与之前的直方图和散点图一样,选择"箱图"图表样式中的第三个"1D-框图",移动到"图表预览"窗口。之后将"品牌喜好度"移动到"X 轴",选择"确定"输出箱图,如图 11-30 所示。

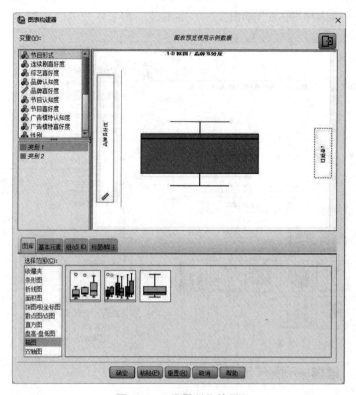

图 11-30　设置制作箱图

输出的箱图如图 11-31 所示。

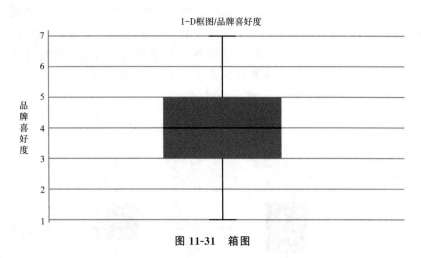

图 11-31 箱图

除了表现全部数据的分布,箱图还可以分组表现不同组的分布。为了比较不同组的分布,选择"箱图"样式中的第一个"简单框图",移动到"图表预览"栏。在"X 轴"中选择"性别"、"Y 轴"中选择"品牌喜好度"后,选择"确定"输出箱图,如图 11-32 所示。

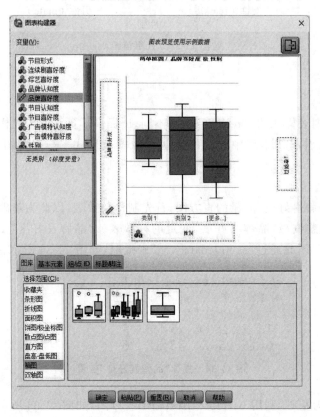

图 11-32 设置制作分组箱图

如图 11-33 所示,输出的箱图有两个,左边的箱图显示了"女性(female)"的"品牌喜好度"的分布,右边的箱图显示了"男性(male)"的"品牌喜好度"的分布。如果将两个分布进行可视化的比较,就可以知道两个分布存在相当大的差异。比如因四分位距和最小值不同,整体分布的形式就不同。当然这些分布的差异需要通过之后的统计来确认。但是箱图模型可以用作预测他们之间差异的重要工具。特别的是,"男性"可以确认 4 个(41、76、96 和 158 号样本)极端值(outlier)的存在。

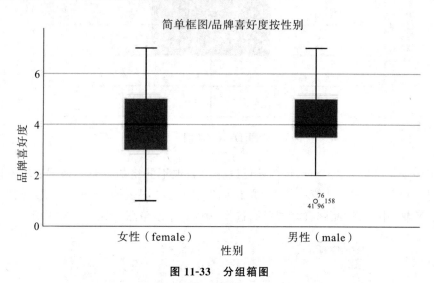

图 11-33　分组箱图

(三)R 练习

与提供有限图表样式的 Excel 和 SPSS 不同,R 提供了更多的图表样式库。在许多种类的图表中,来看看制作本章中涉及的最基本的图表形式——直方图、箱图、散点图的方法。

1.制作直方图

为了制作"品牌喜好度"变量的直方图,首先制作频数表,以此为基础画出直方图。首先使用 table()函数填写"品牌喜好度"变量的频数表。"品牌喜好度"变量存在于"sampledata"的第五列,因此通过"sampledata[,5]"来提取,如图 11-34 所示。

```
> ft=table(sampledata[,5])
> ft

 1  2  3  4  5  6  7
 6 15 25 74 33 17  6
```

图 11-34　提取"品牌喜好度"变量

以该频数表为基础,利用 barplot()函数输出直方图,如图 11-35 所示。

```
> barplot(ft)
```

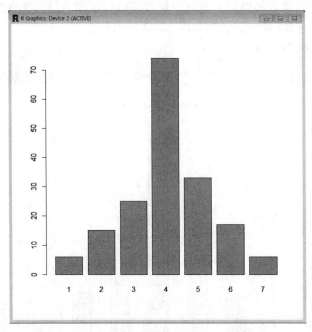

图 11-35　直方图(1)

　　下面利用相对频数制作一个直方图。利用 length()函数计算全部样本数,各频数均除以全部样本数可计算相对频数,然后用 barplot()函数制作直方图,如图 11-36 所示。

```
> barplot(ft/length(sampledata[,5]))
```

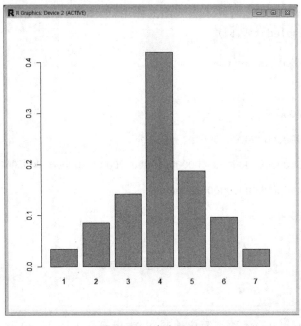

图 11-36　直方图(2)

　　虽然有先制作频数表再以此为基础制作直方图的方法,但是,也有使用 hist()函数简单地制作直方图的方法,输出直方图如图 11-37 所示。

```
> hist(sampledata[,5])
```

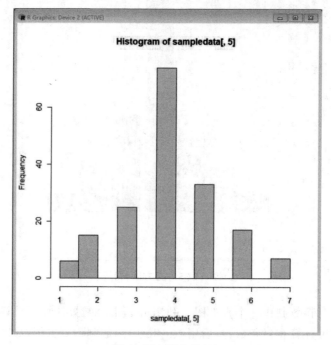

图 11-37　直方图(3)

　　茎叶图表 stem()函数也起到了直方图的作用,如图 11-38 所示。

```
> stem(sampledata[,5])
```

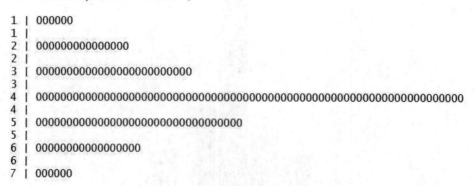

图 11-38　茎叶图示例

2.制作箱图

箱图可以用 boxplot()函数来简单地制作,输出箱图如图 11-39 所示。

```
> boxplot(sampledata[,5])
```

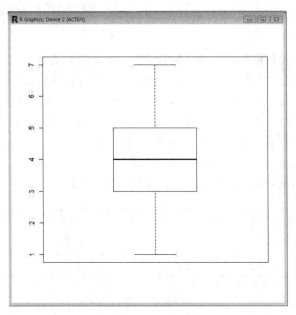

图 11-39　箱图

与之前的 SPSS 示例一样,为了对不同"性别"的"品牌喜好度"的分布进行可视化比较,可以将两个组的箱图一起制作出来,如图 11-40 所示。由于"性别"变量存在于"sampledata"的第 10 列,所以用"sampledata[,10]"来提取"sampledata"数据框架的第 10 列。Y~X 中 Y 是因变量、X 是自变量,"~"符号表示其关系。

```
> boxplot(sampledata[,5] ~ sampledata[,10])
```

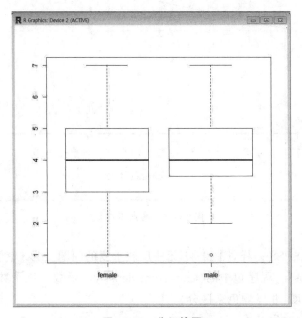

图 11-40　分组箱图

可以获得之前与 SPSS 的箱图相似形式的箱图,对结果的解释也是一样的。

3.制作散点图

为了确认"品牌喜好度"和"品牌认知度"变量之间的关系,可以制作一个散点图来查看。因为"品牌认知度"变量存在于"sampledata"的第 4 列,所以用"sampledata[,4]"来提取"sampledata"数据框架的第 4 列。用 plot()函数先制作出散点图后,利用 abline()函数和 lm()函数来表现两个变量之间的直线关系。同上,Y ～ X 中 Y 是因变量、X 是自变量,"～"符号表示其关系。输出散点图如图 11-41 所示。

```
> plot(sampledata[,4],sampledata[,5])
> abline(lm(sampledata[,5] ~ sampledata[,4]))
```

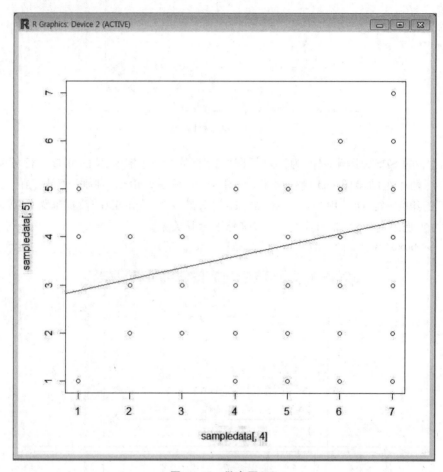

图 11-41　散点图(1)

与用 Excel 和 SPSS 一样,图 11-41 无法反映重复的问题。为了将重复出现的数据表示出来,可以利用 aqfig 程序包中的 scatterplot.density()函数。该函数在制作散点图时,将重复次数视为密度,并以颜色来区分。

```
> library(aqfig)
> scatterplot.density(sampledata[,4],sampledata[,5])
```

输出散点图如图 11-42 所示,散点颜色越深代表密度越高,密度越高代表重复出现次数越多。考虑到密度的散点图相比之前一般的散点图,更明确地展现了两个变量之间的关系。

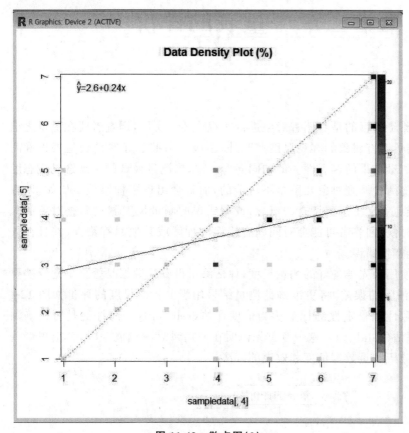

图 11-42 散点图(2)

扫描查看彩图

第十二章　量表的评价

在调查过程中,测量的目的是对调查对象进行客观描述。所以,调查者要在测量之前就注意探索和发展测量调查对象的客观尺度。此外,还应评估准备好的量表是否正确测量了调查对象,确保测量结果的客观性。但如同问卷一样,当测量被试的主观意见或态度等情况时,要完全准确衡量调查对象几乎是不可能的,而且会出现多种错误。比如,调查者在调查计划中错误地定义了想要调查的概念,或用错误的测量尺度测量调查对象的概念。此外,在调查的时候,回答者可能会对问题有错误的理解或其他回答错误,并且在人工编码过程中也可能产生错误。

因此,调查者应使用预先准备好的测量尺度,评估测量得到的数据是否正确地反映要测量的概念,排除可消除的误差,将更准确的测量结果用于分析。尺度的评价如图 12-1 所示,评估结果的一致性和稳定性的标准称为信度评估(reliability),而评估是否精确测量的标准称为效度评估(validity)。这一章首先说明在使用量表测量概念时,会出现哪些错误,并进一步说明分析测量数据信度和效度的方法。

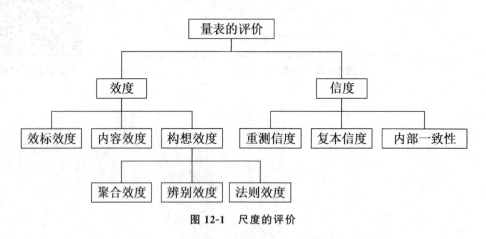

图 12-1　尺度的评价

第一节　误差的种类

通常测量误差(measurement error)是指由调查者自身原因产生或测量过程中产生

的信息误差,在测量的全过程中可以随时发生。为了系统化地表示误差的种类,可以用如下方式分离测量值的组成成分。

概念的测量值=概念的真值+系统的误差+非系统的/概率误差

概念的真值(true score)是测量对象的真值,概念的测量值(observed score)是调查者经过调查过程后,用测量工具测量的值,这两个值的差异称为误差。在这里可以将此误差划分为系统误差(systematic error)和随机/概率误差(random error),两者的差异如图12-2所示。

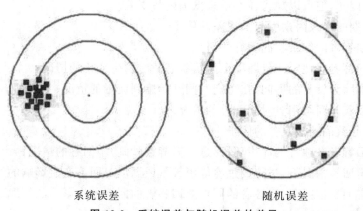

系统误差　　　　　　　　　随机误差

图 12-2　系统误差与随机误差的差异

一、系统误差

系统误差是指一贯地影响测量,具有一定方向性的结构性误差,测量时由影响测量值的稳定因子产生。系统误差的稳定因子是指影响测量值的一贯个人特性、错误的测量问题、问卷本身的缺陷等。系统误差是指可以通过消除结构性误差的产生因子来控制的误差。可以通过开发适合测量对象的测量工具,以减少系统误差、减少随机误差等方式来提高测量结果的效度。

回答者个人特性引起的系统误差的例子:

(1)回答者的知识水平/教育水平不同;

(2)回答者的正面/负面倾向等心理性格不同;

(3)回答者的伦理标准等社会标准不同。

错误的测量问题导致系统误差的例子:

(1)在测量问题上擅自添加新的提问;

(2)在测量问题上擅自删掉一个以上的提问;

(3)在测量问题上擅自变更特定提问。

问卷本身的缺陷导致系统误差的例子:

(1)问卷印刷质量低;

(2)问题存在过多测量题项的情况;

(3)问卷编辑水平不高的情况。

二、随机/概率误差

随机误差或概率误差是由回答者或测量环境的偶然变化和差异产生的测量误差。影响随机误差的偶然因素有:短期的个人因素(比如当时的情绪、健康状况)、环境因素(如受访者的分心程度)、测量工具不清晰、提问过程的管理等。随机误差原因不明,事实上是不可控制的误差因子,但可以加大样本量来抵消随机误差。

回答者短期的个人因素引起的误差的例子:

(1)特定回答者的健康状况不好的情况;

(2)特定回答者在特定测量题项上感情状态暂时发生变化的情况;

(3)回答者因为反复的提问,在特定时间开始感到疲倦的情况;

(4)特定回答时间与用餐时间重叠的情况。

环境因素导致的随机误差的例子:

(1)特定回答者在独特的周边环境(过于安静或吵闹)中回答的情况;

(2)在特定回答情况下,过热或过冷等由天气或温度对回答产生影响的情况;

(3)在特定回答情况下,回答者的同伴对回答者的回答产生影响的情况。

由测量过程中缺乏对提问过程的管理导致随机误差的例子:

(1)提问者的性别、职业、出身地区等有差异的情况;

(2)提问者具有影响测量题项的特性时。

第二节　信度检验

信度是指进行反复测量时,测量结果保持一致的程度。系统误差一贯影响测量,所以不会直接影响信度。但非系统的误差通过偶然的变化形成非连贯性,会对测量的信度产生影响。所以信度可以由随机误差的大小来反映,随机误差较小的情况下,信度会提高。

信度检验一般是对同一概念用同样的测量工具进行测量,通过确认同样的回答出现的次数来衡量,有重测(test-retest)、复本(alternative-forms)、内部一致性(internal consistency)三种方法,最常用的是通过内部一致性来检验。

一、重测信度

重测信度是对同一对象用相同的测量工具,在不同时间点进行反复测试后,比较多次测量结果的方法,如图 12-3 所示。多次测量的测量值之间关系越接近或一致的比率越高,重测信度就越高。重测信度检验非常直观简单,但其实施过程中需要考虑几个重要的事项:第一,重测信度检验受测量时间间隔的影响特别大。在其他条件相同、测量之间时间间隔太长时,长时间内受到各种影响因子影响的概率高,会导致低信度。相反如果时间太短的情况,可以让回答者记住之前测量时的答案,并对重复测量做出同样的回答,此时会以错误的方式提高信度。第二,重测信度检验因为是多次测量的形式,前面的测量有可能影响后面的测量,例如想测量特定产品的品牌知名度,在测量过程中品牌会暴露,所以通常第二次测量相比第一次测量的品牌知名度会上升。第三,重测信度验证有时事实上是不可能的。如果调查观众对新电影的反应,第一次测量观众反应与第二次测量观众反应的结果一定不同。通常重测是在第一次检验 2～4 周以后进行,通过计算两次测量之间的相似程度来检验信度。

图 12-3　测量重测信度示例

二、复本信度

复本信度是指制作两个同等的测量题项,对同一对象在不同时间点分别用不同的测量题项进行测量,计算其相关关系以检验信度,如图 12-4 所示。但是采用该方法时存在着开发同等测量题项的成本问题,会需要相当多的时间和费用。同时,开发同等测量题项本身也是很难的工作,结果常常导致两个测量题项的测量结果相关关系较弱,很难区分是因信度低而出现的结果,还是由于同等的两个测量题项间本身的差异导致的结果。

图 12-4　测量复本信度示例

三、内部一致性信度

内部一致性信度是利用量表中题项的同质性来表示测量的信度,如图 12-5 所示。这里各个测量题项是为了测量概念的整体尺度的各个部分,评价各测量题项之间的一致性,以此评价测量题项的内部一致性。最简单的内部一致性评价方法是折半法(split-half reliability)。折半法是将一份问卷中的问题随机分成两组(通常是问题数目相同的两组),对两组分别单独测量后,计算出这样分割的测量题项的相关关系来评价信度。折半法虽然简单,但是根据不同的分割方法,其结果可能会有所不同。为了解决这个问题,最广泛使用的方法是分析克隆巴赫 Alpha(Cronbach's α)。克隆巴赫 α 能够测量所有可能半分的测量题项集合之间相关关系的均值。如表 12-1 所示,一般而言,如果这个值大于 0.7,就具有内部一致性。通过清除测量题项中相关关系较少的测量题项,可以提高整体问卷的内部一致性。

图 12-5   测量内部一致性信度示例

表 12-1   内部一致性信度评价标准

克隆巴赫 α	内部一致性
$α \geqslant 0.9$	极好
$0.9 > α \geqslant 0.8$	好
$0.8 > α \geqslant 0.7$	可接受
$0.7 > α \geqslant 0.6$	有问题
$0.6 > α \geqslant 0.5$	不好
$0.5 > α$	不可接受

四、统计分析练习

(一)SPSS 练习

SPSS 在统计上提供了确认信度的方法——内部一致性测量方法。可以通过"分析"中的"刻度"菜单进行"可靠性分析",如图 12-6 所示。

点击"可靠性分析",就会弹出选择进行信度分析的测量题项的窗口。本例为了测量"对品牌态度"使用了 4 个题项("对品牌态度 1""对品牌的态度 2""对品牌的态度 3""对品牌的态度 4"),为了测量"对节目态度"的尺度使用了 3 个题项("对节目态度 1""对节目态度 2""对节目态度 3")。其中为了对"对品牌态度"的题项进行信度分析,选择 4 个"对品牌态度"测量题项,并使用移动箭头移动到"项"窗口,如图 12-7 所示。

之后选择"统计"选项,会弹出包含多种信度分析统计量相关选项的窗口。其中简单勾选"题项"和"删除项后的标度"后,点击"继续",如图 12-8 所示。

点击"确定",就可以获得"对品牌态度"量表的信度分析结果,如图 12-9 所示。信度分析结果显示了"克隆巴赫 Alpha"统计量,在本例中是"0.873",以内部一致性信度判断标准为基础,可以判断为"好",即该量表的测量信度得到了确保。

其次,通过追加分析在测量题项中删除特定题项来提高"克隆巴赫 Alpha"值,进而提

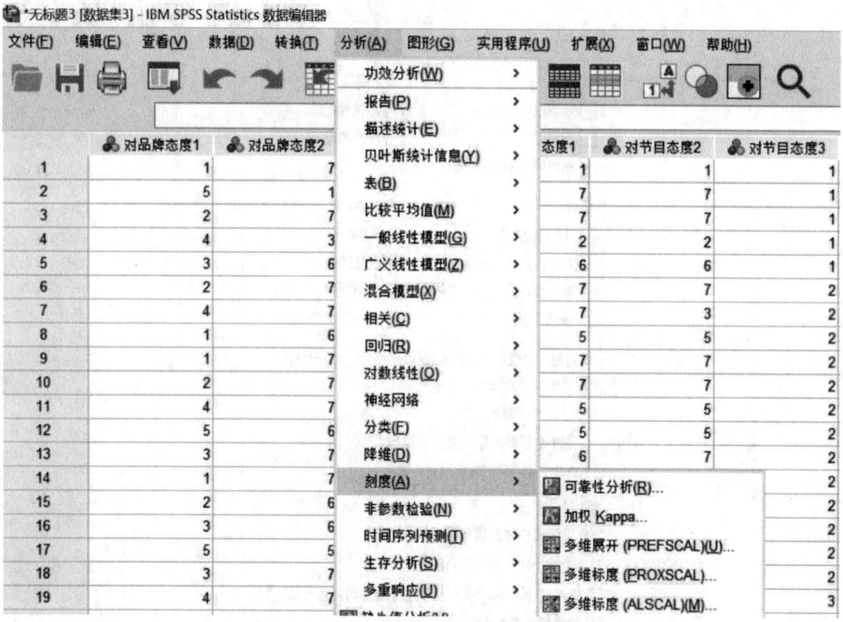

图 12-6　SPSS 中内部一致性信度分析

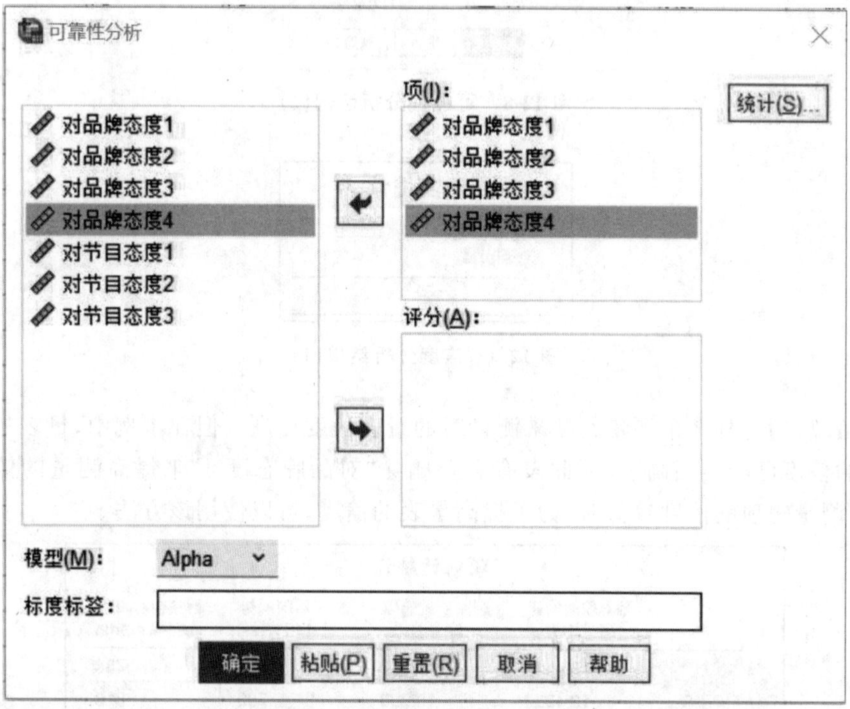

图 12-7　可靠性分析示例(1)

高量表信度的方法也是常见的。如图 12-10 所示，将“对品牌态度”量表的 4 个测量题项分别删除时，如删除“对品牌态度 4”时，“克隆巴赫 Alpha”反而是“0.936”，比起 4 个测量

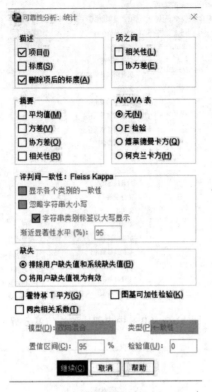

图 12-8　可靠性分析示例(2)

可靠性统计

克隆巴赫 Alpha	项数
.873	4

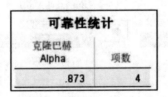

图 12-9　信度分析结果(1)

题项的情况，用另外 3 个测量题项来测量时的量表信度更高。但在本例中，量表的 4 个测量题项的信度已经相当高了，因此没有必要删除“对品牌态度 4”来提高测量的信度。因此，当原测量题项的信度较低时，为了提高量表的信度，可以使用该方法。

项总计统计

	删除项后的标度平均值	删除项后的标度方差	修正后的项与总计相关性	删除项后的克隆巴赫 Alpha
对品牌态度1	13.4615	17.770	.849	.788
对品牌态度2	13.4923	18.298	.788	.813
对品牌态度3	13.3692	17.475	.854	.785
对品牌态度4	12.7308	23.097	.453	.936

图 12-10　信度分析结果(2)

(二)R 练习

R 可以支持多种类型的信度分析。本章演示内部一致性(克隆巴赫 Alpha)信度分析方法。在提供内部一致性分析功能的多种程序库中,可以利用"psych"程序库的"alpha()"函数进行内部一致性信度分析。为了使用"psych"程序库,首先需要安装该程序库,然后用"library"命令来激活"psych"中包括分析量表和测量题项的数据文件,确定了要分析的测量题项后,就以该测量题项为对象,使用"alpha()"函数计算内部一致性统计量(克隆巴赫的 α),确认以下结果如图 12-11 所示。"alpha()"函数的详细使用方法可以用"help(alpha)"或者"? alpha"来了解使用指南。内部一致性信度分析结果与 SPSS 相同。虽然以与 SPSS 相似的形式呈现分析结果,但是"alpha()"函数显示出更详细的统计量计算结果。结果的解释方法和 SPSS 的结果解释相同。

```
> library(psych)
> sampledata2= read.csv("sampledata2.csv")
> alpha(sampledata2[,1:4])
```

```
Reliability analysis
Call: alpha(x = sampledata2[, 1:4])

  raw_alpha std.alpha G6(smc) average_r S/N  ase mean  sd median_r
       0.87      0.87    0.88      0.63 6.7 0.019  4.4 1.4     0.64

    95% confidence boundaries
         lower alpha upper
Feldt     0.83  0.87  0.91
Duhachek  0.84  0.87  0.91

 Reliability if an item is dropped:
         raw_alpha std.alpha G6(smc) average_r  S/N alpha    se var.r med.r
对品牌态度1      0.79      0.78    0.79      0.55  3.6 0.0337 0.080  0.41
对品牌态度2      0.81      0.81    0.81      0.59  4.3 0.0295 0.052  0.51
对品牌态度3      0.79      0.78    0.76      0.55  3.6 0.0335 0.043  0.51
对品牌态度4      0.94      0.94    0.91      0.83 14.5 0.0099 0.003  0.85

 Item statistics
           n raw.r std.r r.cor r.drop mean  sd
对品牌态度1 130  0.92  0.92  0.90   0.85  4.2 1.7
对品牌态度2 130  0.89  0.88  0.87   0.79  4.2 1.7
对品牌态度3 130  0.93  0.92  0.93   0.85  4.3 1.7
对品牌态度4 130  0.66  0.67  0.48   0.45  5.0 1.6

Non missing response frequency for each item
              1    2    3    4    5    6    7 miss
对品牌态度1 0.04 0.13 0.19 0.24 0.12 0.16 0.12    0
对品牌态度2 0.04 0.15 0.16 0.25 0.13 0.14 0.12    0
对品牌态度3 0.04 0.15 0.13 0.25 0.16 0.14 0.14    0
对品牌态度4 0.02 0.04 0.15 0.22 0.15 0.18 0.24    0
> |
```

图 12-11 R 中内部一致性信度分析示例及结果

第三节 效度检验

信度是指将随机误差最小化,以此来提高构念测量的一致程度。效度是指将系统误差最小化,以此来提高构念测量的准确程度。通常测量的系统误差越小,效度就越高,即如果在测量工具不变的情况下出现很多一贯的系统误差,那么就可以判断其测量值有效度问题。对效度低的量表即使像信度检验一样进行反复测量,也会出现相同的系统误差。效度评价类型大致分为内容效度(content validity)、效标效度(criterion validity)、构念效度(construct validity)三种,其中构念效度又分为聚合效度(convergent validity)、区分效度(discriminant validity)、法则效度(nomological validity),如图 12-12 所示。通常量表只有在上述几种效度评价中都获得好的结果时,才说量表是有效度的。

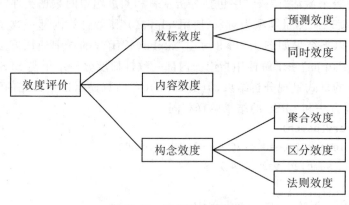

图 12-12　效度评价的分类

一、内容效度

内容效度又被称为表面效度(face validity),是指为了测量某个概念而开发的量表或测量题项,能够反映其想要测量的概念的程度。例如,对汽车消费者的态度进行调查时,可以假设对汽车的态度是由稳定性、经济性、性能、设计四个方面的态度构成的,因此对汽车的态度测量的量表只有全面反映这四个方面的测量指标,才可以说是确保了内容效度。但如果是想测量对汽车的态度,但只使用了以经济性为中心的测量量表,那么对汽车态度的测量尺度就没有反映出该概念的所有方面,所以不能说是具备了内容效度。内容效度通常是由该调查领域专家的主观判断来决定的,所以在开发量表或测量工具时,调查者要请该领域的专家评估所开发的测量题项是否适合所希望测量的概念。内容效度的评价过程可以看作是在调查过程中有效地使用测量工具,使调查者和被调查者对所使用的测量题项或方法达成对内容理解的共识的过程。

二、效标效度

效标效度是选择可评价测量结果的外部标准来评价效度的方法,有预测效度(predictive validity)和同时效度(concurrent validity)两种方法。预测效度是指想要测量的概念与其他概念有多高的相关关系,通过确认实际上会出现多高的相关关系来评价效度。例如,开发出测量一个品牌购买意图的量表后,通过掌握关于实际购买经历的面板数据,将两者相比,确认这两者之间的关系,从而确保预测效度。同时效度是将测量概念的量表所测量的结果与通过测量相似概念的其他尺度测量的结果进行比较,通过两者的相关关系

来评价效度的方法。比如,通过对演员的喜爱度尺度和对该演员出演电影的喜爱度尺度的
相关关系进行比较,以此来评价对演员的喜爱度尺度和对电影的喜爱度尺度的同时效度。

三、构念效度

现实中市场调研的测量对象大部分都是无法直接观察的喜好、态度、形象、认知度等抽
象概念,这些抽象概念是对可观察的具体概念的再定义。构念效度是指量表测量再定义的
抽象概念的精确程度。例如,为了测量消费者的"品牌忠诚度",利用"亲切感""信任感""使
用经验""反复购买"等多个题项进行测量,在这种情况下,需要对"品牌忠诚度"的测量题项
是否真能适当地推论"品牌忠诚度"进行评价。其中,将抽象概念转换为可测量题项的方法
被称为操作性定义,构念效度是指对该操作性定义是否适当进行的评价。如果之前的内容
效度和效标效度是在抽象概念水平上,主要将焦点放在对概念本身的主观评价上进行效
度评价,那么构念效度就是将焦点放在可测量的具体水平(操作性定义水平)上进行评价,
以结构性的方式检验概念的效度。对构念效度进行评价,有聚合效度(convergent validi-
ty)、区分效度(discriminant validity)、法则效度(nomological validity)三种方法。

(一)聚合效度

聚合效度的定义是,利用理论上相关性较高的概念量表获得测量值后,比较两者间的
实际相关程度。测量值的相关关系越高,聚合效度就越高。例如,用"品牌忠诚度"量表的
测量值,与"再购买意图"(理论上与"品牌忠诚度"有很高相关关系)量表的测量值进行相
关分析,如果结果显示相关性很高,就可以判断"品牌忠诚度"具有聚合效度。或者在一个
概念由多层次概念构成的情况下,可以通过确认这些构成概念之间的相关关系来评价聚
合效度。例如,"对汽车的态度"是由稳定性、经济性、性能、设计四个概念构成的多层次概
念,预计这些多层次的测量概念在理论上会与"对汽车的态度"具有很高的相关关系,此时
多层次概念"对汽车的态度"可以看作具有聚合效度。

(二)区分效度

区分效度也叫辨别效度,与聚合效度相反,是利用理论上相关性较低的概念的量表来
比较所测得的两个测量值的相关程度。区分效度与聚合效度相反,测量值的相关关系越
低,则区分效度越高。如果聚合效度是以确认相关概念之间具体测量值的较高相关关系
为目的的话,那么区分效度是以确认有区别的概念之间具体测量值的较低相关关系为目
的。例如,"品牌忠诚度"和不同概念"消费者个性"的每个测量值的相关关系要显示很低,
才能确保"品牌忠诚度"和"消费者个性"的区分效度。

四、信度与效度的关系(见图 12-13)

在理论上,当测量题项完美时(概念的测量值=概念的真值)便具有完美的效度,此时
系统误差和随机误差都是 0,信度同时也能确保完美。如果具有完美的效度,那么也就有

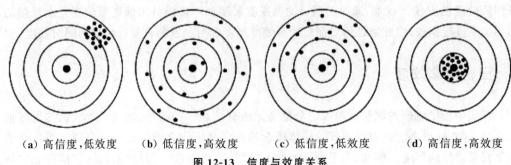

(a) 高信度,低效度　　**(b)** 低信度,高效度　　**(c)** 低信度,低效度　　**(d)** 高信度,高效度

图 12-13　信度与效度关系

完美的信度。但完美的信度并不代表完美的效度,这是因为系统误差会影响效度。

效度是以测量上的系统误差来评价的,系统误差主要发生在定义概念模糊、尺度使用错误等情况下,所以调查负责人对调查领域的理论知识的掌握对效度的影响很大。例如,在进行与"品牌忠诚度"相关的调查时,要先行对"品牌忠诚度"的调查者的理论知识和"品牌忠诚度"的定义进行选择或开发,还要对最适合该概念的问卷量表进行选择或开发,才能确保适当的效度,即与相对客观和可能可量化的信度相比,效度往往依赖于调查者的知识水平和经验。所以为了进行效度测量,调查者必须充分掌握调查领域的知识并对测量方法有深入的理解。一般为了确保效度,比起直接开发特定的量表,更应该利用已经确保效度的经典量表。由于在多个调查或文献中成功使用的量表已经确保了内容效度和效标效度,因此可以利用因子分析等操作确认或检查部分构念效度来进行尺度的效度评价。若要开发新的尺度,则存在着要对效度全部进行评价的困难。

五、统计分析练习

(一)SPSS 练习

SPSS 提供了统计上确认效度的方法——探索性因子分析(explanatory factor analysis)方法。在这里因子(factor)是指对应量表(scale)或变量(variable)的观测值,事实上可以解释为类似的意思。探索因子分析可以在量表或变量测量的效度评价标准中,作为构念效度的聚合效度和区分效度的评价方法来使用。但效度评价与统计上检查随机误差的信度评价不同,不可能用统计方法进行完美的评价。只是以测量题项之间的相关关系为基础,推论测量题项和量表的关系来评价部分效度。效度的评价方法除了探索性因子分析方法以外,还可以使用验证性因子分析(confirmatory factory analysis)方法,利用这些分析方法,可以使用评价聚合效度和区分效度的多种方式。本章主要介绍最基础的测量量表或变量效度的探索性因子分析。

如图 12-14 所示,可以通过"分析"→"降维"→"因子"菜单,进行探索性因子分析。

在 SPSS 中运行探索性因子分析,会弹出选择以下因子分析中包含的测量题项的窗口,如图 12-15 所示。在这个窗口中选择包含在因子分析中的测量题项。通常选择各种量表的全部测量题项进行因子分析。例如,为了判别量表测量题项之间关系以同时确认

图 12-14　SPSS 中探索性因子分析

该量表的聚合效度和辨别效度,应将因变量的测量题项或自变量的测量题项全部包含在一个因子分析中。相反,仅包括各自的量表对应的测量题项进行各自的因子分析时,可以进行对该量表的聚合效度的检查,但不可能进行区分效度的检查。

选择了因子分析中包含的测量题项,那么接下来要选择因子导出的方法。一般选择"提取"→"主成分"的方法,提取因子的标准是使用"特征值(Eigen Value)"大于"1"的提取因子方法,如图 12-16 所示。

选择了提取因子的方法后,继续选择"旋转"显示因子旋转(factor rotation)的方法,因子旋转是指将第一个提取的因子按照一定的标准,由调查者按方便解释的程序调整。就是为了明确显示因子和测量题项之间的关系,让测量题项和因子成为简单的结构,方便查看结果,如图 12-17 所示。

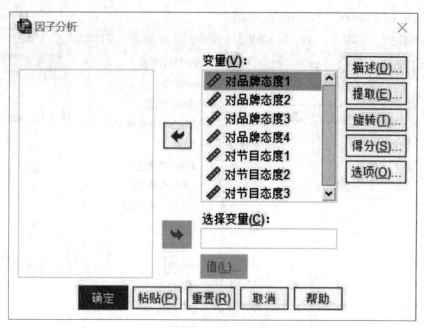

图 12-15　为了分析因子选择测量题项

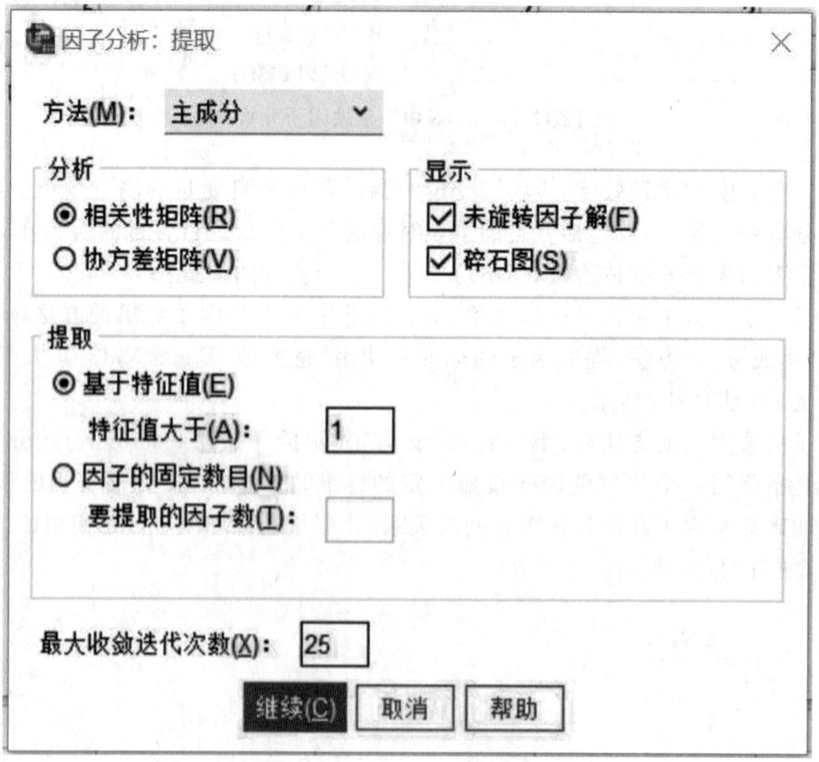

图 12-16　提取因子方法的选择

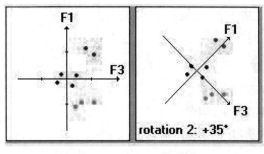

图 12-17　因子旋转原理　　　　　　　　　扫描查看彩图

　　主要使用的因子旋转方法有直角旋转（varimax，最大方差法）和四角旋转（oblique，直接斜交法）。直角旋转是使因子之间的相关系数为 0，维持因子之间的角度为直角并旋转轴的方法。以直角旋转提取的因子是相互独立的，所以解释各因子相对容易。相反，四角旋转是为了因子之间有关系，将因子之间的角度保持在不是直角的不同角度并旋转轴的方法，假设在因子之间有相关关系的情况下使用该方法，因子的解释相对来说会比较难。所以，在不是特殊的情况下，一般会使用直角旋转方法（最大方差法）。因子旋转方法的选择如图 12-18 所示。

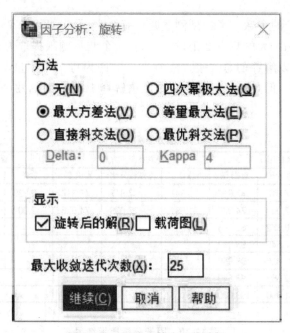

图 12-18　因子旋转方法的选择

　　选择因子旋转方法后，因子分析的所有准备就都结束了。但为了便于对提取的因子进行检验和解释，继续如图 12-19 所示在"选项"窗口中选择"系数显示格式→按大小排序"。选择该选项，SPSS 会按照提取的因子和关系较高的测量题项顺序排列测量题项，因此很容易掌握测量题项之间的关系。

　　在 SPSS 中运行探索性因子分析，显示如图 12-20 所示的分析结果。"总方差解释"可

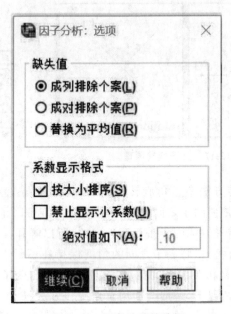

图 12-19　显示选项的选择

以掌握提取的总因子的个数。考虑到测量题项有 7 个,最多可提取 7 个因子,但由于因子提取标准的特征值比 1 大的只有 2 个,故可知将 7 个测量题项提取为 2 个因子是最佳的。另外,这 2 个因子可以解释的总方差大概为 75%。因为将 7 个测量题项缩小为 2 个因子一定会发生信息损失,但是可以判断与 7 个题项解释 100% 相比,用 2 个题项解释 75% 在效率方面更为突出。

总方差解释

成分	初始特征值			提取载荷平方和			旋转载荷平方和		
	总计	方差百分比	累积 %	总计	方差百分比	累积 %	总计	方差百分比	累积 %
1	3.347	47.817	47.817	3.347	47.817	47.817	2.936	41.947	21.365
2	1.891	27.009	74.826	1.891	27.009	74.826	2.302	32.879	74.826
3	.747	10.672	85.498						
4	.528	7.542	93.040						
5	.204	2.920	95.959						
6	.188	2.681	98.640						
7	.095	1.360	100.000						

提取方法:主成分分析法。

图 12-20　因子分析显示结果

最后,通过"旋转后的成分矩阵"确认提取的 2 个因子和各因子的测量题项之间的关系。如图 12-21 所示,"旋转后的成分矩阵"中 1 和 2 表示提取了两个成分(因子),矩阵里的值显示了 7 个测量题项和各成分之间的相关程度,即因子载荷值(factor loading)。例如,测量题项"对品牌态度 1"对成分 1 和成分 2 分别持有".932"和".056"的因子载荷值,可见"对品牌态度 1"测量题项与成分 1 有更高的关系,可知其属于测量成分 1 的题项。

相反,对于"对节目态度 3"的测量题项的情况,对成分 1 持有".223"、对成分 2 持有".906"的因子载荷值,可以判断"对节目态度 3"是属于成分 2 的测量题项。对各个测量题项的各个成分的因子载荷值进行比较,将具有最大因子载荷值的成分判断为该测量题项想要测量的成分。但是,因子载荷值比 0.4 小的题项一般被视为妨碍聚合效度的题项,需要被排除在外。另外,同时在多种成分中具有较高因子载荷值的测量题项,一般被视为妨碍量表区分效度的题项,也要排除。

旋转后的成分矩阵[a]

	成分	
	1	2
对品牌态度1	.932	.056
对品牌态度2	.869	.274
对品牌态度3	.926	.153
对品牌态度4	.630	-.044
对节目态度1	.080	.797
对节目态度2	-.017	.861
对节目态度3	.223	.906

提取方法:主成分分析法。
旋转方法:凯撒正态化最大方差法。

a. 旋转在 3 次迭代后已收敛。

图 12-21 因子分析的结果

对因子载荷值进行检查后,判断"对品牌态度 1""对品牌态度 2""对品牌态度 3""对品牌态度 4"是成分 1 的测量题项,"对节目态度 1""对节目态度 2""对节目态度 3"是成分 2 的测量题项。以各成分的测量题项为基础,将成分 1 命名为"品牌态度",成分 2 命名为"节目态度"。

(二)R 练习

R 支持包括探索性因子分析和验证性因子分析在内的多种类型因子分析。本章介绍基于主成分分析的探索性因子分析。利用之前在信度分析中运用的"psych"程序包的"principal()"函数,可以进行因子分析。使用"psych"程序包的方法,参考之前的信度分析。打开包含要分析量表和测量题项的数据文件(sampledata2=read.csv(sampledata2.csv))后,确定要分析的测量题项,可以以该测量题项为对象使用"principal()"函数确认以下因子分析结果。principal()函数的详细使用方法可以用"help(principal)"或者"? principal"来查看使用指南。在 R 中使用"principal()"函数时,因子分析结果与 SPSS 相同。与SPSS 不同的是要提前定义想要的因子的数字,还有事先定义因子分析的选项(principal(sampledata2,2,rotate="varimax"))。然后会显示如图 12-22 所示的与 SPSS 相似的分析结果。

```
> principal(sampledata2,2,rotate= "varimax")
```

```
Principal Components Analysis
Call: principal(r = sampledata2, nfactors = 2, rotate = "varimax")
Standardized loadings (pattern matrix) based upon correlation matrix
            RC1   RC2   h2   u2  com
对品牌态度1  0.93  0.06  0.87 0.13 1.0
对品牌态度2  0.87  0.28  0.83 0.17 1.2
对品牌态度3  0.93  0.16  0.88 0.12 1.1
对品牌态度4  0.63 -0.04  0.40 0.60 1.0
对节目态度1  0.08  0.80  0.64 0.36 1.0
对节目态度2 -0.02  0.86  0.74 0.26 1.0
对节目态度3  0.22  0.91  0.87 0.13 1.1

                       RC1  RC2
SS loadings            2.93 2.31
Proportion Var         0.42 0.33
Cumulative Var         0.42 0.75
Proportion Explained   0.56 0.44
Cumulative Proportion  0.56 1.00

Mean item complexity =  1.1
Test of the hypothesis that 2 components are sufficient.

The root mean square of the residuals (RMSR) is  0.08
 with the empirical chi square  37.89  with prob <  7.9e-06

Fit based upon off diagonal values = 0.97
> |
```

图 12-22　R 中因子分析结果

第一个题项与之前 SPSS 的"旋转后的成分矩阵"的显示结果相似。RC1 是指成分 1、RC2 是指成分 2。RC1 和 RC2 可以确认因子载荷值,以此为基础可以决定各因子的测量题项。下一个题项与 SPSS 的"总方差解释"表相似。特别是"Cumulative Var"题项的情况,可以确认两个因子的总累计方差为 0.75。其次,虽然 SPSS 以特征值为基准决定了适当因子的数量,但是 R 中"principal()"的函数对适当因子的数量进行假设检验,此例支持该假设,可以确认两个因子合适。也可以变更因子数来决定最佳因子的数量。

第十三章　基于差异的假设检验(1)：两个组及以下

统计推断的过程通常被用作最终决定市场营销意向的重要参考依据,因此为了市场营销决策的成功,严格的统计推断是非常重要的过程。在需要统计推断的各种市场营销情况中,对差异的检验是决定市场营销意向的最基本、最普遍的情况,如确认多个细分市场上顾客的反应差异、决定最优的市场营销活动,以及掌握整个客户群体的一般倾向。

本章将研究最基本的统计推断——基于差异的假设检验的分析方法,以抽样调查的数据为基础,对掌握总体特性的样本进行假设检验。

第一节　对总体的假设检验

为了确认总体的特性,参数假设检验大体上可以分为总体均值的检验和总体比例的检验。单一总体均值的检验适用定比变量或定距变量,单一总体比例的检验使用定序变量和名义变量。

一、对总体均值的统计推断

对总体均值的统计推断可以根据样本的大小通过 Z 检验或 t 检验进行。以单一样本组收集的数据为基础,为了检验总体均值,调查者按照以下步骤进行:

(1)决定总体均值的假设(原假设与备择假设);

(2)计算样本的描述统计量(样本均值、样本方差/标准差);

(3)决定样本分布(正态分布/t 分布)和分析方法(Z 检验/t 检验);

(4)根据分析方法,在原假设正确的假设下,计算适当的检验统计量(Z 值/t 值);

(5)决定接受假设的标准的临界值(例:$z=1.96$)或显著水平(例:$\alpha=0.05$);

(6)比较临界值和检验统计量,或比较显著水平和显著性概率值(p-value)来决定接受假设与否。

根据要检验的假设形态,调查者可以选择双侧检验(two-tailed test)或单侧检验(one-tailed test),如图 13-1 所示。一般没有方向性的假设可以进行双侧检验,有方向性的假设可以进行单侧检验。双侧检验时,假设拒绝域位于双侧,单侧检验时,假设拒绝域位于外部:检验总体均值比特定值大的假设,可以进行右边单侧检验,检验总体的平均值比特定值小的假设,可以进行左边单侧检验。

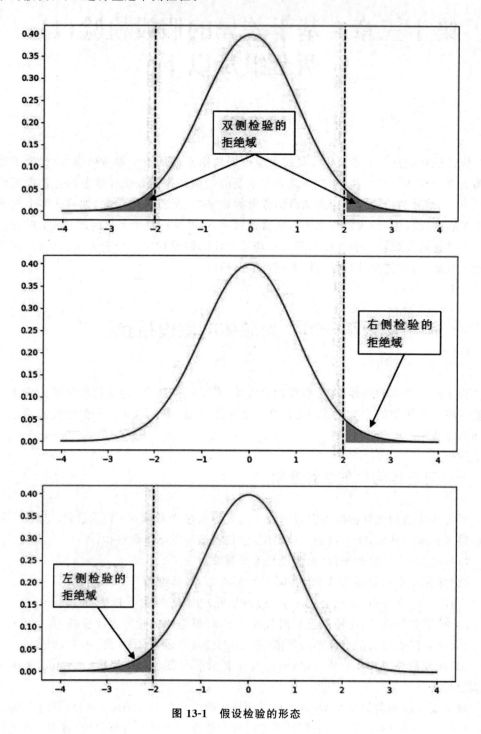

图 13-1　假设检验的形态

在单侧检验时,由于在相同显著水平上与双侧检验相比,假设拒绝域更"宽",可以更容易拒绝原假设,所以降低了统计推断的严格性。例如,Z 检验时,对于 5% 的显著水平,单侧检验的临界值为 1.65,而双侧检验的临界值为 1.96,为了拒绝原假设并接受备择假设所需的检验统计量值(z 值)在双侧检验时需要大于 1.96,单侧检验时只要大于 1.65 即可。为了保证统计推断的严格性,建议进行双侧检验。

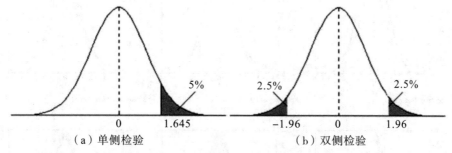

图 13-2　比较双侧检验和单侧检验的拒绝域

为了对总体均值进行统计推断,一般使用 Z 检验或 t 检验两种分析方法。基于中心极限定理,Z 检验将样本分布假设为正态分布,适用于样本量大于 30 的情况。因为样本量足够大,所以使用样本标准差作为近似值,将 Z 值作为检验统计量。但当样本量相对较小而不知道总体的方差(标准差)时,样本标准差不能用来近似估计总体标准差,所以无法得 $i-$ 到正确的正态分布。因此以自由度为 $n-1$ 的 t 分布来近似,用 t 值代替 Z 值当作检验统计量来使用。t 分布是类似于"钟形"的非对称分布,其形状与正态分布非常相似。但是 t 分布与正态分布相比,双侧尾部较厚、中心相对更薄。这是因为在 t 分布时,总体的方差根据样本方差来估计(样本方差比总体的方差大 $n/(n-1)$ 倍)。当样本量变大时,t 分布越来越接近正态分布,当样本大小超过 120 时,两个分布几乎相同。t 分布如图 13-3 所示。

$$\overline{X} = \frac{1}{n} \sum_{i=1}^{n} X_i$$

$$S^2 = \frac{1}{n-1} \sum_{i=1}^{n} (X_i - \overline{X})^2$$

$$Z = \frac{\overline{X} - \mu}{\dfrac{\sigma}{\sqrt{n}}} \approx \frac{\overline{X} - \mu}{\dfrac{S}{\sqrt{n}}}$$

$$\overline{x} = \frac{x_1 + \cdots + x_n}{n},$$

$$s^2 = \frac{1}{n-1} \sum_{i=1}^{n} (x_i - \overline{x})^2$$

$$t = \frac{\overline{x} - \mu}{s/\sqrt{n}}$$

例如,某品牌为了检验市场营销活动后消费者的"品牌忠诚度"是否显著提高,可以用总体均值的检验方法。以 7 点尺度衡量"品牌忠诚度",上个月的标准为 5 分,现在来测量

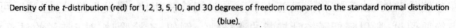

Density of the *t*-distribution (red) for 1, 2, 3, 5, 10, and 30 degrees of freedom compared to the standard normal distribution (blue).
Previous plots shown in green.

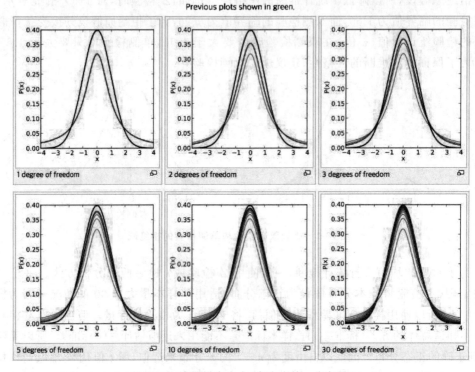

图 13-3　按照样本大小/自由度的 *t* 分布图

本月的情况,并与上个月的"品牌忠诚度"进行比较。抽取 100 人为样本,用多个题项的 7 点量表进行调查,在调查过程中,首先检验了其信度和效度,最后"品牌忠诚度"的描述统计分析结果显示,样本的"品牌忠诚度"均值为 5.5 分,样本标准差为 0.5。

〔统计推断的过程〕

(1)假设的设置

原假设 $H_0 : \mu = 5$。

备择假设 $H_1 : \mu > 5$。

(2)样本的描述统计量

均值($\overline{X}$)=5.5,样本标准差(s)=0.5。

(3)样本分布的决定。

因为样本大小大于 30,所以假设正态分布和 *t* 分布均可。

(4)计算检验统计量

$$Z = (5.5 - 5)/(0.5/10) = 10$$

$$t = (5.5 - 5)/(0.5/10) = 10$$

(5)临界值和显著水平的决定

施行双侧检验

显著水平:0.05,Z 值临界值=1.96,t 值临界值(自由度=99)=1.98(见图 13-4)。

(6)决定接受假设与否

Z 值统计量和 t 值统计量都比 Z 值临界值和 t 值临界值大。

Z 分布显著概率为 0,t 分布显著概率为 0,小于全部显著水平。

检验统计量均在拒绝区域,在显著水平 0.05 中拒绝了原假设,接受了备择假设。

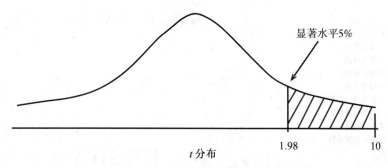

图 13-4 检验统计量与临界值的比较

因此根据统计分析结果(如果其他因素没有变化),在本月多种营销活动之后,消费者的"品牌忠诚度"增加。

二、统计分析练习

(一)使用 SPSS

SPSS 为总体均值的统计推断提供了"单样本 T 检验"功能,可以通过如图 13-5 所示的"分析"→"比较平均值"→"单样本 T 检验"来进行总体的统计推断。

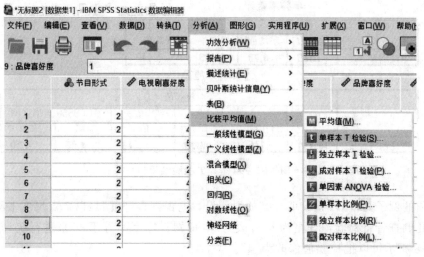

图 13-5 单样本 T 检验

选择"单样本 T 检验",就会弹出如图 13-6 的窗口。与其他分析相似,在左边变量窗口中选择想要分析的变量。之后将想要的检验值输入检验值栏。在这里的检验值为 0,那么该分析的假设是"电视剧喜好度不等于 0"。

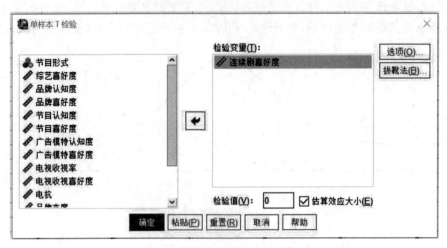

图 13-6 单样本 T 检验示例(1)

单样本 T 检验结果如图 13-7 所示。首先,第一张表格显示基本的描述统计量:个案数为"176"名、"电视剧喜好度"的均值为"4.28"、标准差为"1.488"。第二张表格作为统计推断的检验结果,显示了对"检验值=0",即对假设"电视剧喜好度不等于 0"的统计推断结果。第二张表格有多种统计量相关数值:自由度为 175、t 值为 38.151,显著性概率值(p-val)接近 0,平均值差值为 4.278(4.278−0)。95%置信区间为 4.06 至 4.50,检验值不包括 0。所以在显著水平的 0.05 中,"检验值=0"的原假设可以拒绝,备择假设"电视剧喜好度不等于 0"是可以被接受的。

单样本统计

	个案数	平均值	标准差	标准误差平均值
电视剧喜好度	176	4.28	1.488	.112

单样本检验

	检验值 = 0				
	t	自由度	显著性（双尾）	平均值差值	差值 95% 置信区间
					下限	上限
电视剧喜好度	38.151	175	.000	4.278	4.06	4.50

图 13-7 单样本 T 检验结果(1)

之前的例子是检验"检验值=0"的原假设,"电视剧喜好度"是以 7 点尺度来测量的变量。因此调查者将检验值变更为 4,修改为"电视剧喜好度不等于 4"来进行统计推断时,如图 13-8 所示可以把检验值修改为"4"。

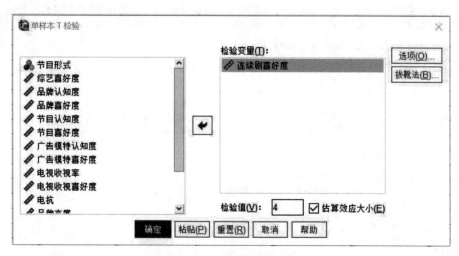

图 13-8　单样本 T 检验示例(2)

将检验值变更为"4"，进行统计推断的结果如图 13-9 所示。首先，t 值比之前在"检验值＝0"的水平下减少了很多、显著性概率为 0.014，较之前有所增加、平均值差值为 0.278（4.278－4）、95％的置信区间为 0.06 到 0.50，依然在显著水平 0.05 中，因此可以判断"电视剧喜好度不等于 4"。

单样本检验

	检验值 = 4					
					差值 95% 置信区间	
	t	自由度	显著性（双尾）	平均值差值	下限	上限
连续剧喜好度	2.483	175	.014	.278	.06	.50

图 13-9　单样本 T 检验结果(2)

(二)使用 R

在 R 中为了对总体的均值进行统计推断，可以使用"t.test()"的函数。正如前一章的例子一样，首先用"read.csv()"函数把"sampledata.csv"文件保存在"sampledata"中。和 SPSS 的例子一样，对"品牌喜好度"变量进行总体的均值检验。因为"品牌喜好度"在顺序上处于"sampledata"的第二列，所以"sampledata[,2]"将成为"品牌喜好度"变量的变量值。对"品牌喜好度"的总体均值的统计推断（检验值＝0）分析结果如图 13-10 所示，与 SPSS 分析结果相同，解释也相同。关于"t.test()"函数的详细事项可通过"help(t.test)"或者"? t.test"来确认。

```
> sampledata= read.csv("sampledata.csv")
> sampledata[,2]
> t.test(sampledata[,2],mu= 0)
```

检验示例如图 13-10 所示。

```
R Console                                                    ─  □  X

> sampledata=read.csv("sampledata.csv")
> sampledata[,2]
  [1] 4 4 5 6 2 4 5 2 1 5 6 5 2 2 3 2 5 6 3 7 4 6 5 4 4 2 4 3 2 2 4 7 5 7 5 4
 [37] 4 4 5 3 4 5 6 4 7 2 4 4 4 5 3 4 4 6 3 5 5 5 6 4 7 4 7 4 4 6 6 3 6 4
 [73] 4 4 4 1 2 3 4 2 6 6 4 4 4 6 2 6 4 3 5 1 6 4 4 3 5 4 6 4 4 7 4 2
[109] 6 4 7 4 5 1 4 2 3 4 4 5 4 5 7 4 4 5 6 6 4 5 4 4 5 3 3 1 4 3 5 4 7 2 6 4
[145] 6 4 3 7 5 6 3 2 6 6 5 6 4 3 5 5 3 7 3 4 5 4 4 4 4 1 6 4 5 5 1 4
> t.test(sampledata[,2],mu=0)

        One Sample t-test

data:  sampledata[, 2]
t = 38.151, df = 175, p-value < 2.2e-16
alternative hypothesis: true mean is not equal to 0
95 percent confidence interval:
 4.057078 4.499740
sample estimates:
mean of x
 4.278409

>
>
>
```

图 13-10　单样本 T 检验示例和结果(1)

检验值不是 0 而是 4 时的结果如图 13-11 所示。

```
R Console                                                    ─  □  X

> t.test(sampledata[,2],mu=4)

        One Sample t-test

data:  sampledata[, 2]
t = 2.4826, df = 175, p-value = 0.01399
alternative hypothesis: true mean is not equal to 4
95 percent confidence interval:
 4.057078 4.499740
sample estimates:
mean of x
 4.278409
```

图 13-11　单样本 T 检验示例和结果(2)

图 13-12 是对总体均值的统计推断，不是以 t 分布为基础的 t 检验，而是以 z 分布为基础进行的 z 检验。因为 R 不直接支持 z 检验，所以需要制作并使用"z.test( )"的函数。因为样本量相对较大，所以 z 值与之前例子的 t 值几乎相似，结果和解释也相同。

```
> z.test= function(a,mu,var){
+   zeta= (mean(a)- mu)/(sqrt(var/length(a)))
```

```
+    return(zeta)
+  }
>  z.test(sampledata[,2],4,var(sampledata[,2]))
```

```
R  R Console                                    [ - ] [ □ ] [ X ]

> z.test = function(a, mu, var){
+    zeta = (mean(a) - mu) / (sqrt(var / length(a)))
+    return(zeta)
+  }
> z.test(sampledata[,2],4,var(sampledata[,2]))
[1] 2.482576
>  |
```

图 13-12　单样本 Z 检验示例和结果

三、对总体比例的统计推理

例如，为了检验对总体比例的统计推断与之前对总体均值的统计推断相似，只是使用的检验统计量公式发生了变化。检验统计量没有变化，总体分布的假设发生了变化，因此方差的计算方式产生了变化。通常比例是指 n 次尝试中成功次数有 k 次。因此这种过程会遵循离散分布，成功概率为 p 时尝试 n 次时，对成功概率的离散分布的方差是 $np(1-p)$。利用此计算 Z 值如下。

$$Z = \frac{p - \mu}{\sqrt{\dfrac{p(1-p)}{n}}}$$

例如，为了检验执行促销后，某品牌的购买比例是否提高，假设该品牌上个月的复购率为 20%，抽取 100 人为样本，确认他们是否再购买，有 25% 左右回答再购买了。

［统计推断的过程］

(1)假设的设置

原假设 $H_0: \mu \leqslant 0.2$。

备择假设 $H_1: \mu > 0.2$。

(2)样本的描述统计量

均值 $\overline{X} = 0.25$

(3)样本分布的决定

因为样本量大于 30，可进行正态分布假设。

(4)计算检验统计量

$$Z = \frac{(0.25 - 0.2)}{0.04} = 1.25$$

（5）临界值和显著水平的决定

- 进行双侧检验。
- 显著水平＝0.05,Z 值临界值＝1.96。

（6）决定接受假设与否

- Z 值统计量小于 Z 值临界值。
- Z 分布显著性概率为 0.89,比显著水平大。
- 检验统计量在拒绝域外,在显著水平 0.05 中不能拒绝原假设,故拒绝备择假设。

因此,统计分析结果（如果其他因子没有变化）表明,促销活动没有显著提高复购率。

四、统计分析练习——R 练习

SPSS 不直接提供对总体比例的统计推断方法。R 也不提供以 z 检验为基础的对总体比例的统计推断方法,但是使用基于卡方检验的"prop.test()"函数来,可以对总体比例进行统计推断。以下是与之前相同的例子,当 100 人中有 25 人赞成时,总体的赞成比率是否比 20％(0.2)更大? 分析结果显示,由于显著性概率（p-value）为 0.2606,比显著水平0.05 大,所以不能拒绝"赞成率等于 0.2"的原假设,因此,不可以接受"赞成率大于 0.2"的备择假设。

```
> prop.test(25,100,p= 0.2)
```

对总体比例的卡方检验及结果如图 13-13 所示。

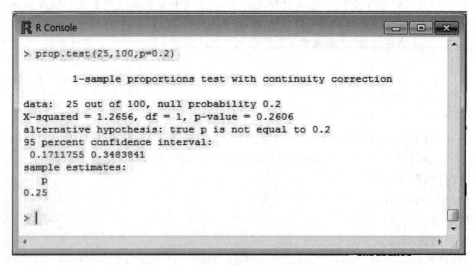

图 13-13　对总体比例的卡方检验及结果

如图 13-14 所示是对总体比例的 Z 检验,因为 R 不直接提供相关分析,所以需要制作"z.prop.test()"函数进行分析。以"z.prop.test(25,100,p＝0.20)"对总体比例实行 Z 检验,分析结果显示,与之前统计推断的例子相同,Z 统计量为 1.25、显著性概率为 0.89,结果的解释也与之前的解释相同。

```
R Console

> z.prop.test <- function(x,n,p=NULL,conf.level=0.95,alternative="less") {
+    ts.z <- NULL
+    cint <- NULL
+    p.val <- NULL
+    phat <- x/n
+    qhat <- 1 - phat
+
+    if(length(p) > 0) {
+        q <- 1-p
+        SE.phat <- sqrt((p*q)/n)
+        ts.z <- (phat - p)/SE.phat
+        p.val <- pnorm(ts.z)
+        if(alternative=="two.sided") {
+            p.val <- p.val * 2
+        }
+        if(alternative=="greater") {
+            p.val <- 1 - p.val
+        }
+    } else {
+    SE.phat <- sqrt((phat*qhat)/n)
+        }
+    cint <- phat + c(
+            -1*((qnorm(((1 - conf.level)/2) + conf.level))*SE.phat),
+            ((qnorm(((1 - conf.level)/2) + conf.level))*SE.phat) )
+    return(list(estimate=phat,ts.z=ts.z,p.val=p.val,cint=cint))
+ }
> z.prop.test(25,100,p=0.20)
$estimate
[1] 0.25

$ts.z
[1] 1.25

$p.val
[1] 0.8943502

$cint
[1] 0.1716014 0.3283986

> |
```

图 13-14　对总体比例的 Z 检验及结果

第二节　两个独立组的均值差异比较

一、两独立样本 t 检验

在市场营销调查实务中，为了掌握特定顾客群体的特性，会经常进行对总体均值的统计推断或者对总体比例的统计推断。但是，有时也会比较两个以上顾客群体的特性，而为了掌握两个群体的差别化的特性，还需要进行其他的统计调查。比较分析两组以上的方法叫做独立样本 T 检验(independent two-sample t-test)。

例如，在待检验的变量为定比变量或者定距变量的情况下，比较两个样本之间的差异，通常使用的检验统计量是自由度为 d.f.的 t 分布的 t 统计量。当

$$t = \frac{\overline{X}_1 - \overline{X}_2}{s_\triangle}$$

$$s_\triangle = \sqrt{\frac{s_1^2}{n_1} + \frac{s_2^2}{n_2}}$$

$$\mathrm{d.f.} = \frac{(s_1^2/n_1 + s_2^2/n_2)^2}{(s_1^2/n_1)^2/(n_1-1) + (s_2^2/n_2)^2/(n_2-1)}$$

注：n_1 为第一组的样本大小，n_2 第二组的样本大小。

例如，为了比较某品牌的"品牌忠诚度"在男性顾客和女性顾客之间的差异：抽取 60 名男性和 50 名女性来当样本，以多题项的 7 点量表进行了调查，在调查过程中，"品牌忠诚度"题项的信度和效度得到了检验。描述性统计分析结果为，男性样本的"品牌忠诚度"均值为 5.5 分、标准差为 0.9，女性样本的均值为 5.2 分、标准差为 0.9。

[统计推断的过程]

(1)提出假设

原假设 H_0：$\mu_{男性} = \mu_{女性}$。

备择假设 H_1：$\mu_{男性} \neq \mu_{女性}$。

(2)极端样本的描述统计量：

男性均值($\overline{X}_1$)=5.5，女性均值($\overline{X}_1$)=5.2，男性标准差(s_1)=0.9，女性标准差(s_2)=0.9。

(3)假设样本分布

均可假设 t 分布。

(4)计算检验统计量

$$t = \frac{5.5 - 5.2}{\sqrt{\dfrac{0.9^2}{60} + \dfrac{0.9^2}{50}}} = 1.74$$

(5)判断临界值和显著水平

使用双侧检验

显著水平：0.05，t 值临界值(自由度=108)=1.98。

(6)判断是否接受假设

t 值统计量小于 t 值临界值。

t 分布显著性概率为 0.08，大于显著水平。

由于检验统计量都在拒绝区域外，在显著水平为 0.05 时不能拒绝原假设，所以拒绝备择假设(但当设置显著水平为 0.10 时，可以接受备择假设)。

所以，统计分析结果(如果没有其他影响因素)表明，男性顾客和女性顾客的品牌忠诚度没有显著性差异。

二、统计分析练习

(一)Excel 练习

Excel 在"数据分析"工具中提供 t 检验功能。为了检验的两个独立样本组的统计分析，可以利用"t-检验：双样本异方差假设"。在实施两个组的统计分析之前，先选择需要检验平均值差异的两个组。本例中，按照节目形式，即按照"电视剧"和"综艺"两个组，分析"电视剧喜好度"是否存在差异。因此,两个组根据"节目形式"变量来区分的"电视剧"组和"综艺"组,将"电视剧"组定义为"1"、"综艺"组定义为"2"。在分析过程中,为了方便变量的选择,如图 13-15 所示,以"节目形式"为基准进行排序,排序结果如图 13-16 所示。

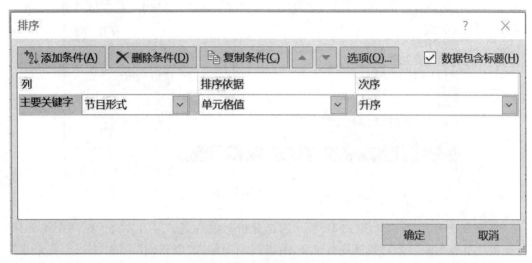

图 13-15　数据的排序(1)

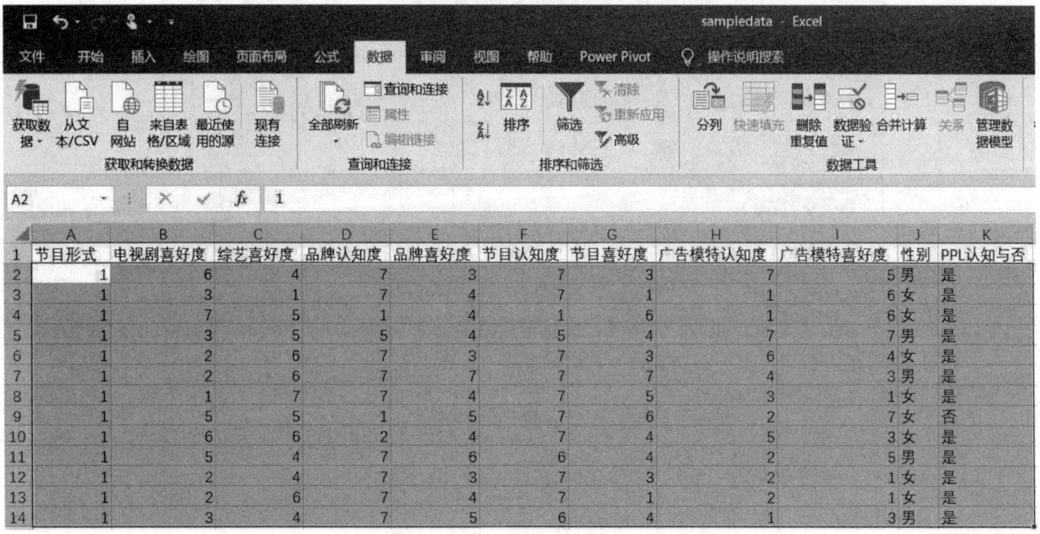

图 13-16　数据的排序(2)

现在以排序的数据为对象进行统计数据分析。选择"数据分析",如图 13-17 所示,多种统计分析方法中选择"t-检验：双样本异方差假设"。Excel 提供了 3 种 t-检验分析方法,"平均值的成对二样本分析"将在以后进行说明,"双样本等方差假设"是以两个组的方差相同为假设基础,进行差异检验时使用。在本例中,使用"双样本异方差假设"即基于两个组的方差不相同的假设。

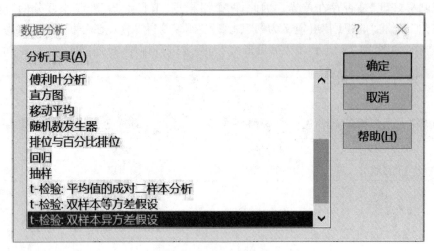

图 13-17 *t*-检验的选择

分析方法确定后,应如图 13-18 所示选择分析对象数据。因为之前根据两个组的区分变量("节目形式")来对数据进行排序,所以按顺序输入"电视剧"组的"电视剧喜好度"(B2:B89),然后输入"综艺"组的"电视剧喜好度"(B90:B177)后,点击"确定"进行 *t* 检验。

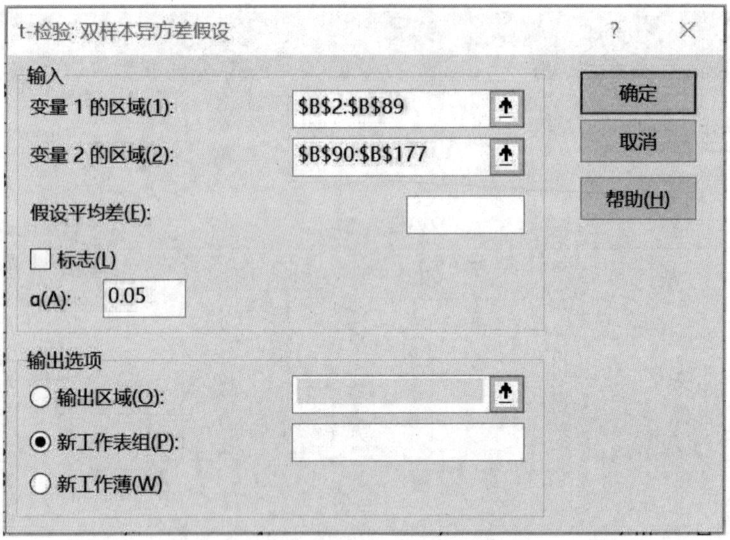

图 13-18 分析对象数据的选择

图 13-19 中的例子是两个独立组的均值差异 *t* 检验的分析结果。变量 1 是指"电视剧"组的"电视剧喜好度",变量 2 是指"综艺"组的"电视剧喜好度"。"电视剧"组的"电视剧喜好度"均值为 4.39、"综艺"组的"电视剧喜好度"为 4.17,"电视剧"组的"电视剧喜好度"在数值上更高。但是统计推断结果显示,*t* 统计量为 0.96,比临界值小,显著性概率为 0.34,所以可以确定两个组的"电视剧喜好度"在统计上没有显著的差异。

t-检验: 双样本异方差假设		
	变量 1	变量 2
平均	4.386364	4.170455
方差	2.101881	2.326933
观测值	88	88
假设平均差	0	
df	174	
t Stat	0.962429	
P(T<=t) 单尾	0.168585	
t 单尾临界	1.653658	
P(T<=t) 双尾	0.33717	
t 双尾临界	1.973691	

图 13-19 两个独立组的 *t* 检验分析结果

(二)SPSS 练习

在 SPSS 中,如图 13-20 所示可通过"分析"→"比较平均值"菜单中的"独立样本 T 检验",进行两个独立组的均值差异检验。

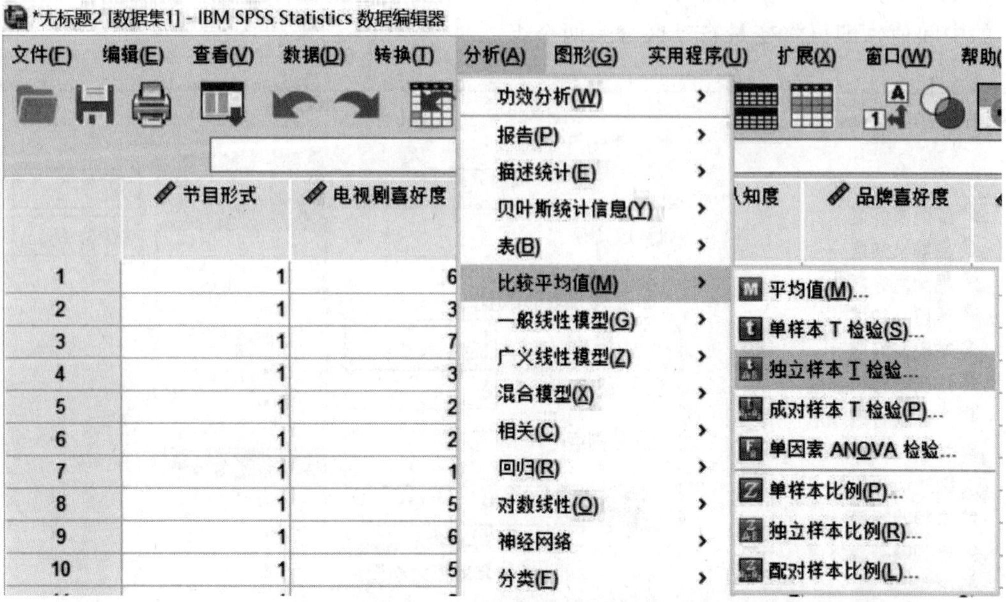

图 13-20 独立样本 T 检验

为了进行独立样本 T 检验,要定义作为检验对象的变量(因变量)和分组变量(自变量)。与 Excel 相同的检验变量是"电视剧喜好度",分组变量为"节目形式",如图 13-21 所示。

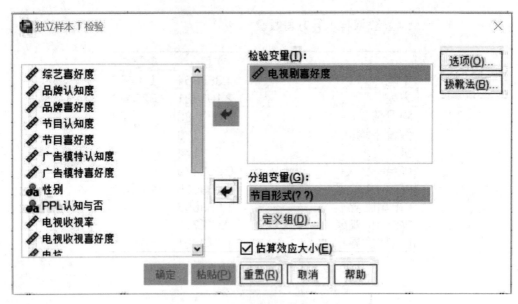

图 13-21　独立样本 *T* 检验示例(1)

　　在分组变量中,每个组都要定义。因为 *T* 检验的情况只以两个组为对象,所以在有多个组/标签的情况下,只要定义清晰组 1 和组 2,就可以只对相应的两个组进行 *T* 检验,如图 13-22 所示。另外,在非分组变量并且是连续变量的情况,定义"分割点"(即区分两组的中间值),即可将变量自动区分为两个组。

图 13-22　独立样本 *T* 检验示例(2)

　　这样决定分组变量和包括分析在内的分组标签,就会如图 13-23 一样,在分组变量中出现分组标签。选择"确定"进行独立样本 T 检验。

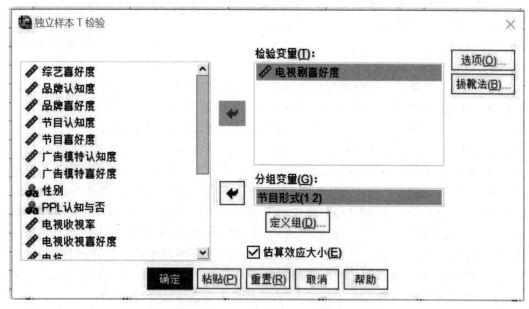

图 13-23　独立样本 T 检验示例(3)

如图 13-24 所示为独立样本 T 检验分析的结果。第一张表格根据各个节目形式，显示对"电视剧喜好度"的描述统计量："节目形式"为"1"即"电视剧"的情况有 88 人回答、"电视剧喜好度"均值为 4.39、标准差为 1.450；"节目形式"为"2"即"综艺"的情况同样有 88 人回答、"电视剧喜好度"均值为 4.17、标准差为 1.525，所以从数字上看，比起"综艺"组，"电视剧"组的"电视剧喜好度"更高。

组统计

	节目形式	个案数	平均值	标准差	标准误差平均值
电视剧喜好度	1	88	4.39	1.450	.155
	2	88	4.17	1.525	.163

独立样本检验

		莱文方差等同性检验		平均值等同性 t 检验					差值 95% 置信区间	
		F	显著性	t	自由度	显著性（双尾）	平均值差值	标准误差差值	下限	上限
电视剧喜好度	假定等方差	.158	.691	.962	174	.337	.216	.224	-.227	.659
	不假定等方差			.962	173.552	.337	.216	.224	-.227	.659

图 13-24　独立样本 T 检验结果

第二张表格显示这两组的"电视剧喜好度"差异是否在统计上显著。首先，前面列的"莱文方差等同性检验"确认两比较组的方差是否相同。如果显著性概率大于显著水平 0.05，那么不可以拒绝"两比较组的方差相同"的原假设，维持方差相等的假设，所以以第一行的结果为基础判断统计的显著性。（若显著性概率小于显著水平 0.05，则拒绝原假设，即不假定等方差，以第二行的结果为基础判断统计的显著性）。由于显著性概率为 0.691，比显著水平 0.05 大，所以维持了原假定，即等方差，以第一行的结果为基础，确认统计的显著性。在第一行中 t 值为 0.962,显著性概率为 0.337,在显著水平的 0.05 中统计上不显著。因此分析结果可以判断两组"电视剧"和"综艺"组的"电视剧喜好度"没有差异。

(三)R 练习

R 中对两个组均值的统计推断也与对总体均值的统计推断相同,都是运用"t.test()"函数。只是若对总体均值的统计推断中只包含一个变量,那么为了比较两个组均值,两个组各自需要两个变量值。一个变量里一般混合着两个组的变量值,因此需要进行分离工作。这是通过"sampledata[sampledata[,1]==1,2]"指令,只对"电视剧"的情况抽取"电视剧喜好度"数据。"sampledata[,1]==1"是指对第一列为 1 的情况抽取第二列的值。所以为了只对"综艺"的情况抽取"电视剧喜好度"的数据,可以使用"sampledata[sampledata[,1]==2,2]"的指令。将这两个变量分别保存在"x"和"y"中,并将其用作"t.test()"函数的输入值。其次,正如 SPSS 所说,因为有必要确认两个比较组方差的等同性,所以使用"t.test()"的选项"var.equal=FALSE"来适用两个组方差不相同的假定。"t.test()"函数的使用方法和选项的详细事项是可以通过"help(t.test)"或者"? t.test"来确认的。以下分析结果的统计量与 SPSS 的统计量相同,所以解释也相同。

```
> x= sampledata[sampledata[,1]= = 1,2]
> y= sampledata[sampledata[,1]= = 2,2]
> t.test(x,y,var.equal= FALSE)
```

R 中独立样本的 T 检验结果如图 13-25 所示。

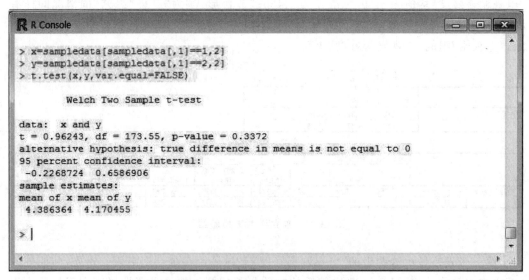

图 13-25　R 中独立样本 T 检验结果

第三节　不相互独立的两个变量之间的均值差异比较

一、成对样本 t 检验

上一节统计推断的假设是两个组是相互独立的个别组，相互独立的意思是两个组之间完全不存在任何相互影响的情况，即完全不存在共同因素。但想对一个组内两个不同的变量或对同一变量按时间的差异进行测量值的差异调查，也可以适用均值差异的统计推断，这被称为不相互独立的两个变量之间均值差异检验或成对均值差异检验（paired-sampless t-test）。

例如，为了检验播放新广告前后的"品牌喜好度"差异，可以相继测量播放前后顾客的"品牌喜好度"，把测量值差异进行统计推断来调查新广告的效果。在这种情况下，比起检验两个独立组同一变量的均值差异，在同一组内遵循同一变量的不同时间点的不同测量值或不同时间点变量的均值差异是更适当的。

当两个测量值的测量对象为同一回答者时，测量值之间彼此不独立。独立样本均值差异检验是独立的两个变量的均值差异检验，成对样本均值差异检验可以说是不独立的两个变量的均值差异检验，一般采用遵循 $n-1$ 自由度的 t 分布的 t 统计量来检验。因为从概念上将不独立两个变量之间的差异视为一个变量，采用对两样本均值差值为 0（两个变量之间的差异＝0）的原假设进行检验，所以可以直接适用之前对总体均值的统计推断方法。

$$t = \frac{\overline{X}_D - \mu_0}{\dfrac{s_D}{\sqrt{n}}}$$

注：$\overline{X}_D$ 为两个变量之间差异的平均值 $\overline{X}_D = \mathrm{sigma}(X_2 - X_1) / n$（$n$：样本大小）；$S_D$ 为两个变量之间差异的标准差 $S_D = \mathrm{sigma}(X_2 - X_1 - \overline{X}_D^2)/(n-1)$。

例如，为了调查新广告前后对特定品牌的"品牌喜好度"，将 60 名顾客作为抽取样本，以 7 点尺度量表进行了多题项的调查。在调查过程中，对"品牌喜好度"的测量尺度检验了其信度和效度，描述性统计分析结果显示，"品牌喜好度"的广告前后差异的均值为 0.15、标准差为 0.5。

［统计推断的过程］

（1）假设的设置

原假设 $H_0: \mu_2 - \mu_1 = d = 0$。

备择假设 $H_1: \mu_2 - \mu_1 = d > 0$。

μ_1 为第一个变量总体的平均值（广告前"品牌喜好度"）；

μ_2 为第二个变量总体的平均值（广告后"品牌喜好度"）。

（2）样本的描述统计量

两个变量之间的均值（$\overline{X}_D$）＝0.5、样本标准差（s）＝0.35、样本大小（n）＝60。

（3）计算检验统计量

$$t = \frac{0.15 - 0}{\dfrac{0.5}{\sqrt{60}}} = 2.32$$

（4）判断临界值和显著水平

进行双侧检验

显著水平：0.05，t 值临界值（自由度＝59）＝2.00。

（5）决定接受假设与否

t 值统计量大于 t 值临界值。

t 分布显著性概率为 0.024 小于显著水平。

如图 13-26 所示，检验统计量均在拒绝区域，在显著水平 0.05 中拒绝原假设，接受备择假设。

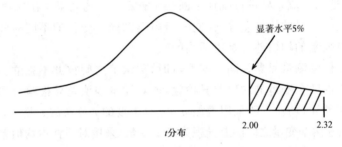

图 13-26　品牌喜好度的 t 检验

所以，统计分析结果可解释为：在没有其他影响因素的情况下，在新广告播出后，"品牌喜好度"有显著提高。

二、统计分析练习

（一）Excel 练习

调查"电视剧喜好度"和"综艺喜好度"是否有差异，可以进行平均值的成对样本 t 检验。与其他统计分析相同选择"数据分析"，在以下多种统计分析方法中，为了比较不相互独立组的两个变量，选择"t-检验：平均值的成对二样本分析"，如图 13-27 所示。

在"数据分析"窗口中选择分析方法后，会弹出的如图 13-28 所示的 t-检验：平均值的成对二样本分析窗口，输入变量 1 和变量 2。在"变量 1"中输入属于"电视剧喜好度"的区域（B2：B177），在"变量 2"中输入属于"综艺喜好度"的区域（C2：C177）后，选择"确定"进行 t 检验。

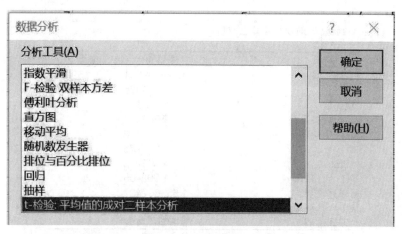

图 13-27　Excel 中平均值的成对二样本 t 检验

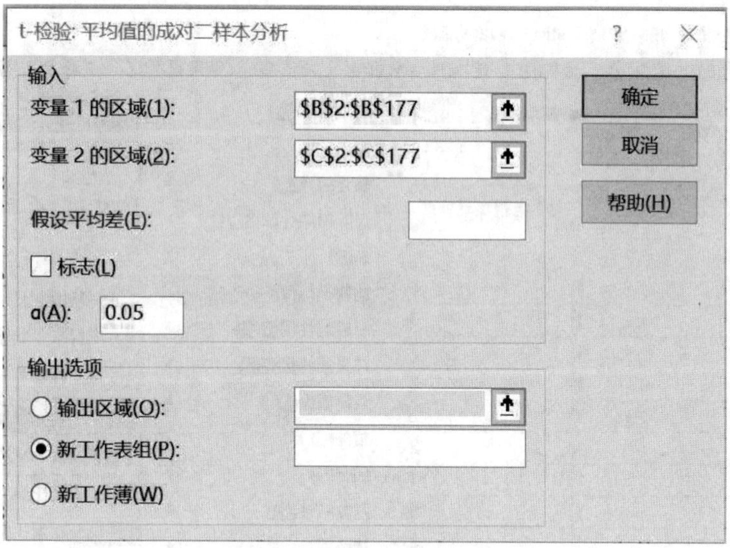

图 13-28　Excel 中平均值的成对二样本 t 检验分析对象数据的选择

如图 13-29 所示是平均值的成对二样本 t 检验的分析结果。变量 1 是指"电视剧喜好度"，变量 2 是指"综艺喜好度"。"电视剧喜好度"的均值为 4.27、"综艺喜好度"的均值为 4.97，比"电视剧喜好度"更高。统计推断结果显示 t 统计量为 4.77，比显著水平 0.05 的临界值更大，显著性概率也很小，所以"电视剧喜好度"和"综艺喜好度"在统计上有显著的差异，结论是可以判断"综艺喜好度"比"电视剧喜好度"高。

(二)SPSS 练习

在 SPSS 中可以和图 13-30 一样，在"比较平均值"菜单中通过"成对样本 T 检验"进行成对变量的均值差异检验。

t-检验: 成对双样本均值分析		
	变量 1	变量 2
平均	4.278409091	4.971590909
方差	2.213474026	2.18775974
观测值	176	176
泊松相关系数	0.15682116	
假设平均差	0	
df	175	
t Stat	-4.773706785	
P(T<=t) 单尾	1.90E-06	
t 单尾临界	1.653607437	
P(T<=t) 双尾	3.80E-06	
t 双尾临界	1.973612462	

图 13-29　Excel 中平均值的成对二样本 t 检验结果

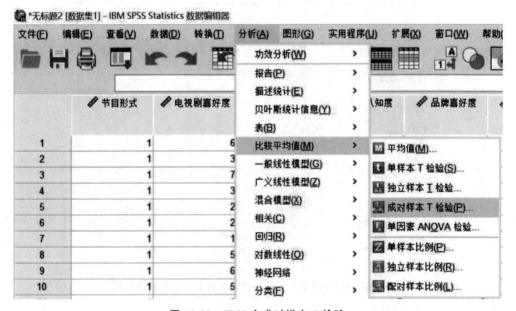

图 13-30　SPSS 中成对样本 T 检验

　　为了进行成对样本 T 检验,要对成为检验对象的两个变量(变量 1、变量 2)进行定义。与 Excel 的例子相同,须选择"电视剧喜好度"和"综艺喜好度"为组变量,如图 13-31所示。

　　如图 13-32 所示是成对样本 T 检验分析结果。第一张表格显示了两个变量"电视剧喜好度"和"综艺喜好度"的描述统计量。"电视剧喜好度"的平均值为 4.28、"综艺喜好度"的平均值为 4.97,从数值上看"综艺喜好度"比"电视剧喜好度"更高。第二张表格显示这两个变量的均值差异是否在统计上有显著性差异。与 Excel 的计算结果相同,均值差异为 0.693,t 值为 4.774,且显著性概率为 0.000,小于显著水平 0.05。所以分析结果可以判断"综艺喜好度"比"电视剧喜好度"更高。

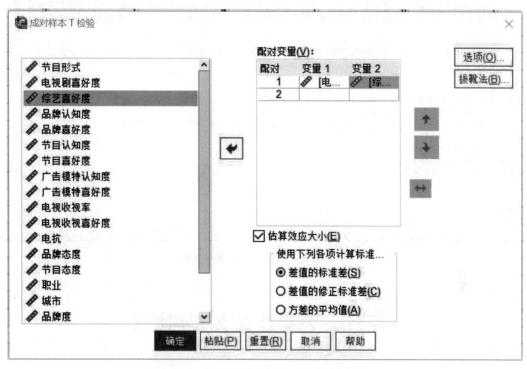

图 13-31　SPSS 中成对样本 T 检验示例

配对样本统计

		平均值	个案数	标准差	标准误差平均值
配对 1	电视剧喜好度	4.28	176	1.488	.112
	综艺喜好度	4.97	176	1.479	.111

配对样本检验

		配对差值					t	自由度	显著性（双尾）
		平均值	标准差	标准误差平均值	差值 95% 置信区间 下限	差值 95% 置信区间 上限			
配对 1	电视剧喜好度 - 综艺喜好度	-.693	1.926	.145	-.980	-.407	-4.774	175	.000

图 13-32　成对样本 T 检验结果

(三)R 练习

在 R 中为了进行成对样本 T 检验，与对总体的均值推断和独立样本 T 检验相同，需要运用"t.test()"函数，成对样本 T 检验也需要输入两个变量。与 Excel 和 SPSS 相同，要比较"电视剧喜好度"和"综艺喜好度"，在"t.test()"函数中输入"sampledata[,2]"变量（电视剧喜好度）和"sampledata[,3]"变量（综艺喜好度），为了进行成对样本 T 检验输入"paired＝TURE"，如图 13-33 所示。"t.test()"函数的使用方法和选项的详细事项是可以通过"help(t.test)"或者"? t.test"来确认。以下分析结果的统计量与 SPSS 的统计量相同，因此解释也相同。

```
> t.test(sampledata[,2],sampledata[,3],paired= TRUE)
```

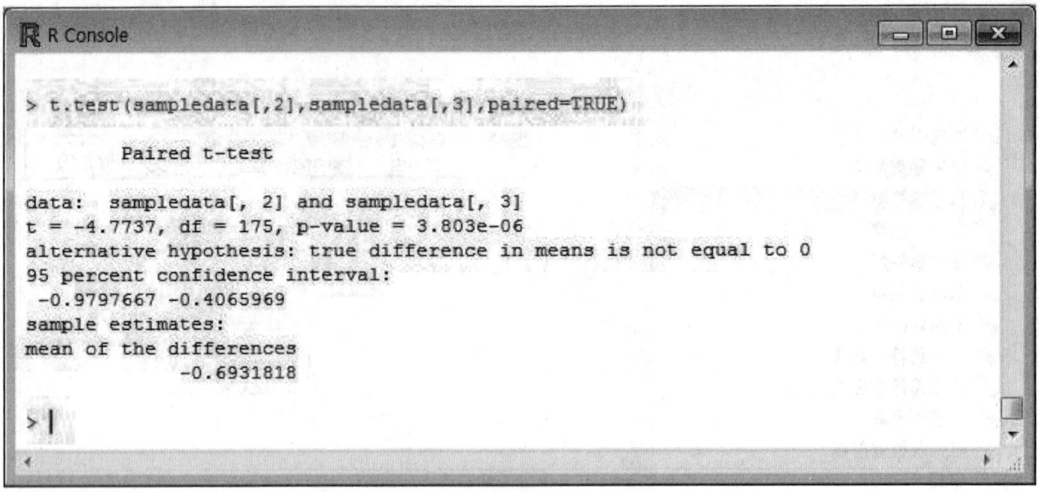

```
R Console
> t.test(sampledata[,2],sampledata[,3],paired=TRUE)

        Paired t-test

data:  sampledata[, 2] and sampledata[, 3]
t = -4.7737, df = 175, p-value = 3.803e-06
alternative hypothesis: true difference in means is not equal to 0
95 percent confidence interval:
 -0.9797667 -0.4065969
sample estimates:
mean of the differences
          -0.6931818

> |
```

图 13-33　R 成对样本 T 检验结果

第四节　两组计数或比例比较

一、对两组之间计数或比例差异的统计推断

到目前为止,我们了解了两个变量之间的均值差异检验方法。在市场营销调查领域运用最多的分析之一就是差异检验,但是由于只有定比变量和定距变量能计算平均值,其他的变量如定序变量或名义变量是不能用之前的 t 检验来进行检验的。因此,本节将对定序变量和名义变量的差异进行检验。本质上,定序变量或名义变量的描述性统计是以计数为基础的,所以定序变量或名义变量的差异是指计数或比例的差异。例如,当调查顾客喜欢的品牌时,可以对喜欢特定品牌的次数或其比例进行调查。对比例或计数差异的统计推断可以使用两种形式的分析方法:首先,有以显示分组间计数差异的交叉表为基础,比较分组间的比例进行统计推断的交叉分析方法;此外,还有以分组间的比例差 Z 分布为基础的 Z 检验。交叉分析方法可以比较 3 个以上分组之间的比例,将在下一章进行讲解,本章只说明 Z 检验。

在检验两组之间的比例差异时,为了测量两独立样本之间的测量比例是否有差异,使用遵循正态分布的 z 统计量进行检验。概念上,为了检验两分组比例相同的原假设,对比例差异的方差使用 $\dfrac{p_0 q_0}{n_1} + \dfrac{p_0 q_0}{n_2}$ 来检验,可直接适用之前单一总体的比例检验方法。

例如,两客户组(A、B)将对特定品牌的认知比例进行比较调查。从各个组中抽取 100 名顾客为被试来调查品牌认知度,在 A 组中有 25% 的顾客认知了特定品牌,而在 B 组中有 29% 的顾客认知了特定品牌。

(1)假设的设置。

原假设 H_0:$p_1 - p_2 = 0$。

备择假设 H_1:$p_1 - p_2 \neq 0$。

(2)样本的描述统计量:A组的比例(p_1)=0.25,B组的比例(p_2)=0.29,样本大小(n_1,n_2)=100。

(3)计算检验统计量:

$$\hat{p} = \frac{100(0.25 + 0.29)}{100 + 100} = 0.27$$

$$z = \frac{0.25 - 0.29}{\sqrt{0.27(1 - 0.27)(\frac{1}{100} + \frac{1}{100})}} = -0.64$$

(4)判断临界值和显著水平:进行双侧检验,显著水平=0.05,Z值临界值=1.96。

(5)决定接受假设与否:

• Z值统计量小于Z值临界值;

• Z分布显著性概率为0.52,比显著水平大;

• 检验统计量在拒绝区域外,在显著水平0.05中不能拒绝原假设,故拒绝备择假设。

所以,统计分析结果(如果其他因子没有变化)表明,两组认知特定品牌的比例没有显著性差异。

二、统计分析练习——R练习

SPSS不直接提供对比例差异的统计推断方法。R也不提供以Z检验为基础的分析比例差异的统计推断方法,但是使用基于X-squared检验的"prop.test()",可以进行对比例差异的统计推断。图13-34是与之前相同的例子,即当第一组100人中有25人认识品牌、第二组100人中有29人认识品牌时,分析两组之间的品牌认知度是否存在差异。分

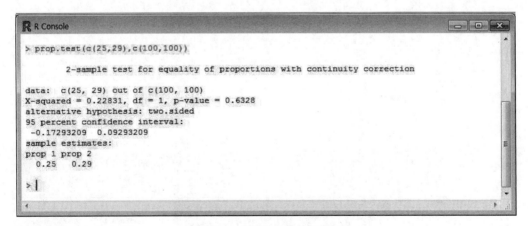

图13-34 分组之间比例比较(1)

析结果显示,由于显著性概率(p-value)为 0.633,大于显著水平 0.05,所以不能拒绝"两组的品牌知名度比例相同"的原假设,可以判断两组之间的品牌认知度没有差异。

```
> prop.test(c(25,29),c(100,100))
```

因为 R 不直接提供相关分析,所以需要通过"z.prop.test()"函数来进行分析。如图 13-35 所示,首先将"z.prop.test()"函数运用统计公式进行编码后,以"z.prop.test(25,29,100,100)"指令对总体比例进行 Z 检验。分析结果与之前的统计推断相同,Z 统计量为 0.64,结果的解释也相同。

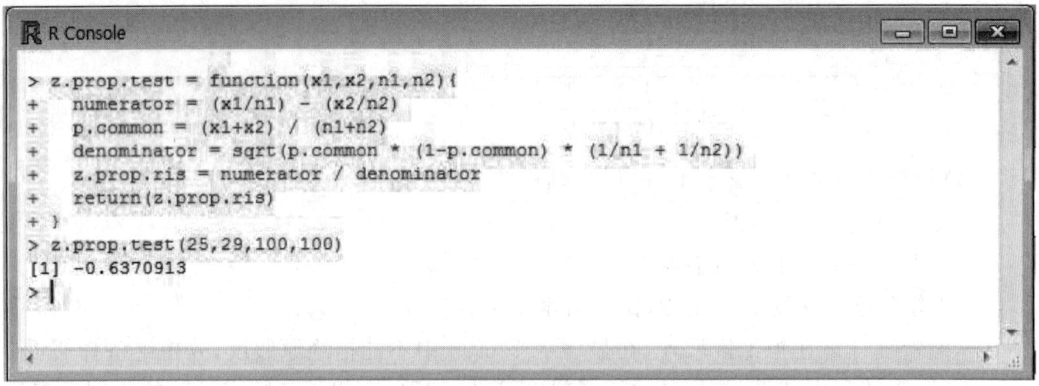

```
R Console

> z.prop.test = function(x1,x2,n1,n2){
+     numerator = (x1/n1) - (x2/n2)
+     p.common = (x1+x2) / (n1+n2)
+     denominator = sqrt(p.common * (1-p.common) * (1/n1 + 1/n2))
+     z.prop.ris = numerator / denominator
+     return(z.prop.ris)
+ }
> z.prop.test(25,29,100,100)
[1] -0.6370913
> 
```

图 13-35　分组之间比例比较(2)

第十四章　基于差异的假设检验(2)：三个组及以上

到目前为止，主要讨论了比较两组间特性差异的统计推断方法——t 检验。通过多次的 t 检验对多对两组进行比较分析的话，三个及以上的组之间的差异也可以进行检验。但是这种方法并不有效，并且也不能正确反映三个及以上的组之间的特性。本章为了统计推断三个及以上的组的特性差异，主要使用了方差分析(ANOVA：analyis of variance)的分析方法。事实上，t 检验除了限制可检验的组的数量以外，还有另一个限制，就是只能反映单一组的特性。例如，调查对特定品牌的"品牌喜好度"在性别(男/女)维度和地区维度(首都圈/非首都圈)是否存在差异，各自的分析可以利用 t 检验进行，但是同时考虑这两个因素(性别，地区)的分析则不能通过 t 检验进行，即首都圈的女性顾客和非首都圈的男性顾客的比较实际上是无法进行的。同时考虑两个以上因素或两个以上组分类的统计推断可以运用方差分析。

进行方差分析时，以名义尺度测量的组区分变量为自变量或处理变量，以等距尺度或比例尺度测量的连续变量为因变量或反应变量。方差分析可以从有一个自变量或因素(factor)的单因素(配置)方差分析(one-way anova)开始，到有多个自变量或因素的多因素或多重方差分析(multi-way anova)。在市场营销调查中，主要使用单因素(单个组区分变量对象，如：性别)、双因素(两个组区分变量对象，如：性别和地区)、三因素(三个组区分变量对象，如：性别、地区、学历)方差分析。

方差分析概念(见图 14-1)上考虑"整体变动/方差"，比较"组间变动/方差"和"组内

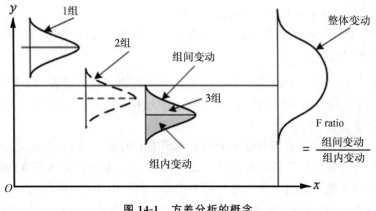

图 14-1　方差分析的概念

变动/方差",推断"组间变动/方差"大的情况下,组间存在差异,即组间变动相较组内变动越大,组间变动就更有可能成为整体变动的原因。这种可能性越高,则比起组内发生的差异,组间的差异就会越大。

第一节　三个及以上组之间的均值差异

一、方差分析(ANOVA)

单个组区分变量(自变量、因素)的情况下,对组内的某种特性(因变量)差异进行统计推断,称为单因素(配置)方差分析。例如,按年龄段调查特定品牌的喜好度差异。将年龄分为 10 岁年龄段、20 岁年龄段、30 岁年龄段、40 岁年龄段、50 岁以上年龄段,就可以进行单因素方差分析。在这里,年龄是单因素方差分析中的自变量或因素,品牌喜好度为因变量。单因素方差分析假设组间变量和组内变量的比例遵循 F 分布,基于 F 统计量进行统计推断。

单因素方差分析的前提条件是:

(1)组之间独立性;

(2)误差分布的正态性;

(3)组总体的方差同质性。

$$\underset{①}{} \qquad \underset{②}{} \qquad \underset{③}{}$$

$$\sum_{i=1}^{r}\sum_{j=1}^{n}(Y_{ij}-\overline{Y})^2 = \sum_{i=1}^{r}n(Y_i-\overline{Y})^2 + \sum_{i=1}^{r}\sum_{j=1}^{n}(Y_{ij}-\overline{Y}_i)^2$$

$$\mathrm{SST} = \mathrm{SSTR} + \mathrm{SSE}$$

①SST:总平方和(total sum of squares)

②SSTR:处理平方和(treatment sum of squares)

③SSE:误差平方和(error sum of squares)

注:$\overline{Y}$ 为因变量 Y 的个别测量值;$\overline{Y}$ 为因变量的整体均值;n 为组的样本数;r 为组个数;$\overline{Y}_i$ 为组 i 的均值。

通常方差分析是通过组内方差和组间方差的比较进行统计推断,即整体变动(SST)是组内变动(SSE)和组间变动(SSTR)相加构成的总和,利用它们之间的比例大小来检验组间的差异是否显著,如图 14-2 所示。

整体变动是指各测量值从整体样本的平均值上看有多少变动;组间变动是指由自变量(组变量)划分的各组的均值以整体样本的均值为中心,呈现出多大程度的变动;组内变动是指各组内的个别测量值以各组的均值为中心,呈现出多大程度的变动。以该组内变动和组间变动的比例为基础,推测 F 统计量来检验组间差异。组内变动、组间变动、整体变动等包括在内,计算 F 统计量的过程概括起来就是表 14-1 的方差分析表。

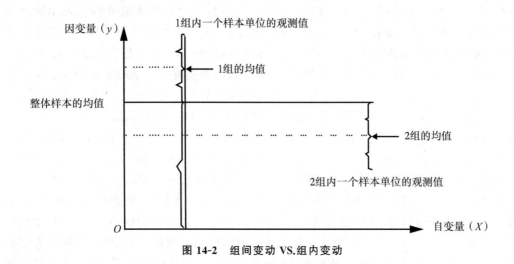

图 14-2　组间变动 VS.组内变动

表 14-1　方差分析表

因素	平方和	自由度	均值平方	F 值	显著性概率
处理	$\text{SSTR} = n \sum\limits_{i=1}^{k} (\bar{y}_i - \bar{y}_{..})^2$	$k-1$	$\text{MSTR} = \dfrac{\text{SS}_{tr}}{k-1}$	$f = \dfrac{\text{MS}_{tr}}{\text{MSE}}$	$P(F \geqslant f)$
残差	$\text{SSE} = \sum\limits_{i=1}^{k} \sum\limits_{j=1}^{n} (y_{ij} - \bar{y}_i)^2$	$N-k$	$\text{MSE} = \dfrac{\text{SSE}}{N-k}$		
总计	$\text{SST} = \sum\limits_{i=1}^{k} \sum\limits_{j=1}^{n} (y_{ij} - \bar{y}_{..})^2$	$N-1$			

调查者运用方差分析表,要经过以下一般假设检验过程：

(1)设置假设；

(2)制作对应方差分析描述统计量的方差分析表；

(3)计算检验统计量 F 统计量；

(4)决定显著性水平和临界值；

(5)决定接受假设与否。

F 统计量是遵循根据自由度$(k-1)$和$(N-k)$的 F 分布,调查者有按照显著水平(α)将自由度$(k-1)$和$(N-k)$的 F 值决定为临界值,进行假设检验。F 统计量大于临界值时,会拒绝原假设,接受备择假设。所以调查者可以得出组间的均值有差异,自变量(组、因素)和因变量(结果、反应)之间有关系的结论。

二、事后分析——多重比较

方差分析是为了检验三个及以上的组之间差异而使用的,但即使得出三个及以上组之间有差异的结论,也不是指所有组都不一样。例如,想调查 A、B、C 三个组的差异时,方差分析会对这三个组整体上是否有差异进行检验,但并不具体检验哪两个组之间有差异,即得出 A、B、C 三个组有显著差异的结论时，方差分析不会明确地说明其中 A、B 两个组有显著的差异而 C 组没有显著的差异，或者 A、B、C 三个组都有显著差异。所以通过方差分析确认组间的显著差异后，为了确认具体存在何种差异，有必要进行组间成对比较。当然方差分析结果得出组间没有显著差异的结论时，就没有必要进行事后检查。为了组间的成对比较，虽然可以直接将之前的 t 检验应用于各个个别组比较上，但是实行反复比较多个组的 t 检验时，每个个别 t 检验的第一种错误会累积，整体上出现了第一种错误增大的问题。因此即使反复比较多个组，为了整体上第一种错误的大小不超过预期水平，可以使用多重比较（multiple comparison）。多重比较方法有 LSD 检验、Duncan 检验、Tukey 检验、Scheffe 检验等。LSD 检验是最常用的方法之一，即使组之间的样本数量不同也可以使用，可以尽可能比较所有组的均值。Duncan 检验是在相同样本时使用，将各组的均值按大小排列，先比较最大组和最小组，然后比较次大的和次小的，以此顺序依次进行比较。Tukey 检验只能在组之间样本数相同的情况下使用，可以比较近乎所有组的均值水平。在 Scheffe 检验中，组之间样本数量也可以是不固定的，是比较近乎所有组均值水平的最保守的方法，检验力相对较弱。

三、统计分析练习

（一）Excel 练习

Excel 提供了三种形式的方差分析，即单因素方差分析、可重复的双因素分析、无重复的双因素分析。使用"方差分析：单因素方差分析"，来看看三个以上组之间均值差异的统计推断方法。本书提供的示例数据中没有包括三个以上组的变量。对此为了进行方差分析，将"年龄"变量转换为包括三个以上组的组变量"年龄段"。如图 14-3 所示，将 J 列"年龄"变量分为三组：未满 20 岁的是"10 岁年龄段"组转换为"1"、"20 岁"以上"30 岁"以下是"20 岁年龄段"组转换为"2"、30 以上是"30 岁年龄段"组转换为"3"，利用 Excel 公式"IF(J2＜20,1,IF(J2＜30,2,3))"，在"年龄段"变量的 M 列上生成组变量值。

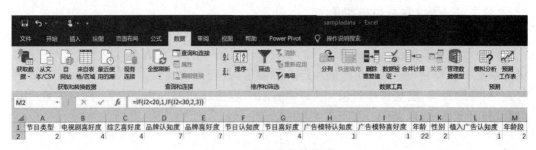

图 14-3　新组变量的构成

利用包括三个以上组的组变量，即"年龄段"变量，分析数据的配置形式。以"10 岁年龄段"列、"20 岁年龄段"列、"30 岁年龄段"的列为分组依据，依照各年龄段将分析对象的因变量"电视剧喜好度"的值进行分配。利用 Excel 公式"IF(＄M2＝1,＄B2,"")"，在 3

个组("10岁年龄段""20岁年龄段""30岁年龄段")中重新配置"电视剧喜好度"变量值,如图14-4所示。

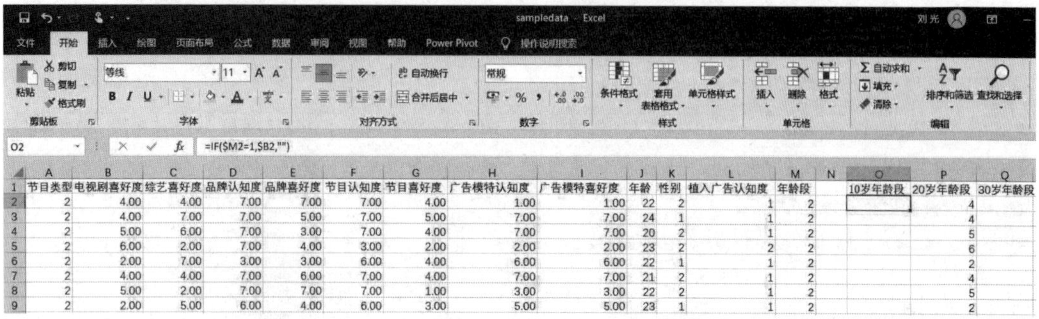

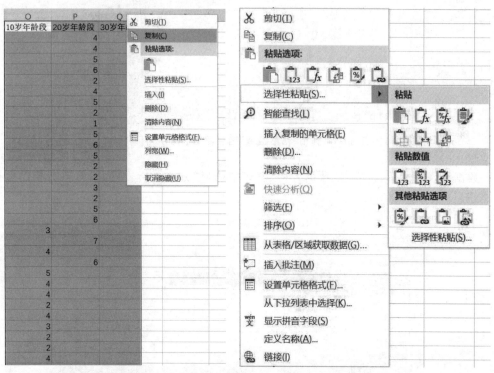

图 14-4　根据组变量因变量的值重新配置

　　Excel 中方差分析是为了解决数据处理过程较复杂的情况。各组重新配置数据以后,要将重新配置的值形式调整为"数字"。因此要通过"粘贴数值"的操作复制以下数据,如图14-5所示,只提供除去"公式"的"数值"作为数据。

图 14-5　利用"粘贴数值"确认数据的数字化(1)

　　为了得到只包含"数字"的数据,可以利用"文本分列"功能,再一次获取只包含"数字"的数据。如此,利用"粘贴数值"功能和"文本分列"功能,可将原始数据整理为格式均为"数字"的数据,如图14-6所示。

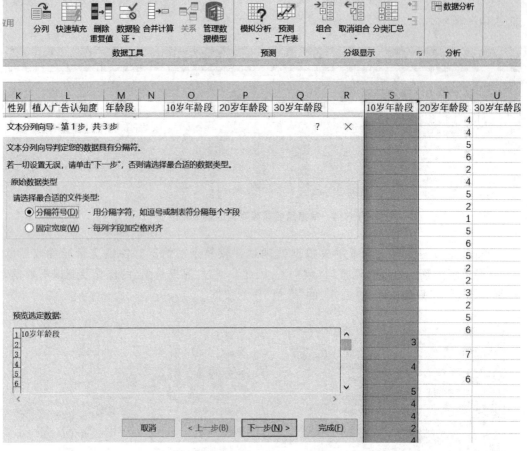

图 14-6　利用"粘贴数值"确认数据的数字化(2)

数据整理完成后,首先在"数据分析"窗口中选择"方差分析:单因素方差分析",如图 14-7 所示。

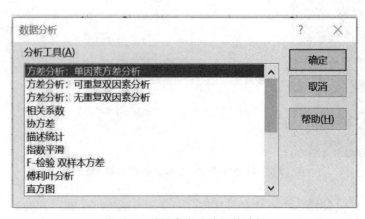

图 14-7　单因素方差分析的选择

其次选择进行方差分析的数据，如图 14-8 所示。之前重新配置的分析数据中，以代表组变量的列和代表个案（回答者）数的行为基准，选择分析对象数据的区域。本例中包括"10 岁年龄段""20 岁年龄段""30 岁年龄段"三个组标签的"S""T""U"列和包含整体个案的 177，选择 S1:U177 为数据区域。这时第一行定义了标签名，在输入窗口中选择"标志位于第一行"，设定为不是数据而是标签名（Label）。

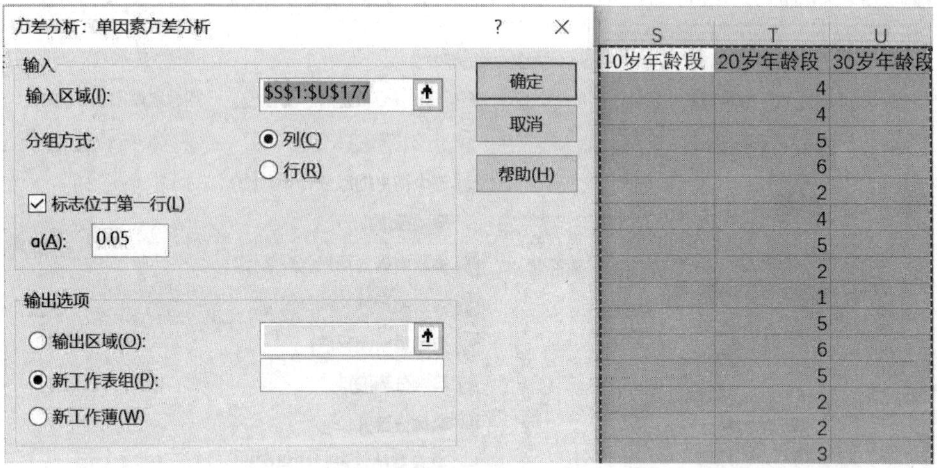

图 14-8　选择分析数据领域

图 14-9 显示了单因素方差分析的结果。"SUMMARY"表格显示了各分组（"10 岁年龄段""20 岁年龄段""30 岁年龄段"）的描述统计量。"10 岁年龄段"的"电视剧喜好度"的平均值为 3.94，"20 岁年龄段"的为 4.36，"30 岁年龄段"的为 4.16，从数值上可以看出"20 岁年龄段"的"电视剧喜好度"最高。通过"方差分析"表，可以确认这一差异在统计上是否具有显著性。另外，F 值比显著水平 0.05 对应的临界值小，P 值为 0.32 也比显著水平 0.05 大，所以年龄段不同的时候，"电视剧喜好度没有差异"的原假设不可以在 0.05 的显著水平下被拒绝。因此可以得出结论，即年龄段不同，电视剧喜好度没有显著性差异。

方差分析：单因素方差分析

SUMMARY

组	观测数	求和	平均	方差		
10岁年龄段	34	134	3.941176	2.299465		
20岁年龄段	136	594	4.367647	2.263834		
30岁年龄段	6	25	4.166667	0.166667		

方差分析

差异源	SS	df	MS	F	P-value	F crit
组间	5.024621	2	2.512311	1.136782	0.323234	3.048212
组内	382.3333	173	2.210019			
总计	387.358	175				

图 14-9　方差分析结果

(二)SPSS 练习

和 Excel 一样,SPSS 运用方差分析也需要生成三个以上标签的新的组变量,为此可如图 14-10 所示使用"转换"→"重新编码为不同变量"功能生成新变量,将当前数据中存在的变量根据特殊规则进行转换,并保存在生成的新变量中。在"重新编码为相同的变量"的情况下,因为转换的值会重新保存在原变量中,所以有可能造成旧数据丢失,需要特别注意。

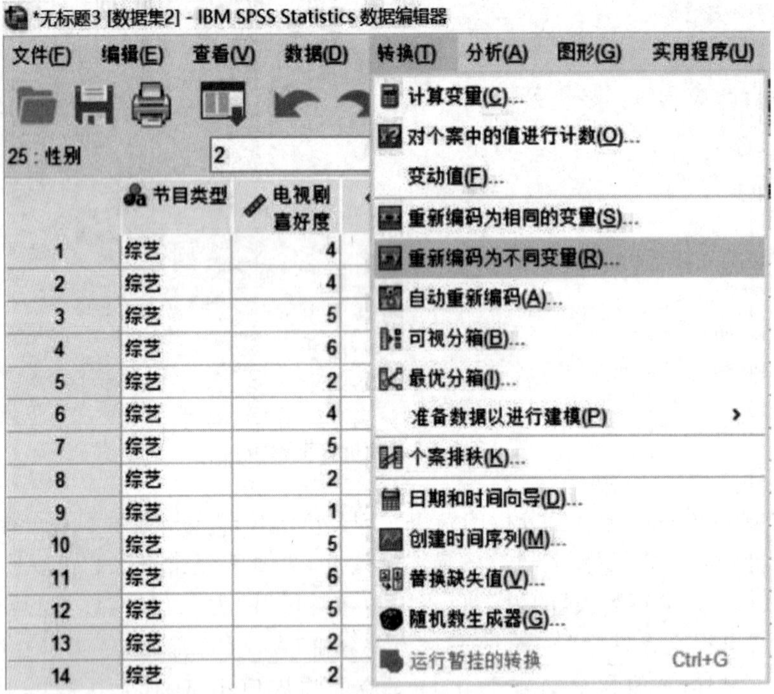

图 14-10　重新编码为不同变量

如图 14-11 所示,在"重新编码为不同变量"输入窗口中,把变更的变量("年龄")从左侧窗口选中,使用移动箭头移动到右侧窗口("数字变量－＞输出变量")。在"输出变量"的"名称"栏中输入变更后的新变量名称("年龄段"),选择"变化量",将"年龄"变量变更为"年龄段"变量,即"年龄－＞年龄段"。

定义变更的新变量后,要制定旧变量值的变更规则。为此在图 14-11 中选择"旧值及新值",会出现如图 14-12 所示定义旧变量到新变量的变更规则的窗口。该窗口分为左侧的旧值区域和右侧的新值区域,将两个区域相互对应,定义转换规则。为了将"年龄段"的变量划分为 10 岁年龄段、20 岁年龄段、30 岁年龄段,将"10 岁年龄段"编码为"1"、"20 岁年龄段"编码为"2"、"30 岁年龄段"编码为"3"。此时,将"年龄"变量值"19 岁"及以下年龄段变量变更为"1"、"20 岁"及以上"30 岁"以下变更为"2"、"30 岁"及以上变更为"3"。为此首先在"旧值"区域,在"范围,从最低到值"栏中输入"19",这是指"年龄"变量的最低值到"19"范围的相应的值。其次,在"新值"区域的"值"栏框中输入"1"。然后选择"添加","旧－＞新"区域会显示相应事项"Lowest thru 19－＞ 1"。以这种方式使所有旧变量的

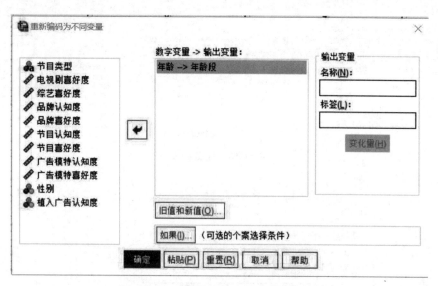

图 14-11　重新编码为不同变量示例(1)

区域成为对象,就可以变更编码为不同变量。

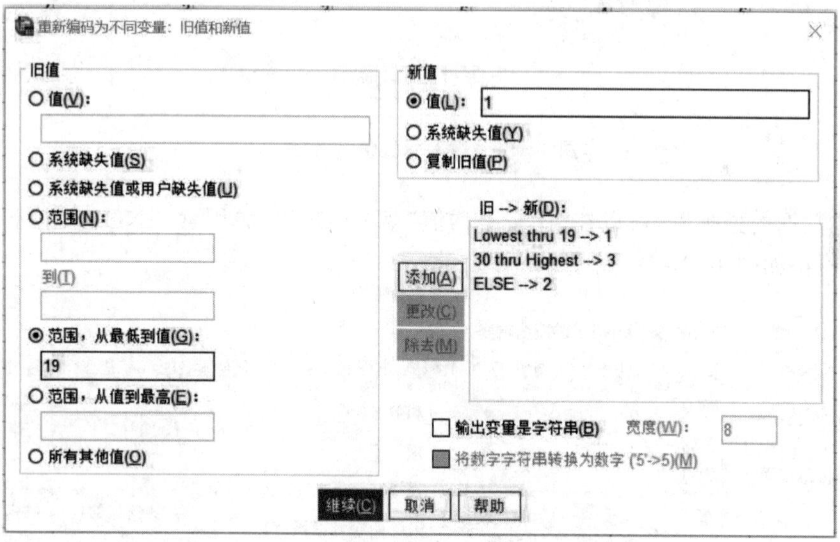

图 14-12　重新编码为不同变量示例(2)

　　对于所有旧变量值的区域,制定出相应新变量值的区域的规则,进行编码将其变更为不同变量,就会产生与图 14-13 一样的"年龄段"变量。

　　为了便于分析和解释结果,需要更进一步详细地确定变量的构成。首先,将"年龄段"变量定义为"名义"尺度。其次,在"值"列中,可以将"年龄段"的标签值添加相应的标签名。在图 14-13 中选择"年龄段"行的"值"列的"…"按钮,就会出现"值标签"输入窗口。在"值"栏中输入标签值,"标签"栏中输入相应的"标签名"。例如"值"为"1"时,"标签"输入为"10 岁年龄段"。

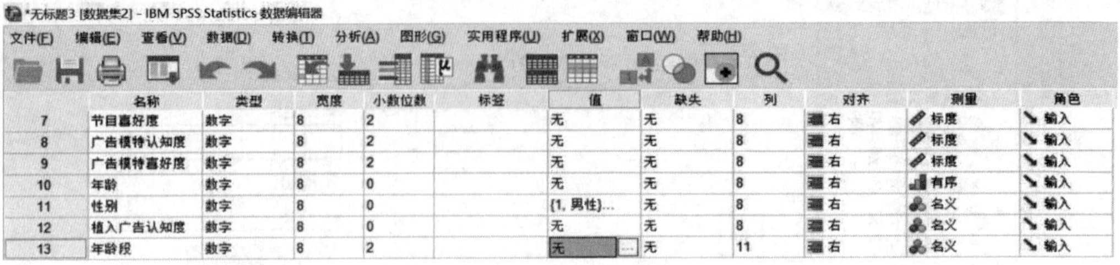

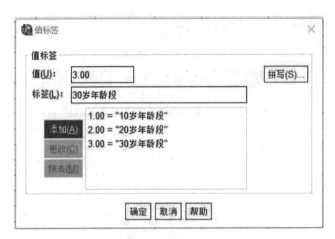

图 14-13　变量构成

图 14-14　输入标签值和标签名

完成数据的处理后，可以在"比较平均值"菜单中通过"单因素 ANOVA 检验"功能进行方差分析，如图 14-15 所示。

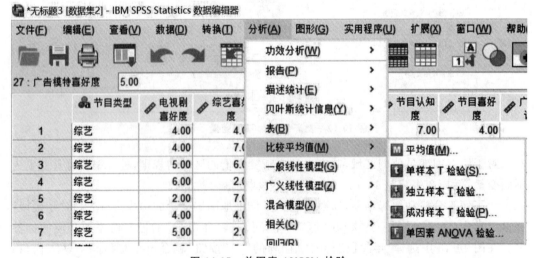

图 14-15　单因素 ANOVA 检验

　　如图 14-16 所示，在"单因素 ANOVA 检验"输入窗口，从左侧的变量目录窗口中选择因变量（"电视剧喜好度"）和自变量/因子（"年龄段"）。

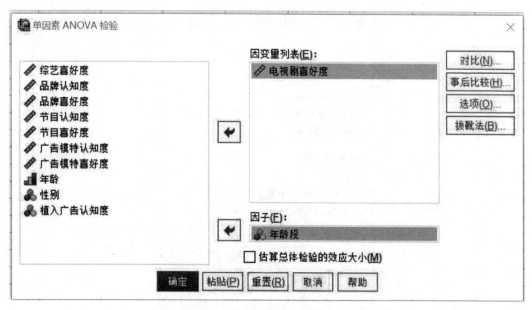

图 14-16　单因素 ANOVA 检验(1)

　　选择"事后比较"，选择事后比较方法，如图 14-17 所示。

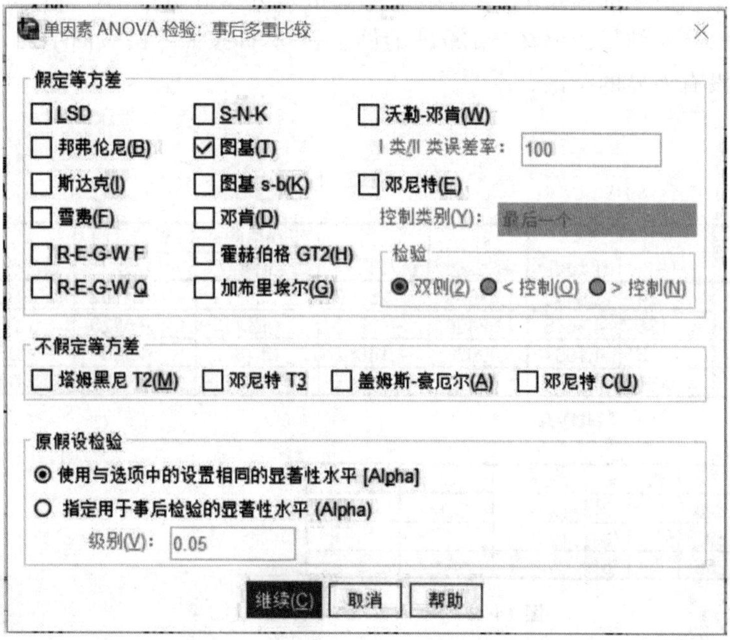

图 14-17　单因素 ANOVA 检验(2)

为了将描述统计量和值的图包含在输出中，选择"选项"，选择想要的统计量和"平均值图"，如图 14-18 所示。

图 14-18　单因素 ANOVA 检验（3）

方差分析的结果如图 14-19 所示，第一个表格的描述统计与之前 Excel 的描述统计量一致，还显示出更多的描述统计量，第二个表格是方差分析（ANOVA）表，可以确认 F 值和显著性概率，对结果的解释与 Excel 的例子相同，即按照年龄段的不同，可以得出"电视剧喜好度"没有差异的结论。

单向

描述

电视剧喜好度

	N	平均值	标准差	标准误差	平均值的 95% 置信区间 下限	平均值的 95% 置信区间 上限	最小值	最大值
10岁年龄段	34	3.9412	1.51640	.26006	3.4121	4.4703	1.00	7.00
20岁年龄段	136	4.3676	1.50460	.12902	4.1125	4.6228	1.00	7.00
30岁年龄段	6	4.1667	.40825	.16667	3.7382	4.5951	4.00	5.00
总计	176	4.2784	1.48777	.11215	4.0571	4.4997	1.00	7.00

ANOVA

电视剧喜好度

	平方和	自由度	均方	F	显著性
组间	5.025	2	2.512	1.137	.323
组内	382.333	173	2.210		
总计	387.358	175			

图 14-19　单因素 ANOVA 检验结果

SPSS 可以通过输入窗口选择"事后检验"或"多重比较"功能。在三个以上组的比较中，通过对两组比较成对间差异的统计显著性检验，可以具体调查三个以上组中哪些组之间会发生差异。由于在本例中,三个以上组中没有差异,因此在理论上两组成对比较中不存在差异的可能性很高。在图 14-20 的事后多重比较结果中,如果确认了显著性的概率就可以认为在显著水平 0.05 的情况下不存在显著差异。第一行的情况,10 岁年龄段和20 岁年龄段的"电视剧喜好度"虽然有 0.43 的差异,但是显著性概率为 0.295,比显著水平0.05 更大,统计意义上并不存在显著差异,所以可以得出 10 岁年龄段和 20 岁年龄段的"电视剧喜好度"没有差异的结论,其他成对比较也可以以相似的方式进行统计推断。

多重比较

因变量: 电视剧喜好度
图基 HSD

(I) 年龄段	(J) 年龄段	平均值差值 (I-J)	标准误差	显著性	95% 置信区间	
					下限	上限
10岁年龄段	20岁年龄段	-.42647	.28505	.295	-1.1003	.2474
	30岁年龄段	-.22549	.65828	.937	-1.7817	1.3307
20岁年龄段	10岁年龄段	.42647	.28505	.295	-.2474	1.1003
	30岁年龄段	.20098	.62015	.944	-1.2651	1.6671
30岁年龄段	10岁年龄段	.22549	.65828	.937	-1.3307	1.7817
	20岁年龄段	-.20098	.62015	.944	-1.6671	1.2651

图 14-20　事后比较结果

在事后分析的同时,SPSS 显示了比较组间均值的平均值图(见图 14-21)。从图上看,20 岁年龄段人群电视剧喜好度最高,其次是 30 岁年龄段人群。但是由于在方差分析中,这些组间的均值差异在统计上并不显著,因此在图上显示的差异在统计上并不显著。在本例中,平均值图表事实上没有多大意义。但是在统计上有显著差异时,平均值图可以起到明确显示分析结果的作用。

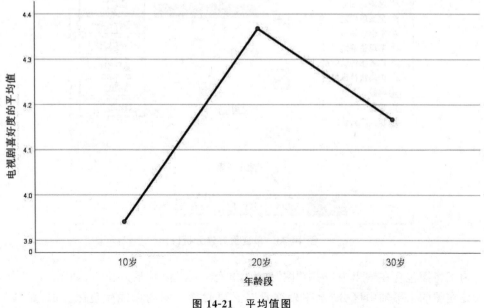

图 14-21　平均值图

SPSS除了"单因素 ANOVA 检验"以外，还提供更一般的方差分析方法。在"一般线性模型"菜单中，通过"单变量"功能可以进行一般化的方差分析，如图 14-22 所示。

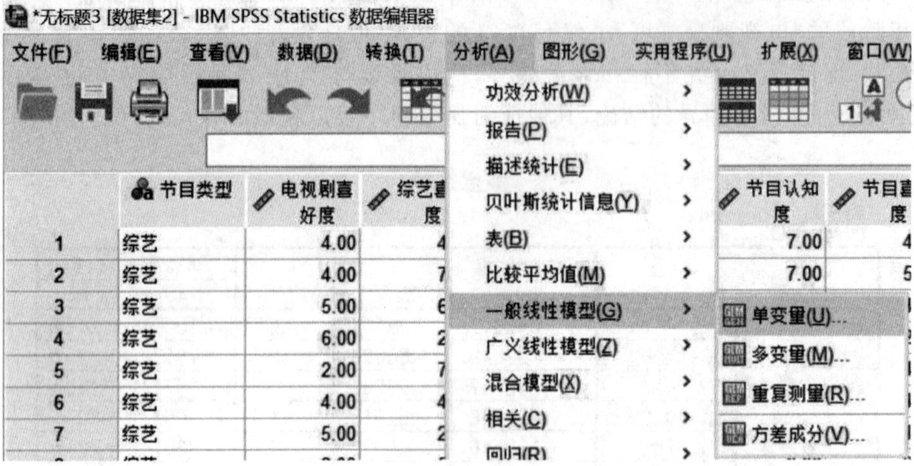

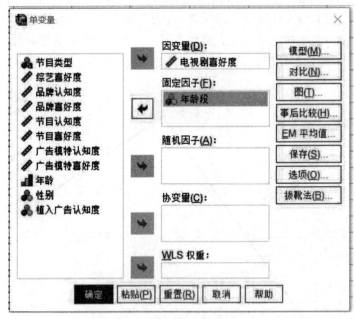

图 14-22　单变量方差分析

在"单变量"输入窗口，在左侧变量目录中选择因变量（"电视剧喜好度"）和自变量/固定因子（"年龄段"），如图 14-23 所示。

图 14-23　单变量方差分析（1）

为了将图包含在输出中，选中"图"弹出"单变量：轮廓图"输入窗口，如图 14-24 所示。输入要在图的水平轴中区分"水平轴变量"，必要时输入图内以线颜色区分的"单独的线条"并选择"添加"添加到图栏中。定义多个图表分析后，可以输出图表。

图 14-24　单变量方差分析(2)

与单因素 ANOVA 检验相同,选择"事后比较",运用事后比较方法,如图 14-25 所示。

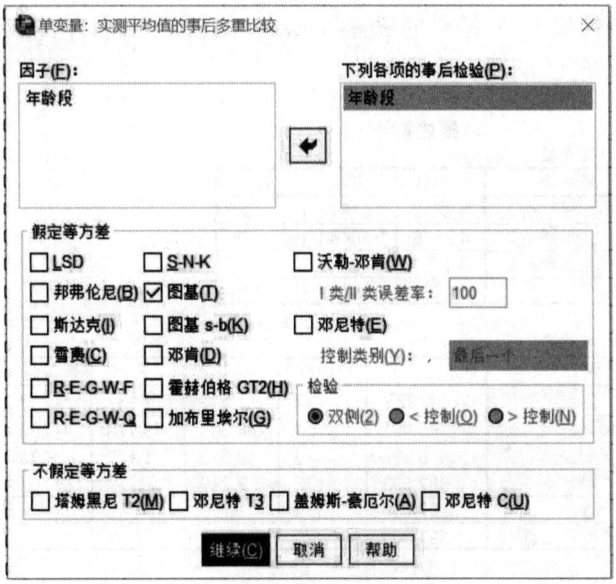

图 14-25　单变量事后比较

为了包括描述统计量,选中"选项",选择想要的统计量,如图 14-26 所示。

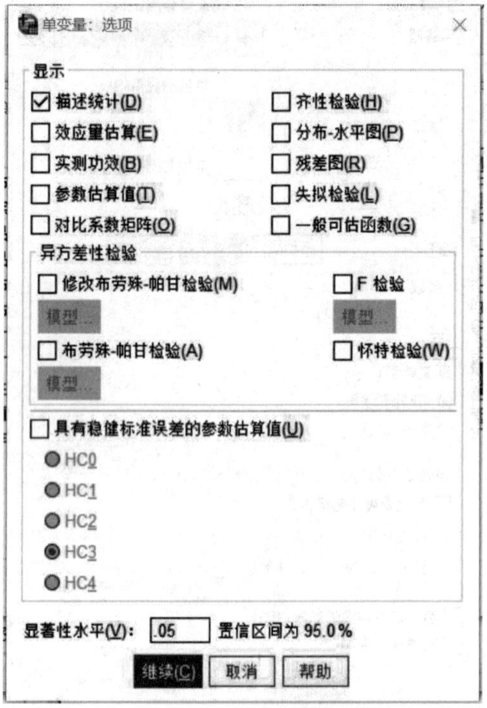

图 14-26　单变量方差分析(3)

图 14-27 的方差分析结果显示:"描述统计"表显示的描述统计与 Excel 的描述统计量一致,并且 SPSS 中显示出更多的描述统计量。"主体间效应检验"表是方差分析表,可以确认 F 值和显著性概率,对结果的解释与 Excel 的例子相同,即可以得出结论:不同"年龄段"对"电视剧喜好度"没有显著性差异。

描述统计

因变量: 电视剧喜好度

年龄段	平均值	标准差	N
10岁年龄段	3.9412	1.51640	34
20岁年龄段	4.3676	1.50460	136
30岁年龄段	4.1667	.40825	6
总计	4.2784	1.48777	176

主体间效应检验

因变量: 电视剧喜好度

源	III 类平方和	自由度	均方	F	显著性
修正模型	5.025	2	2.512	1.137	.323
截距	765.063	1	765.063	346.179	.000
年龄段	5.025	2	2.512	1.137	.323
误差	382.333	173	2.210		
总计	3609.000	176			
修正后总计	387.358	175			

a. R 方 = .013 (调整后 R 方 = .002)

图 14-27　单变量方差分析结果

与之前的单因素 ANOVA 检验相同,可以确认如图 14-28 所示的事后检验结果。

多重比较

因变量: 电视剧喜好度
图基 HSD

(I) 年龄段	(J) 年龄段	平均值差值 (I-J)	标准误差	显著性	95% 置信区间 下限	95% 置信区间 上限
10岁年龄段	20岁年龄段	-.4265	.28505	.295	-1.1003	.2474
	30岁年龄段	-.2255	.65828	.937	-1.7817	1.3307
20岁年龄段	10岁年龄段	.4265	.28505	.295	-.2474	1.1003
	30岁年龄段	.2010	.62015	.944	-1.2651	1.6671
30岁年龄段	10岁年龄段	.2255	.65828	.937	-1.3307	1.7817
	20岁年龄段	-.2010	.62015	.944	-1.6671	1.2651

基于实测平均值。
误差项是均方(误差)=2.210。

图 14-28　事后检验结果

(三)R 练习

与 Excel 和 SPSS 一样,在 R 中进行方差分析也需要生成三个以上标签的新的组变量。为此以"年龄"变量"sampledata[,10]"为基础,生成新"年龄段"的变量"age_level"。为了将"年龄段"的变量划分为 10 岁年龄段、20 岁年龄段、30 岁年龄段,编码如下:"10 岁年龄段"为"1"、"20 岁年龄段"为"2"、"30 岁年龄段"为"3"。首先为了将 age_level 全部设为 1,执行"age_level=rep(1,176)"命令;为了将"20 岁年龄段"以上设为"2",执行"age_level[sampledata[,10]>=20]=2"命令;为了将"30 岁年龄段"以上设为"3",执行"age_level[sampledata[,10]>=30]=3"命令,如图 14-29 所示。

```
> sampledata=read.csv("sampledata.csv")
> sampledata[,10]
  [1] 22 25 18 19 26 28 26 23 19 18 21 19 19 35 25 24 24 27 30 27 31 25 29 24 27 36 30 26 25 22 22 20 23 23 19 19 22 21 19 20 22 23
 [43] 22 21 22 21 22 22 19 21 28 20 22 23 22 24 25 23 24 22 19 20 21 25 23 23 20 25 24 22 22 23 22 23 19 20 23 17 26 21 20 23 22 23
 [85] 24 21 19 19 22 24 20 23 22 21 22 23 25 21 25 23 25 22 25 22 22 22 19 21 18 21 19 19 19 19 19 18 19 19 19 25 20 19 21 37 23 19
[127] 26 23 20 22 20 24 21 21 21 23 23 22 23 22 22 25 24 21 23 19 19 23 23 23 23 21 20 21 21 22 22 24 23 24 19 19 23 21 20 23 20 20
[169] 24 20 22 22 20 20 19 19
>
> age_level=rep(1,176)
> age_level
  [1] 1 1 1 1 1 1 1 1 1 1 1 1 1 1 1 1 1 1 1 1 1 1 1 1 1 1 1 1 1 1 1 1 1 1 1 1 1 1 1 1 1 1 1 1 1 1 1 1 1 1 1 1 1 1 1 1 1 1 1 1 1 1 1
 [64] 1 1 1 1 1 1 1 1 1 1 1 1 1 1 1 1 1 1 1 1 1 1 1 1 1 1 1 1 1 1 1 1 1 1 1 1 1 1 1 1 1 1 1 1 1 1 1 1 1 1 1 1 1 1 1 1 1 1 1 1 1 1 1
[127] 1 1 1 1 1 1 1 1 1 1 1 1 1 1 1 1 1 1 1 1 1 1 1 1 1 1 1 1 1 1 1 1 1 1 1 1 1 1 1 1 1 1 1 1 1 1 1 1 1 1
>
> age_level[sampledata[,10]>=20]=2
> age_level[sampledata[,10]>=30]=3
> age_level
  [1] 2 2 1 1 2 2 2 2 1 1 2 1 1 3 2 2 2 2 3 2 3 2 2 2 2 3 3 2 2 2 2 2 2 2 1 1 2 2 1 2 2 2 2 2 2 2 2 2 1 2 2 2 2 2 2 2 2 2 2 2 1 2 2
 [64] 2 2 2 2 2 2 2 2 2 2 2 1 2 2 1 2 2 2 2 2 2 2 2 1 1 2 2 2 2 2 2 2 2 2 2 2 2 2 2 2 2 2 2 1 2 1 2 1 1 1 1 1 1 1 1 1 2 2 1 2 3 2 1
[127] 2 2 2 2 2 2 2 2 2 2 2 2 2 2 2 2 2 2 2 1 1 2 2 2 2 2 2 2 2 2 2 2 2 2 1 1 2 2 2 2 2 2 2 2 2 2 2 2 1 1
> |
```

图 14-29　R 中生成新变量

创建新的变量"age_level"后,为了将该变量的值对应到标签,执行"age_level=factor(age_level,labels=c("10","20","30"))"命令。将作为因变量的"电视剧喜好度"(sampledata[,2])保存在"dramapref"中。为了确认各组的模式,输出箱图如图 14-30 所示。最后使用"aov()"函数进行方差分析,如图 14-31 所示。为了确认统计的显著性,可以使用"summary()"函数。

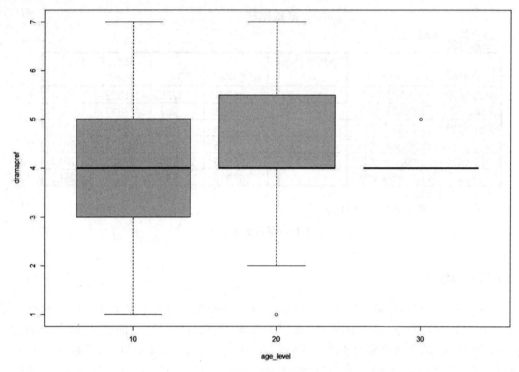

图 14-30　箱图

```
> age_level=factor(age_level,labels=c("10","20","30"))
> dramapref=sampledata[,2]
> boxplot(dramapref~age_level)
> aov(dramapref~age_level)
Call:
   aov(formula = dramapref ~ age_level)

Terms:
                age_level Residuals
Sum of Squares     5.0246  382.3333
Deg. of Freedom         2       173

Residual standard error: 1.486613
Estimated effects may be unbalanced
>
> summary(aov(dramapref~age_level))
             Df Sum Sq Mean Sq F value Pr(>F)
age_level     2    5.0   2.512   1.137  0.323
Residuals   173  382.3   2.210
> |
```

图 14-31　单因素方差分析

第二节　考虑到协变量的组均值差异检验

一、协方差分析(ANCOVA)

目前为止了解了只考虑一个自变量(处理变量、因子)和一个因变量(结果变量、反应变量)的方差分析。方差分析是以检验两组间的因变量的差异为目的,但只以一个变量或因子产生两个组的差异为前提,即为了正确调查自变量对因变量产生的效果,必须避免自变量以外的其他因子(外生变量、环境变量等)对因变量产生影响。为了控制这些外生变量,调查者可以通过实验直接在调查或测量前将其强制控制,但现实上存在很多不能直接使用这种强制控制方法的情况。在方差分析中将这种外生变量视为协变量(见图 14-32),利用统计方法间接控制外生变量的其他影响。例如,在根据年龄段对特定品牌的"品牌忠诚度"进行调查比较的情况下,不同年龄段可能存在教育水平的差异。调查者的目的是分析不同年龄段中"品牌忠诚度"的差异,但如果教育水平也会影响"品牌忠诚度"的话,即使调查结果显示调查对象"品牌忠诚度"有显著差异,也很难认为这种差异仅由"年龄"因子引起。虽然有必要控制"教育水平"这一因子,但不可能强制控制顾客已经形成的教育水平。所以将教育水平视为协变量,包含在方差分析内同时进行分析,间接消除协变量(教育水平)的效果,仅根据主要因子(年龄)的纯粹效果,统计推断各组之间的显著差异。

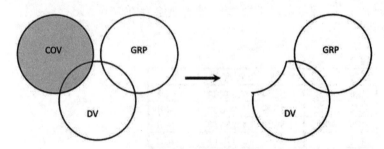

图 14-32　协变量的概念

注:COV 为协变量;GRP 为自变量;DV 为因变量。

二、统计分析实践

(一)SPSS 练习

为了进行协方差分析,可以在"一般线性模型"菜单中选中"单变量"功能进行一般化的方差分析,如图 14-33 所示。将"综艺喜好度"作为因变量、"年龄段"为自变量进行方差分析,再与协方差分析进行比较。首先进行与之前介绍相同的单变量方差分析。

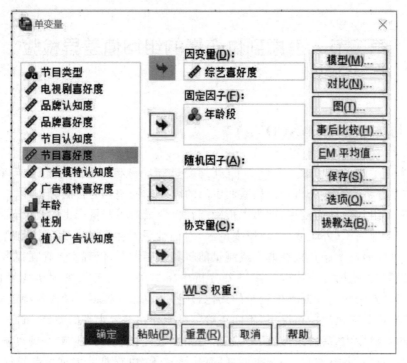

图 14-33　单变量方差分析

　　方差分析的结果如图 14-34 所示。显著性概率为 0.094,在显著水平 0.05 的情况下,虽然不能拒绝"年龄段不同,综艺喜好度没有差异"的原假设,但是在显著水平 0.10 的情况下,可以拒绝原假设,即年龄段不同,综艺喜好度会存在差异。

描述统计

因变量: 综艺喜好度

年龄段	平均值	标准差	N
10岁年龄段	4.5294	1.54204	34
20岁年龄段	5.1029	1.45693	136
30岁年龄段	4.5000	1.22474	6
总计	4.9716	1.47911	176

主体间效应检验

因变量: 综艺喜好度

源	III 类平方和	自由度	均方	F	显著性
修正模型	10.329*	2	5.164	2.398	.094
截距	981.773	1	981.773	455.928	.000
年龄段	10.329	2	5.164	2.398	.094
误差	372.529	173	2.153		
总计	4733.000	176			
修正后总计	382.858	175			

a. R 方 = .027（调整后 R 方 = .016）

图 14-34　单变量方差分析结果

如图 14-35 所示,在单变量方差分析中,可以选择变量("节目喜好度")为"协变量"进行协方差分析。方差分析和协变量分析类似上述情况时,在方差分析时只考虑协变量的差异存在与否。

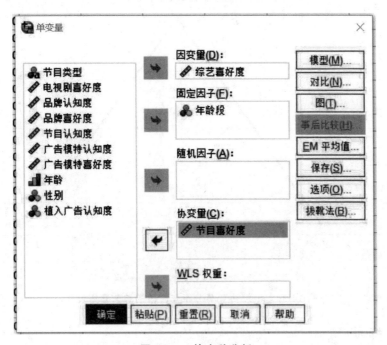

图 14-35　协方差分析

协变量分析结果体现在图 14-36 的协变量分析结果上。协变量"节目喜好度"在 0.10 的显著水平上,对"综艺喜好度"有显著的影响,即"节目喜好度"越高,"综艺喜好度"也就越高。其次因为核心变量"年龄段"在 0.10 的显著水平上,对"综艺喜好度"有显著的影响,所以可以认为年龄段不同,综艺喜好度也有差异。与之前方差分析中的"年龄段"的显著性概率相比,在协变量分析中的显著性概率有所下降。因此,考虑协变量"节目喜好度"可以更明确地区分"年龄段"的影响,并据此进行判断。

主体间效应检验

因变量: 综艺喜好度

源	III 类平方和	自由度	均方	F	显著性
修正模型	18.183	3	6.061	2.859	.039
截距	682.091	1	682.091	321.710	.000
节目喜好度	7.855	1	7.855	3.705	.056
年龄段	12.181	2	6.090	2.873	.059
误差	364.675	172	2.120		
总计	4733.000	176			
修正后总计	382.858	175			

a. R 方 = .047(调整后 R 方 = .031)

图 14-36　协变量分析结果

图 14-37 直接显示了不同年龄段综艺喜好度的差异。因为根据协变量分析结果,统计上有显著的差异,所以可以说 20 岁年龄段的人群比其他年龄段的人群更喜爱综艺。

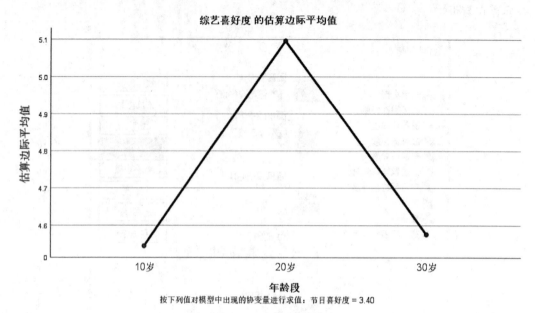

图 14-37　根据协变量分析年龄段的综艺喜好度

(二)R 练习

首先可以使用"tapply()"函数确认综艺喜好度("enterpref")的描述统计量。由图 14-38 可知"10 岁年龄段"的综艺喜好度平均值为 4.53,"20 岁年龄段"的综艺喜好度平均值为 5.10,"30 岁年龄段"的综艺喜好度平均值为 4.5。

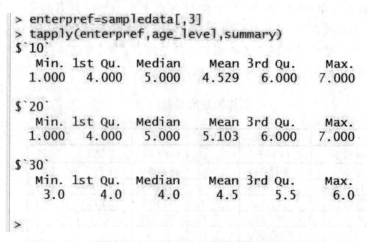

图 14-38　各年龄段综艺喜好度描述统计量

R 中协方差分析可以运用"aov()"函数。如果说单因素方差分析和"aov(enterpref～age_level)"一样只包含一个自变量使用"aov()"函数,那么协方差分析和"aov

（enterpref～age_level＋progpref)"一样,将两个自变量（"age_level","progpref"）包含在
"aov()"函数中。如图 14-39 所示,分析结果的解释与之前 SPSS 的分析结果解释相同。

```
> enterpref=sampledata[,3]
> progpref=sampledata[,7]
> aov(enterpref~age_level)
Call:
   aov(formula = enterpref ~ age_level)

Terms:
              age_level Residuals
Sum of Squares   10.3285  372.5294
Deg. of Freedom        2       173

Residual standard error: 1.467429
Estimated effects may be unbalanced
> enterpref=sampledata[,3]
> progpref=sampledata[,7]
> aov(enterpref~age_level)
Call:
   aov(formula = enterpref ~ age_level)

Terms:
              age_level Residuals
Sum of Squares   10.3285  372.5294
Deg. of Freedom        2       173

Residual standard error: 1.467429
Estimated effects may be unbalanced
>
> summary(aov(enterpref~age_level))
             Df Sum Sq Mean Sq F value Pr(>F)
age_level     2   10.3   5.164   2.398 0.0939 .
Residuals   173  372.5   2.153
---
Signif. codes:  0 '***' 0.001 '**' 0.01 '*' 0.05 '.' 0.1 ' ' 1
>
> aov(enterpref~age_level+progpref)
Call:
   aov(formula = enterpref ~ age_level + progpref)

Terms:
              age_level progpref Residuals
Sum of Squares   10.3285  12.2474  360.2820
Deg. of Freedom        2        1       172

Residual standard error: 1.447295
Estimated effects may be unbalanced
>
> summary(aov(enterpref~age_level+progpref))
             Df Sum Sq Mean Sq F value Pr(>F)
age_level     2   10.3   5.164   2.465 0.0880 .
progpref      1   12.2  12.247   5.847 0.0166 *
Residuals   172  360.3   2.095
---
Signif. codes:  0 '***' 0.001 '**' 0.01 '*' 0.05 '.' 0.1 ' ' 1
> |
```

图 14-39　R 中协方差分析

第三节 两个以上组因素的交互作用效果

一、多因素方差分析（multi-way ANOVA）

单因素（配置）方差分析可以用于检验基于一个自变量（因素）和因变量之间的关系或一个组因素的组因变量的均值差异。但是调查者可能对两种以上的组因素感兴趣，实际上两个以上的组因素之间复杂的关系会影响市场。例如，调查年龄段对"品牌忠诚度"的影响，同时也要考虑性别可能会影响"品牌忠诚度"。在此情况下，虽然调查者可以根据各因素（年龄段、性别）进行个别单因素（配置）方差分析得出结论，但无法考虑年龄段和性别同时作用而产生的额外的交互作用效果。例如，通常认为 20 岁年龄段相比 30 岁年龄段，以及女性相比男性对特定品牌的"品牌忠诚度"更高。这两组的各自效果称为主效果，特别是 20 岁年龄段的情况比 30 岁年龄段的情况、女性比男性对特定品牌的"品牌忠诚度"超高的情况，可以认为年龄和性别之间有交互作用效果，但不能以个别单因素（配置）方差分析检验这一交互作用效果。因此，为了检验交互作用效果，要进行能够同时分析两个以上因素的多因素方差分析（multi-way ANOVA）。多因素方差分析的过程与此前单因素（配置）方差分析相同，用 F 统计量来进行检验。理论上多因素方差分析可以以 4 个以上的组因素为对象进行分析，但其解释会比较复杂。因此一般常用双因素（two-way）或三因素（three-way）方差分析。本章将以双因素方差分析为对象进行说明。对于三因素方差分析，由于组因素较多，交互作用的个数会增加，但解释的方法与双因素方差分析的解释方式基本相同。

为了得到双因素方差分析的正确解释，分析交互作用的效果是必须的。交互作用效果是指会影响因变量的两个以上自变量，除了各自变量持有的独立效果（主效果）以外，由自变量之间的关系产生的额外效果。在这里额外发生的效果可以强化或削弱主效果。两个以上的自变量中的一个变量对因变量的效果会受到其他变量的影响，因此也被称为调节效果。图 14-40 是两个因素 A、B 可能产生的交互作用效果的例子。第一个图中，因为因素 A 在 High 的情况相比 Low 的情况 Output 总是更大，因素 B 在 Low 的情况比 High 的情况 Output 总是更大，所以因素 A 和因素 B 只存在对 Output 的主效果，不存在交互作用效果。第二个图和第一个图一样，虽然只存在因素 A 的主效果，因素 B 的主效果并不明确。因素 A 的效果随着因素 B 的状态而变化，但因素 B 在 Low 的情况下，因素 A 的效果在 High 和 Low 的时候对 Output 的效果差异很大，相反因素 B 在 High 的情况下，因素 A 的效果是相对变小。最后一个图显示此交互作用效果戏剧性地出现了，相反各个因素的主效果几乎不存在，但是根据因素 B 的状态，因素 A 的效果存在着非常强的交互作用效果，即因素 B 的状态是 Low 的情况，因素 A 在 High 的时候 Output 更大，相反因素 B 是 High 的情况，因素 A 在 Low 水平时 Output 会更大。像这样的交互作用效果是指对因变量产生影响的特定自变量,其他变量会对其产生影响,之前的图表说明所见所得的结果是调节其他变量影响的效果。

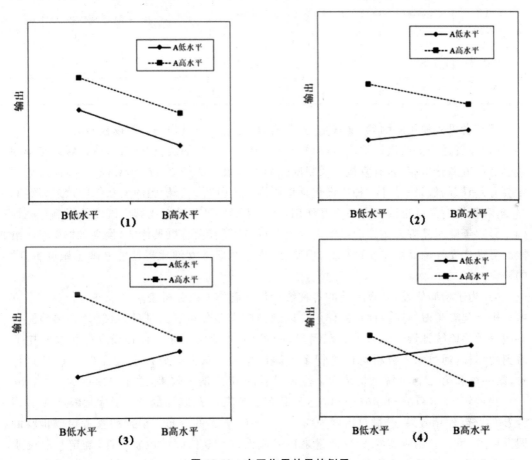

图 14-40 交互作用效果的例子

双因素(配置)方差分析与单因素(配置)方差分析相似,在整体变动中通过计算组间变动和组内变动比率的 F 统计量来检验假设。只是由于因素的数量更多,需要考虑的变动种类更多,此外还要考虑交互作用的变动,所以 F 统计量计算更加复杂。双因素(配置)方差分析中,整体变动分别由持有 a 个和 b 个标签(水平)的自变量(因素)A 和 B 各自的变动和这两个因素的交互作用产生的变动,以及组内的变动残差构成,如果将其表现为公式的话,如下:

$$SS(Total) = SS(A) + SS(B) + SS(AB) + SSE$$

将因素 A 的组/标签之间的变动、因素 B 的组/标签之间的变动,两个因素之间的交互作用的变动、组/标签内的变动,以及整体变动等包括在内计算 F 统计量的过程,可以概括为一个方差分析表,如表 14-2 所示。

表 14-2　双因素方差分析表

因素	平方根	自由度	均值平方根	F 值
A 因子 B 因子 交互作用 残差	SS_A SS_B $SS_{A \times B}$ SSE	$I-1$ $J-1$ $(I-1)(J-1)$ $IJ(n-1)$	MS_A MS_B $MS_{A \times B}$ MSE	$F_A = MS_A/MSE$ $F_B = MS_B/MSE$ $F_{A \times B} = MS_{A \times B}/MSE$
合计	SST	$IJ-1$		

调查者可以使用双因素(配置)方差分析表,经过以下过程进行假设检验。

(1)设置适当的假设。双因素(配置)方差分析可检验的假设有两种,一种假设与单因素(配置)方差分析相同,有直接涉及组间差异的假设。例如,设立"年龄段不同,品牌忠诚度会有差异"的假设;另外一种假设包括单因素方差分析无法检验的交互作用效果,例如,"年龄和性别对品牌忠诚度存在交互作用,并产生影响""年龄对品牌忠诚度的影响存在性别差异""年龄对品牌忠诚度的影响由性别来调节"等假设。更具体的,设立如"10 岁年龄段的男性比女性的品牌忠诚度更高,但是 20 岁年龄段的女性比男性的品牌忠诚度更高"的假设。

(2)为了检验假设,计算之前的各种统计量来制作方差分析表。这个方差分析表在方差分析上起着类似描述统计量的作用。以制作的方差分析表为基础,最终计算出检验各自假设的检验统计量 F 统计值。双因素(配置)方差分析正如之前在设立假设过程中所看到的那样,通过一个分析可以进行多个假设检验。从方差分析表上看有三个 F 统计量,第一个和第二个 F 统计量是为了检验因素 A 和 B 的主效果,遵循自由度为 $a-1$、$ab(n-1)$ 的 F 分布和 $b-1$、$ab(n-1)$ 的 F 分布。第三个 F 统计量是为了检验因素 A 和因素 B 的交互作用效果,遵循自由度为 $(a-1)$、$ab(n-1)$ 的分布。根据调查者想要检验的假设形式,可以利用所需的 F 统计量来检验假设。与其他假设检验一样,确定显著性水平和临界值,决定是否接受假设。当 F 统计量大于临界值时,原假设被拒绝,接受备择假设,调查者可以得出组之间均值是否存在差异或交互作用效果,以及自变量(组、因素)和因变量(结果、反应)之间是否存在关系的结论。

二、统计分析实践

(一)Excel 练习

在 Excel 中进行双因素方差分析,需要输入如图 14-41 所示的数据。
在"数据分析"选择窗口中选择"方差分析:无重复双因素分析",如图 14-42 所示。
在输入范围之前,选择数据输入区域,如图 14-43 所示。

(二)SPSS 练习

在"一般线性模型"菜单中,可以通过"单变量"功能进行双因素方差分析。如图

输入范围		
	组1	组2
测试1	75	58
	68	56
	71	61
	75	60
测试2	66	62
	70	60
	68	59
	68	68

图 14-41　进行双因素配置方差分析输入 Excel 数据

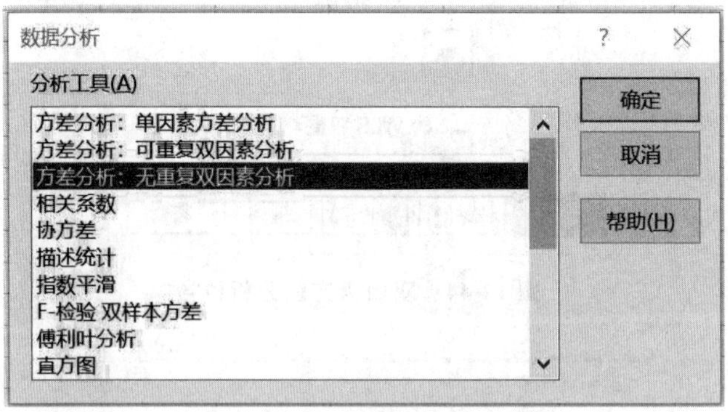

图 14-42　双因素方差分析

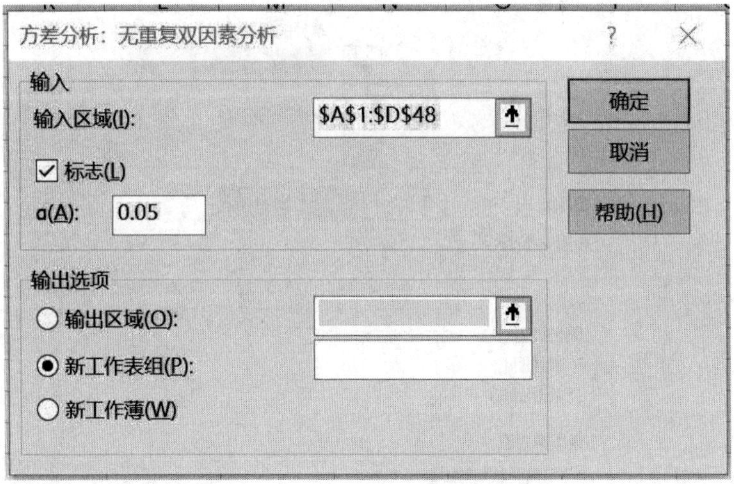

图 14-43　双因素方差分析输入数据

14-44所示,在"单变量"输入窗口中,将因变量("综艺喜好度")和两个自变量/因素("性别""年龄段")从左侧变量目录里移动到右侧变量列表。

为了将图表包含在输出中,选择"图",可以看到"单变量:轮廓图"输入窗口,如图14-45所示。输入图中水平轴要区分的"水平轴变量",有需要的情况下在图中输入由线条颜色区分的"单独的线条",并选择"添加"添加到图表栏中。定义多个图表,分析后可以输

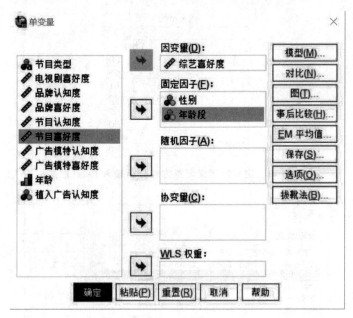

图 14-44　双因素方差分析(1)

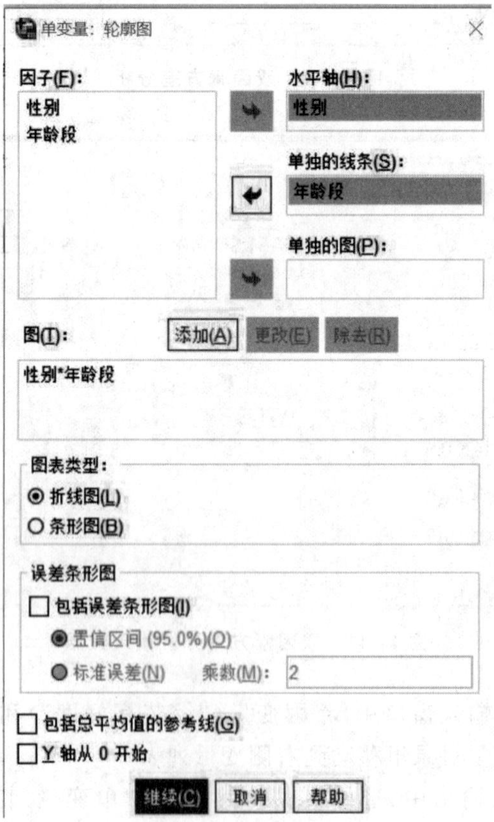

图 14-45　双因素方差分析(2)

出图表。一般"＊"的标示是指以两个变量的交互作用或调节效果,例如 $A＊B$ 是指变量 A 和变量 B 的交互作用效果或关于变量 A 效果的变量 B 的调节效果。因此"性别＊年龄段"将输出"性别"和"年龄段"变量的交互作用效果的图表。

图 14-46 的方差分析结果中,"描述统计"表显示描述统计结果。显示两个自变量(组变量),2(男 VS.女)×3(10 岁年龄段 VS. 20 岁年龄段 VS. 30 岁年龄段)＝6 个组分类的描述统计量。"主体间效应检验"表为方差分析表,可以确认各自变量的 F 值和显著性概率。首先,性别和年龄段的效应检验显示各自显著性概率分别为 0.059 和 0.029,在 0.10 的显著水平下性别对综艺喜好度会有显著的影响,但是在显著水平 0.05 的情况下,不会有显著的影响。年龄段对综艺喜好度,在 0.05 的显著水平下会有显著的影响。可以认为,综艺喜好度根据年龄段的不同会有差异,根据性别的不同会有部分(Marginally,因为在显著水平 0.10 上显著)差异。两个变量的交互作用"性别＊年龄段"在 0.10 的显著性概率上显著,所以两个变量的交互作用可以说是部分存在的,即性别不同时,综艺喜好度可能因为年龄段不同有所差异。

描述统计

因变量：综艺喜好度

性别	年龄段	平均值	标准差	N
男性	10岁年龄段	4.9565	1.29609	23
	20岁年龄段	5.1379	1.47201	87
	30岁年龄段	6.0000		1
	总计	5.1081	1.42925	111
女性	10岁年龄段	3.6364	1.68954	11
	20岁年龄段	5.0408	1.44279	49
	30岁年龄段	4.2000	1.09545	5
	总计	4.7385	1.54391	65
总计	10岁年龄段	4.5294	1.54204	34
	20岁年龄段	5.1029	1.45693	136
	30岁年龄段	4.5000	1.22474	6
	总计	4.9716	1.47911	176

主体间效应检验

因变量：综艺喜好度

源	III类平方和	自由度	均方	F	显著性
修正模型	26.293[a]	5	5.259	2.507	.032
截距	614.332	1	614.332	292.896	.000
性别	7.576	1	7.576	3.612	.059
年龄段	15.210	2	7.605	3.626	.029
性别 * 年龄段	10.754	2	5.377	2.564	.080
误差	356.565	170	2.097		
总计	4733.000	176			
修正后总计	382.858	175			

a. R 方 = .069（调整后 R 方 = .041）

图 14-46　双因素方差分析结果

图 14-47 显示了性别和年龄段对综艺喜好度产生影响的交互作用。在 10 岁年龄段和 30 岁年龄段，男性比女性更喜爱综艺，相反在 20 岁年龄段中，男性和女性的综艺喜好程度相似。当然，通过方差分析表可以确认该交互作用只是部分显著的（显著性概率比 0.05 大，比 0.10 小）。

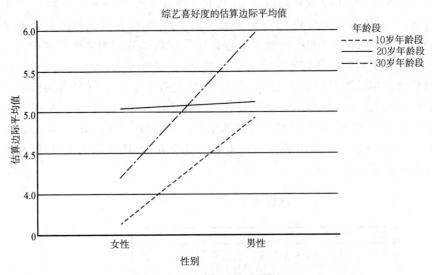

图 14-47　双因素方差分析图表(1)

选择"图"选项时，变更"水平轴"和"单独的线条"变量，可以输出如图 14-48 所示不同角度的图。该图显示男性比女性更喜欢综艺，同时也表示随着年龄段的改变，综艺喜好度在男性和女性中也会改变。男性年龄越大，对综艺喜好程度就越高；相反，女性在 20 岁年龄段时对综艺的喜好度最高，10 岁年龄段和 30 岁年龄段相对来说对综艺喜好程度较低。

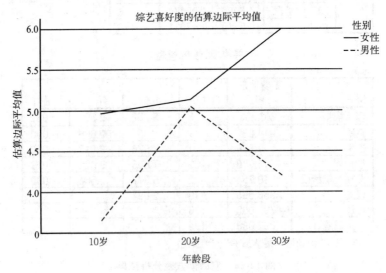

14-48　双因素方差分析图表(2)

如图 14-49 所示,在双因素方差分析中也可以进行协变量分析。在相同条件下,可以选择想要考虑的协变量进行分析。

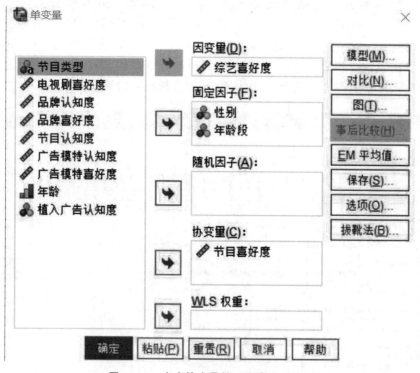

图 14-49　考虑协变量的双因素方差分析

图 14-50 显示了考虑协变量的双因素方差分析结果。与之前的双因素方差分析结果相比,所有效果(性别和年龄段的主效果、性别和年龄段的交互作用效果)的显著性概率下降,其效果更加明显。因此,协变量"节目喜好度"应视为分析中重点考虑的协变量。

主体间效应检验

因变量：综艺喜好度

源	III 类平方和	自由度	均方	F	显著性
修正模型	40.291[a]	6	6.715	3.313	.004
截距	429.131	1	429.131	211.705	.000
节目喜好度	13.998	1	13.998	6.906	.009
性别	8.784	1	8.784	4.333	.039
年龄段	20.644	2	10.322	5.092	.007
性别 * 年龄段	14.997	2	7.499	3.699	.027
误差	342.567	169	2.027		
总计	4733.000	176			
修正后总计	382.858	175			

a. R 方 = .105（调整后 R 方 = .073）

图 14-50　考虑到协变量的双因素方差分析结果

（三）R 练习

R 中的双因素方差分析也可以运用"aov（）"函数。单因素方差分析与"aov（enterpref～age_level）"一样，只包含一个自变量使用"aov（）"函数的话，双因素方差分析与"aov（enterpref～age_level＋age_level＊gender）"一样，将两个自变量（"age_level"，"progpref"）的主效应和交互效应（"age_level＊gender"）输入"aov（）"函数进行方差分析。如图 14-51 所示，分析结果的解释与之前 SPSS 的分析结果的解释相同。

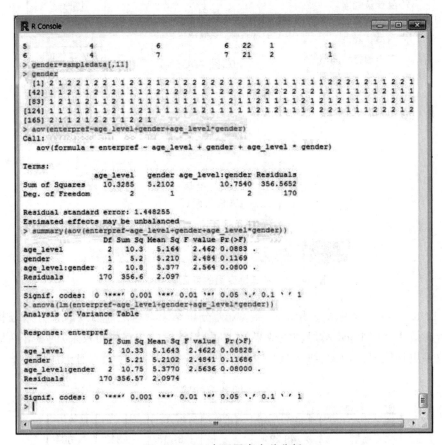

图 14-51　R 中双因素方差分析

第四节　三个以上组之间的计数差异

一、交叉分析

交叉分析与之前的说明一样，是为了检验对名义或顺序尺度等一样的范畴型变量的计数或比例差异而使用的统计推断方法。前面两组的比例差异检验被限制为对两组之间的比较和对单一变量的比例差异检验,但是交叉分析不仅可以比较两个以上的组,还可以同时检验多个变量的比例差异。例如中国、美国、韩国的观众喜欢的 K-POP 歌手的比例差异是不可能通过之前两组的比例差异检验来进行检验,需要通过交叉分析进行统计推断。一般交叉分析使用遵循 x^2 分布的 x^2 统计量来进行检验。为了进行交叉分析,首先制作称为交叉表(cross tabulation)或列联表(contingency table)的表示各变量出现计数的表。

例如对于三位 K-POP 歌手(歌手 A、歌手 B、歌手 C),调查中国、美国、韩国观众喜好度的交叉表(见表 14-3)。中国观众最喜欢歌手 A,最不喜欢歌手 C;而美国观众最喜欢歌手 B,最不喜欢歌手 A;韩国观众最喜欢歌手 C,不太喜欢歌手 B。以这样的调查结果为基础,来检验中国、美国、韩国观众对 K-POP 歌手的喜好比率是否有差异。

表 14-3 交叉表

	歌手 A	歌手 B	歌手 C
中国	50	30	20
美国	20	50	30
韩国	30	20	50

卡方交叉分析是根据实际观测计数(observed frequency)和在各单元格统计上可期待的期望计数(expected frequency)之间的差异,参考卡方分布(chi-squard distribution)进行统计检验的统计方法。在这里期望计数是指在交叉表中各行和列的计数和除以总计数量,是指各行和列的总合计标准均值计数,即在整体总体上将各选择方案所拥有的均值计数视为期望计数。

$$E_i = \frac{N}{n}$$

表 14-4 包含期望计数的交叉表

	歌手 A	歌手 B	歌手 C	合计
中国	50(33.3)	30(33.3)	20(33.3)	100
美国	20(33.3)	50(33.3)	30(33.3)	100
韩国	30(33.3)	20(33.3)	50(33.3)	100
	100	100	100	300

注:"()"中是期望计数。

例如,交叉表的结果显示,韩国喜好歌手 A 的人比期望计数 33.3 名少一些(30 名),而歌手 C 则比期望计数 33.3 名多(50 名)。以此为基础进行卡方交叉分析的话,调查者可以确认在中国、美国、韩国喜好 K-POP 歌手的形式上的差异。

卡方交叉分析是假设期望计数和观测计数的整体差异程度会遵循卡方分布,期望计数和观测计数的差异,除以期望计数的比率的总和,用卡方统计量计算。

$$x^2 = \frac{(33.3-30)^2}{33.3} + \frac{(33.3-20)^2}{33.3} + \frac{(33.3-50)^2}{33.3} + \frac{(33.3-20)^2}{33.3} +$$

$$\frac{(33.3-50)^2}{33.3} + \frac{(33.3-30)^2}{33.3} + \frac{(33.3-50)^2}{33.3} + \frac{(33.3-30)^2}{33.3} +$$

$$\frac{(33.3-20)^2}{33.3} = 42.04$$

显著水平为 0.05，卡方临界值为 $x^2(5) = 1.15$，由于卡方统计量大于临界值，所以三个组的 K-POP 喜好形式是相同的，原假设被拒绝，接受备择假设。因此中国、美国、韩国观众喜欢的 K-POP 歌手可以说是有差异的。

二、统计分析练习

(一)SPSS 练习

如图 14-52 所示，在"描述统计"菜单中，可以通过"交叉表"功能进行交叉分析。

图 14-52　交叉表

如图 14-53 所示，在"交叉表"输入窗口中，将两个变量(名义或组变量)从左侧窗口的变量列表中选中，移动到"行"和"列"栏。

选择"统计"，在统计量输入窗口中选择"卡方"，如图 14-54 所示。

选择"单元格"，在输入窗口中选择"实测"和"期望"计数，如图 14-55 所示。

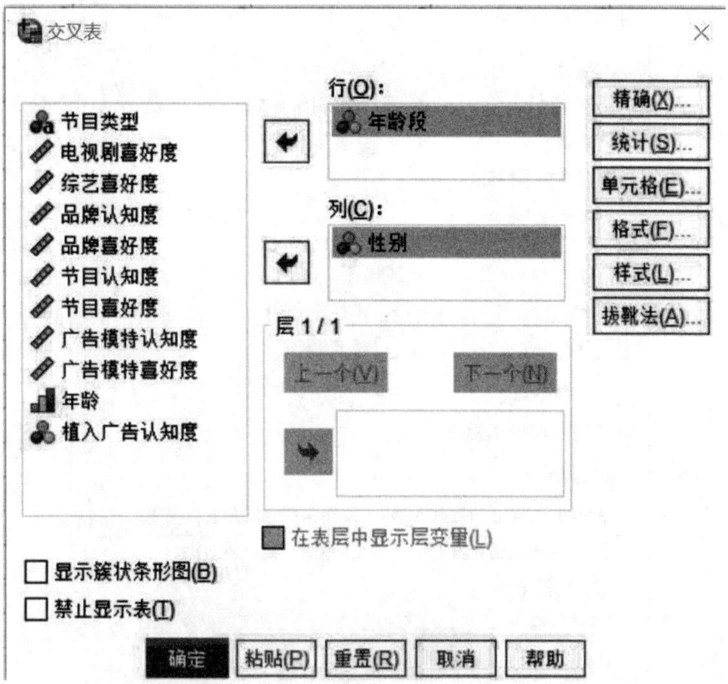

图 14-53　交叉表(1)

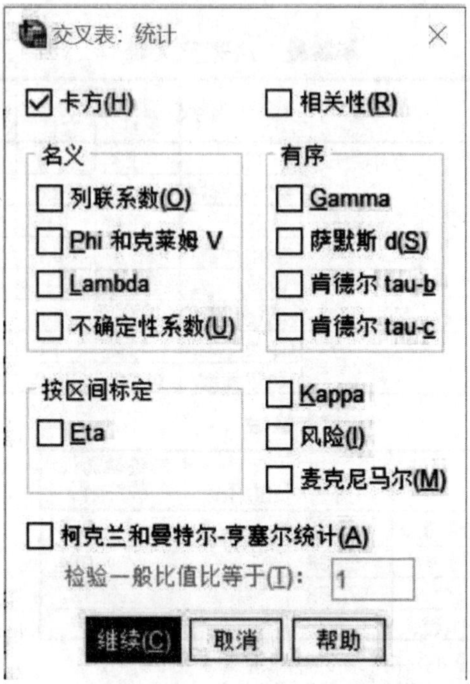

图 14-54　交叉表(2)

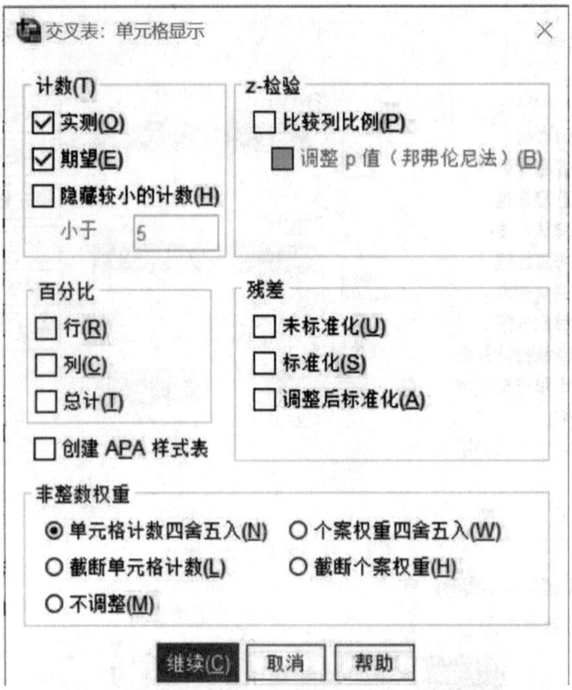

图 14-55　交叉表(3)

图 14-56 是交叉表分析结果。第一个表格是性别的年龄段差异的交叉表:男生在 10

年龄段 * 性别 交叉表

| | | | 性别 | | |
			男性	女性	总计
年龄段	10岁年龄段	计数	23	11	34
		期望计数	21.4	12.6	34.0
	20岁年龄段	计数	87	49	136
		期望计数	85.8	50.2	136.0
	30岁年龄段	计数	1	5	6
		期望计数	3.8	2.2	6.0
总计		计数	111	65	176
		期望计数	111.0	65.0	176.0

卡方检验

	值	自由度	渐进显著性（双侧）
皮尔逊卡方	5.900[a]	2	.052
似然比	5.836	2	.054
线性关联	2.263	1	.132
有效个案数	176		

a. 2个单元格 (33.3%) 的期望计数小于 5。
最小期望计数为 2.22。

图 14-56　交叉表结果

岁年龄段为 21%、20 岁年龄段为 86%、30 岁年龄段为 4%;女生在 10 岁年龄段为 13%、20 岁年龄段为 50%、30 岁年龄段为 2%,可以知道男性和女性在不同年龄段,比例有所不同。第二张表格判断了此差异在统计上是否有意义。本例以皮尔逊卡方为标准来检验统计的显著性。检验结果的显著性概率为 0.052,虽然比显著水平 0.05 大,但是比显著水平 0.10 小,可以判断为部分显著。

(二)R 练习

R 中的交叉表使用"table()"函数,为了进行交叉分析使用"chisq.test()"函数,如图 14-57 所示。

```
> table(gender,age_level)
        age_level
gender  1  2  3
      1 23 87  1
      2 11 49  5
> chisq.test(table(gender,age_level))

        Pearson's Chi-squared test

data:   table(gender, age_level)
X-squared = 5.8999, df = 2, p-value = 0.05234

Warning message:
In chisq.test(table(gender, age_level)) : Chi-squared近似算法有可能不准
> |
```

图 14-57 R 中交叉分析

第十五章　基于关系的假设检验

本书目前为止已经阐述了基于差异的统计推断方法,即 t 检验、方差分析、交叉分析。基于差异的统计推断方法是当自变量为非连续变量时,调查自变量和因变量之间的关系而使用的方法,即自变量是名义形式的情况,由名义自变量区分的组,调查特定组与其他组相比有什么不同的关系。本章将阐述处理名义形式的非连续型变量和处理连续型变量的基于关系的统计推断方法——相关分析和回归分析。相关分析是一种调查以等距尺度或比例尺度测量的一个自变量和因变量之间线性关系的统计推断方法。回归分析是一种同时进行多个相关分析的方法,是分析以等距尺度或比例尺度测量的多个自变量和因变量之间的线性关系的方法。虽然回归分析以等距尺度或比例尺度测量的自变量为对象,但也可用于由非连续尺度——名义尺度或顺序尺度测量的自变量,最终理论上也可以适用于组之间差异的调查。

第一节　相关分析

一、相关关系的概念

相关分析是为了调查由等距尺度或比例尺度测量的两个变量之间线性相关程度的形式和强度的统计推断方法,通过计算相关系数(r),将两个变量之间的线性关系用统计数值来表现,即相关系数是由比例显示的指标,表明当一个变量变化,其他变量如何变化。例如,以企业为对象调查广告额和销售额的关系时,可以将各企业的广告额和销售额通过散点图(scatter gram)的形式画出来。

以广告额为 x 轴、销售额为 y 轴绘制图表时,可能会遵从如图 15-1 所示 5 种形式中的任意一种:强正相关、弱正相关、不相关、强负相关、弱负相关。相关系数将两个变量分别作为 x 坐标和 y 坐标,代表 x 坐标和 y 坐标的比例,会具有从 1 到 -1 的值。相关系数大致分为三种形式:

第一种情况是广告额增加时,销售额也会有随之增加的倾向,就表示两个变量之间存在正(positive)相关,相关系数(r)在统计上显示比 0 大($0 < r < 1$)。当其相关程度越高时

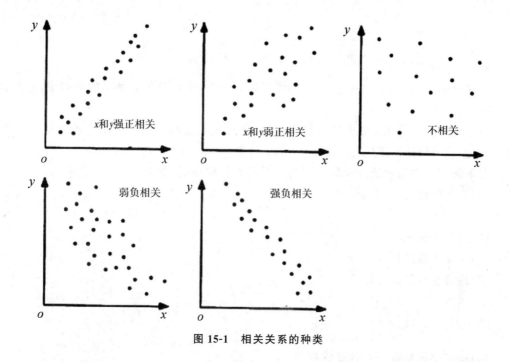

图 15-1　相关关系的种类

相关系数越接近＋1,即越是强正相关;越弱时相关系数越接近0,越是低正相关。

第二种情况是广告额越增加,销售额会有越减少的倾向,就表示这两个变量为负(negative)相关,相关系数(r)在统计上显示比 0 小($-1<r<0$)。当其相关程度越高时相关系数越接近－1,即越是高负相关,越弱时相关系数越接近0,即越是低负相关。

第三种情况是广告额的变化几乎不影响销售额时,两个变量之间不相关,相关系数在统计上显示与 0 没有差别($r=0$)。

相关系数一般根据测量尺度、估计方法分为两种:对于可算术计算的尺度(等距尺度或比例尺度)的情况,一般使用广为人知的相关系数即皮尔逊积矩相关系数(pearson's product moment correlation coefficient)或皮尔逊相关系数(pearson's correlation coefficient);相反,对于不可算术均值的顺序尺度的情况,则使用斯皮尔曼等级相关系数(spearman rank order correlation coefficient)。

二、皮尔逊相关系数

皮尔逊相关系数概念上是将两个变量之间的协方差(covariance)的大小与各变量的独立方差进行比较。协方差是指两个变量之间的共同方差,两个变量关系越强,协方差就越大,这个大小比各变量的独立方差大时,相关关系就越高,可用公式表示如下:

$$\rho_{X,Y} = \frac{\text{cov}(X,Y)}{\sigma_X \sigma_Y}$$

σ_x 和 σ_y 是指变量 x 和 y 各自的标准差,$\text{cov}(x,y)$ 是指变量 x、y 的协方差,将其转换为直接计算式如下:

$$r = \frac{\sum_{i=1}^{n}(x_i - \bar{x})(y_i - \bar{y})}{\sqrt{\sum_{i=1}^{n}(x_i - \bar{x})^2}\sqrt{\sum_{i=1}^{n}(y_i - \bar{y})^2}}$$

在这里 x_i 和 y_i 表示各变量 x、y 的测量值，$\bar{x}$ 和 $\bar{y}$ 表示变量 x 和 y 的平均值，n 表示标本大小。

为了通过皮尔逊相关系数进行科学决策，需对皮尔逊相关系数的统计推断进行显著性检验，假定 t 统计量遵从自由度 $n-2$ 的 t 分布。

皮尔逊相关系数的统计检验过程与一般假设检验相同，如下：

(1)假设的设置

H_0：$r=0$

H_1：$r>0$ 或 $r<0$

(2)相关系数的计算

(3)检验统计量的计算

$$t = r\sqrt{\frac{n-2}{1-r^2}}$$

(4)决定显著性水平和计算临界值

决定显著性水平，利用 t 分布和自由度 $n-2$ 计算临界值。

(5)决定接受假设与否

三、斯皮尔曼相关系数和肯德尔 tau 相关系数

当两个变量不是连续的定量变量，而是根据顺序尺度的非连续定量变量时，为了测量两个变量之间的相关程度可使用斯皮尔曼相关系数。该方法是不假定分布的正常性的非参数统计方法，与皮尔逊相关系数相同，系数的取值范围在 -1.0 到 $+1.0$ 之间。该相关系数可以比较简便地计算，优点是变量在按照顺序尺度来测量的情况下也可以使用，但是与皮尔逊相关系数相比不具有多样的数理特性。斯皮尔曼相关系数在概念上是将皮尔逊相关系数进行简化，所以对斯皮尔曼相关系数的解释实际上与皮尔逊相关系数相同。

$$r_s = 1 - \frac{6\sum d_i^2}{n(n^2-1)}$$

where

- $d_i = rg(X_i) - rg(Y_i)$, is the difference between the two ranks of each observation.
- n is the number of observations

肯德尔 tau 相关系数比斯皮尔曼相关系数在假设检验的效度上具有更多的优势。肯德尔 tau 相关系数是当一个排序与另一个排序相比时，以基于反转的个数的顺序相关系数，由对对象赋予排序的变量间的关联性尺度，了解两个变量之间存在多少关联性时使用的非参数的方法，即肯德尔 tau 相关系数是一系列等级的顺序有多少连贯性的指标。

四、统计分析练习

(一)Excel 练习

为了进行相关分析,可利用皮尔逊相关系数。与之前的各种分析练习一样,首先选择"数据分析",在统计数据分析选择窗口中选择"相关系数",如图 15-2 所示。

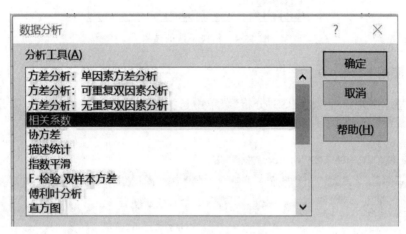

图 15-2 相关系数的选择

其次,输入相关系数所需数据的范围,如图 15-3 所示。这时为了使用第一行作为标签名,可以选择"标志位于第一行"选项。此时可输入的分析对象变量的数也可以超过 2 个。例如,分析 3 个变量相关关系的话,因为有 3 对关系,所以可计算出 3 个相关系数。

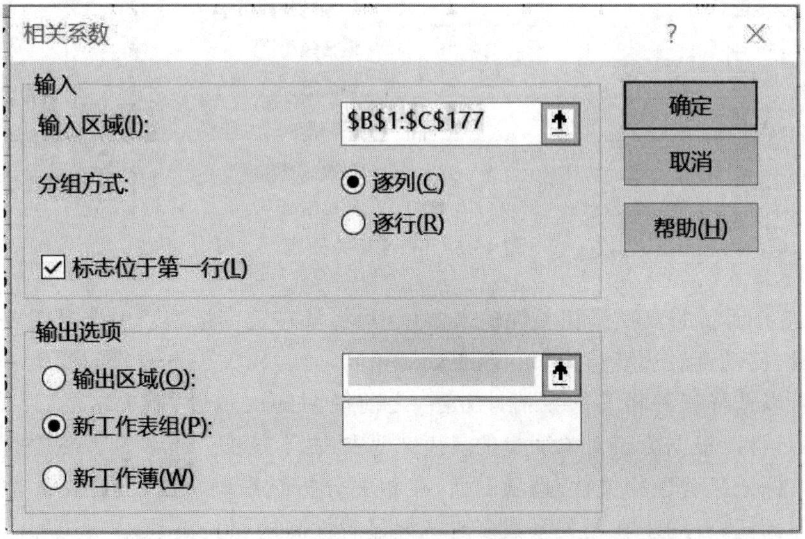

图 15-3 输入相关系数

相关系数的结果如图 15-4 所示。本例分析了电视剧喜好度和综艺喜好度之间的相关关系,两变量的相关系数为 0.16,即综艺喜好度与电视剧喜好度正相关。另外,虽然计算了相关系数,但也要确认该相关系数在统计上是否有显著性,而 Excel 暂无相关系数的统计显著性检验功能。

	A	B	C
1		电视剧喜好度	综艺喜好度
2	电视剧喜好度	1	
3	综艺喜好度	0.15682116	1

图 15-4　相关系数的结果

(二)使用 SPSS

为了进行相关分析,在 SPSS"分析"菜单中选择"相关"中的"双变量"相关分析,如图 15-5 所示。

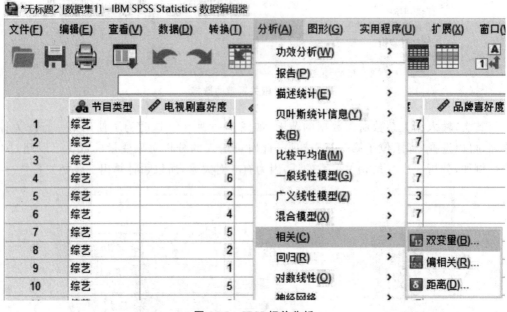

图 15-5　SPSS 相关分析

在图 15-6 所示的双变量相关性输入窗口中,将从左边变量列表中选择想要分析相关关系的变量,移动到右边变量窗口。与 Excel 相同,此时相关关系对象的变量可以选择多个。随后可以选择三种相关系数估计方法,之前说明的皮尔逊、斯皮尔曼、肯德尔的 tau 都可以使用,可以根据分析对象变量的尺度来选择估计方法。通常显著性检验是做双尾检验,选择"标记显著性相关性"选项的话,在相关分析结果确认时,会在显著性高的相关系数上另外标记,有助于在相关系数多时掌握显著性高的相关关系。

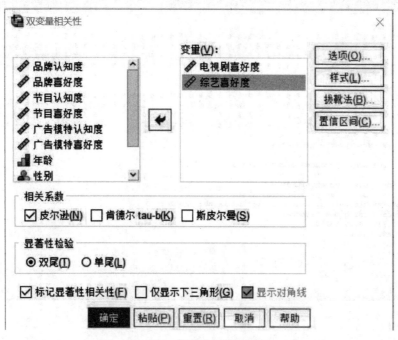

图 15-6　相关分析输入窗口

图 15-7 是相关关系分析结果。电视剧喜好度和综艺喜好度的相关系数为 0.157,相关系数的显著性为 0.038,可以从显著水平 0.05 中确认显著,因此可以认为电视剧喜好度和综艺喜好度有着显著的正相关关系。

相关性

		电视剧喜好度	综艺喜好度
电视剧喜好度	皮尔逊相关性	1	.157*
	显著性　(双		.038
	个案数	176	176
综艺喜好度	皮尔逊相关性	.157*	1
	显著性　(双	.038	
	个案数	176	176

＊ 相关性在0.05水平上显著　(双尾)

图 15-7　相关分析结果

(三)R 练习

为了进行相关分析,使用"cor.test()"函数。将两个变量电视剧喜好度和综艺喜好度分别保存为"dramapref"和"enterpref"变量,为了确认他们之间的相关关系执行"cor.test(dramapref,enterpref)"命令,则可计算皮尔逊相关系数,并确认其显著性概率。如图 15-8 所示,结果的解释与 SPSS 的结果相同。

```
R Console                                                    ─ □ ✕

> dramapref
  [1] 4 4 5 6 2 4 5 2 1 5 6 5 2 2 3 2 5 6 3 7 4 6 5 4 4 2 4 3 2 2 4 7 5 7 5 4 4 4 5 3 4 5
 [43] 6 6 5 4 7 2 4 4 3 5 4 6 3 5 5 6 4 7 4 4 7 4 4 6 4 6 4 5 1 4 1 2 3 4 2 6 6 6 4
 [85] 4 4 6 2 6 4 3 4 1 4 6 5 4 4 3 5 4 6 4 7 4 6 4 7 4 5 1 4 2 3 4 4 5 4 5 7 4 4 5
[127] 6 6 4 5 4 4 5 3 3 1 4 3 5 4 7 2 6 4 6 4 3 7 5 6 3 2 6 6 5 6 4 3 5 5 3 7 3 4 5 4 4 4
[169] 4 1 6 4 5 5 1 4
> enterpref
  [1] 4 7 6 2 7 4 2 5 7 5 6 4 4 6 4 1 5 4 1 5 4 6 6 2 6 6 4 5 6 6 4 6 4 4 4 4 5 7 4 6
 [43] 6 5 6 7 6 3 6 3 6 3 6 6 6 5 6 6 6 5 5 4 4 4 6 2 6 5 5 4 4 4 6 2 6 5 1 2 5 4 6 5 5 4 5 7 6 5
 [85] 4 5 6 5 5 6 1 6 4 7 6 6 6 6 6 6 6 6 6 4 6 2 6 5 7 1 2 5 4 6 5 5 6 5 5 6 6 5
[127] 7 4 6 3 4 5 6 5 7 1 2 5 7 6 6 7 5 1 6 6 3 7 7 5 4 5 7 5 6 7 6 1 5 6 5 5 4 4 6 4 7
[169] 6 5 6 7 3 4 1 6
> cor.test(dramapref,enterpref)

        Pearson's product-moment correlation

data:  dramapref and enterpref
t = 2.0945, df = 174, p-value = 0.03766
alternative hypothesis: true correlation is not equal to 0
95 percent confidence interval:
 0.009112476 0.297832409
sample estimates:
      cor
0.1568212

> |
```

图 15-8　R 相关分析

第二节　简单回归分析

一、回归分析基础

通过相关分析,对两变量间的相关系数进行统计推断,可以掌握两变量间的关系,但是通过基于相关分析的变量变化来预测其他变量的变化并不容易。例如通过相关性分析,虽然知道了企业的广告投入额和销售额之间有强正相关,但是仅仅以估计的相关系数来看,很难用广告投入额预测销售额,为了预测销售额需要附加很多条件。另外,相关分析只可能确认两变量间的关系,因此考虑到多种变量同时影响市场营销环境的分析,其运用范围相当有限。例如,相关分析中影响销售额的因素有广告投入额、店铺数、营业人员数等多样的情况,不可能综合判断这些变量如何影响销售额。相关分析只能将这些变量之间的关系分为多个两两变量间的相关关系,进行部分判断,这实际上不可能掌握综合情况。但是回归分析(regression analysis)不仅可以进行这些变量之间的综合判断,还可以同时考虑各种变量之间的各种关系,掌握相关分析无法比较的详细而具体的各变量间关系。一般回归分析的目的如下:

(1)运用几个具体数值来显示几个自变量同时对因变量的影响,进行统计推断,即可以明确掌握自变量的特定变化对因变量具体产生多大影响,这时可以统计推断各种自变量对因变量的纯粹影响。

（2）可以比较多个自变量对因变量的影响程度,即可以比较自变量之间的影响程度。

（3）可以使用回归分析的结果预测未来,例如通过回归分析来掌握广告投入额、店铺数、营业人员数等和销售额的关系,以回归分析结果为基础,可以预测遵从任意广告投入额、店铺数、营业人员数的预期销售额。

虽然回归分析对自变量和因变量之间的关系,尤其是相关关系进行了统计估计,但由回归分析估计出的相关关系并不是指因果关系。回归分析的统计模型中因变量和自变量不事先检验变量之间的性质,只检验他们之间的统计或数学相关性,即回归分析的统计估计结果可以支持因变量和自变量之间的关系程度和方向的推断,但不一定对因变量和自变量之间的顺序关系或从属关系或依赖关系进行检验或推断。因此为了确定这些变量之间的因果关系,调查者必须在统计分析之前明确这些变量的性质或因果性,即要明确原因和结果关系的理论检验或实验程序等事前检验程序。相关关系与因果关系的比较如图15-9所示。

图 15-9　相关关系与因果关系的比较

回归分析有简单回归分析、多重回归分析、包含虚拟的回归分析、回归分析等多种类型,如图15-10所示。首先,根据自变量的数量,可以区分为只有一个自变量的简单回归分析（simple regression）和两个以上自变量的多重回归分析（multiple regression）。自变量的尺度不是等距而是名义/顺序时,可以利用虚拟（dummy）变量进行回归分析。另外因变量的尺度是名义/顺序时,可以使用不是一般回归分析的逻辑回归进行分析。无法假定自变量和因变量的关系为线性时,可以运用假定多种形式的非线性关系的非线性回归分析。虽然有多种多样的回归分析,本书首先以“简单回归分析”为基础,再仔细研究其他回归分析。

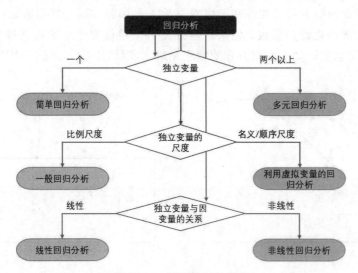

图 15-10　回归分析的种类

二、简单回归分析模型的估计

简单回归分析估计一个因变量和一个自变量之间的统计关系。事实上,就简单回归分析结果估计两变量之间的相关关系来说,与之前的相关分析的结果几乎相同,所以与多重回归分析相比,分析结果的效用性下降是事实。但由于只涉及一个自变量,回归分析估计方法有简单化和简略化的优点,对于回归分析的统计估计过程的概念性说明很有用。

基本的简单回归分析的模型如下:

$$Y_i = \alpha + \beta X_i + \varepsilon_i$$

在这里,Y_i 是因变量,X_i 是自变量,α 和 β 为回归系数,α 是回归线的截距,β 是回归线的斜率,ε_i 是指第 i 次观察值的误差项。在这个回归模型中,X_i 对 Y_i 的影响是根据回归线的斜率 β 决定。β 的值越大,X_i 对 Y_i 的影响越大;β 的符号为正时,X_i 对 Y_i 产生正面影响;β 的符号为负时,X_i 对 Y_i 产生负面影响。回归线的截距在没有 X_i 的时候,作为 Y_i 的值是指 Y_i 的条件平均值。回归分析一般是为了确认变量之间的影响关系而进行分析,故回归线的截距不是关注的对象。最后误差项(ε_i)可以看成除了自变量 X 的影响外,其他对因变量 Y 影响的效果总和,是指无法测量或未知的错误。

大部分统计估计方法都采用尽可能使误差项变小来统计估计回归线。估计回归线的截距和回归线的斜率存在多种估计方法,但本书将先阐述使用最广泛且最容易的最小二乘法(OLS,ordinary least square)。最小二乘法是利用观察数据估计回归线的最适合的方法,将选取使估计观测值和回归线的预测值之间的差距总和变为最小的回归线。

将图 15-11 的(a)和(b)相比的话,马上知道(a)的回归线比(b)的回归线更适合观察数据,显示回归线的预测值和观测值的差异似乎(a)比(b)小很多。最小二乘法因这些理由判断比起(b)的回归线,(a)的回归线更适合。再具体一点是以 $Y = a + bX$ 形式对观察数据 X、Y 的任意回归方程公式或回归模型,a 和 b 是回归方程公式的截距(α)和斜率(b)的估计量,是非标准化回归系数。结果 b 是指 X 一个单位变化时 Y 的期待变化。最小二乘法的调查者可以估计如下回归方程的截距和斜率,即估计量 a 和 b。如图 15-12 所示。

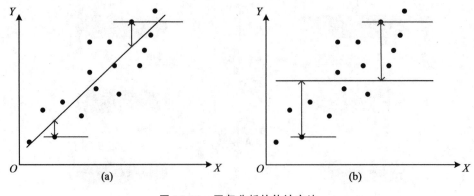

图 15-11 回归分析的估计方法

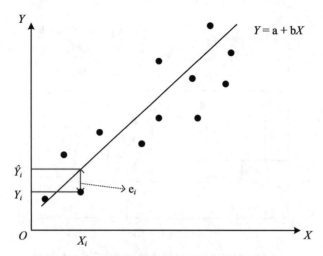

图 15-12 根据最小二乘法的回归系数的估计

$$e_i = |Y_i - \hat{Y}_i| = |Y_i - a - bX_i|$$

$$\mathrm{SSE} = \sum_{i=1}^n e_i^2$$

结果估计最小化 SSE(sum of squared errors)的 a 和 b,如下:

$$\overline{X} = \frac{\sum_{i=1}^n X_i}{n}, \overline{Y} = \frac{\sum_{i=1}^n Y_i}{n}$$

$$b = \frac{\sum_{i=1}^n (X_i - \overline{X})(Y_i - \overline{Y})}{\sum_{i=1}^n (X_i - \overline{X})^2}, \overline{Y} - b\overline{X}$$

$\overline{X}$:X 的平均

$\overline{Y}$:Y 的平均

此时,回归方程公式的斜率是由原数据估计的非标准化回归系数。特别是如果为了比较系数的大小,需要将回归系数标准化。标准化是将原数据的变量转化为均值为 0、方差为 1 的过程,数据被标准化的话,截距成为 0。具体以下方式可以实现系数的标准化。

$$b' = b\frac{s_x}{s_y}$$

在简单回归分析中,标准化回归系数与简单相关系数相同。

回归分析并不是简单地估计回归方程公式或回归模型来结束。对于估计的回归方程公式是否正确说明了因变量和自变量之间的关系,以及对估计的回归系数是否具有显著性意义进行统计检验。

对估计的回归方程公式本身的统计检验是通过决定系数(R^2)和合理性检验来进行的,如图 15-13 所示。决定系数(coefficient of determination)是指变量所具有的估计回归方程公式对观察数据的解释说明有多好,取值范围在 0 至 1 之间,值为 1 时是指估计的回

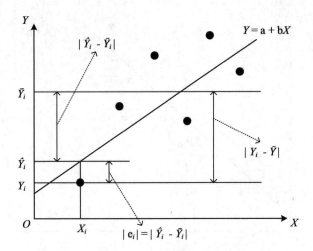

图 15-13　回归方程公式的合理性和决定系数的概念

归方程公式完美地说明了观察数据,为 0 时可以说是估计的回归方程公式完全无法说明观察数据。决定系数的主要概念为:SSTO(sum of squares in total)是指观察数据所具有的总变量,SSR(sum of squares in regresion)是指观察数据所具有的总变量中回归方程公式可解释的变量,SSE(sum of squares in error)是指观察数据的总变量中回归方程公式不可解释的变量。最终决定系数是指因变量可以用回归方程公式中自变量来解释的比例。

$$e_i = Y_i - \hat{Y}_i = (Y_i - \bar{Y}) - (\hat{Y}_i - \bar{Y})$$

$$\rightarrow \sum_{i=1}^{n}(Y_i - \bar{Y})^2 = \sum_{i=1}^{n}(Y_i - \bar{Y})^2 + \sum_{i=1}^{n}e_i^2$$

$$\rightarrow \text{SSTO} = \text{SSR} + \text{SSE}$$

$$R^2 = \frac{\text{SSR}}{\text{SSTO}}$$

但决定系数只说明了估计的回归方程公式的说明力,并不是指统计检验结果。对估计的回归方程公式的统计显著性检验,通过对以下假设的 F 检验来进行。

原假设(H_0):所有回归系数等于 0(回归模型不显著)。

备择假设(H_1):回归系数中的一部分或全部与 0 不同(回归模型有显著)。

上述假设是假定如果估计的回归方程公式的所有系数都和 0 一样的话,则估计的回归方程公式本身就没有意义;不一样的话,估计的回归方程公式具有显著的意义。为了检验这一点,进行如下 F 检验:

$$F = \frac{\text{用回归方程公式可说明的变量的平均}}{\text{用回归方程公式不可说明的变量的平均}} = \frac{\text{MSR}}{\text{MSE}}$$

$$\text{MSR} = \frac{\text{SSR}}{k-1}$$

$$\text{MSE} = \frac{\text{SSE}}{n-1}$$

n:个体数

k:回归系数的数

在简单回归分析中,因为对回归模型合理性进行检验的 F 检验结果和对估计的一个回归系数的 t 检验结果相同,所以事实上没有必要另外进行 F 检验。

计算决定系数,完成回归模型的合理性检验后,最后检验具体估计回归模型的个别回归系数的显著性。对回归系数的统计检验,基于以下假设:

原假设(H_0):$\beta = 0$,自变量 X 不影响因变量 Y。

备择假设(H_1):$\beta \neq 0$,自变量 X 影响因变量 Y。

$$T = \frac{\text{回归方程公式的斜率}(b) - 0}{b \text{ 可具有的变量}} = \frac{b}{s(b)}$$

$$s(b) = \sqrt{\frac{\text{MSE}}{\sum_{i=1}^{n} (X_i - \overline{X})^2}}$$

三、统计分析练习

(一)Excel 练习

为了在 Excel 中做回归分析,同样首先选择"数据分析",在数据分析选择窗口中选择"回归",如图 15-14 所示。

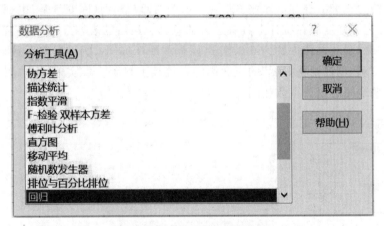

图 15-14 回归分析的选择

其次,输入回归分析所需数据的范围,如图 15-15 所示。作为自变量,X 轴输入范围选择一列即一个变量、因变量 Y 轴也选择一个列。在本例中,将"电视剧喜好度"作为因变量、"综艺喜好度"为自变量进行回归分析。另外,为了将第一行用作标签名,可以勾选"标志"选项,为了确认是否满足基本回归模型的假定,可以选择"残差图""标准残差""线性拟合图""正态概率图"等选项。

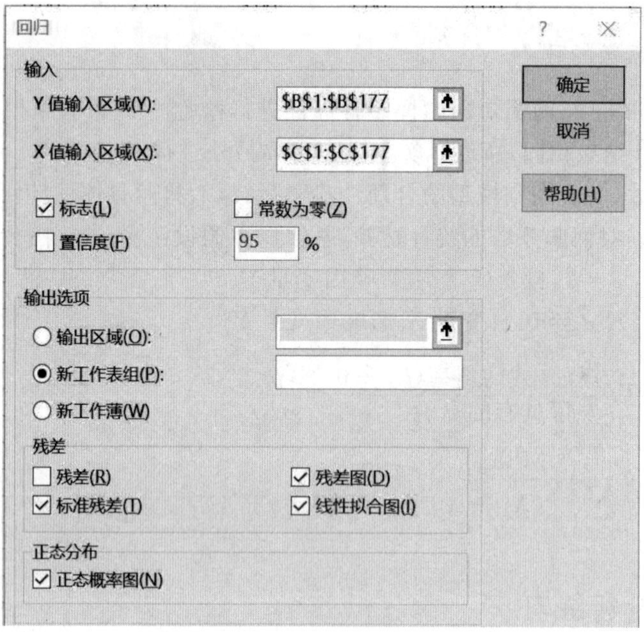

图 15-15　输入回归分析

　　图 15-16 是 Excel 回归分析结果。第一个表格可以通过决定系数（R Square）和调整决定系数（Adjusted R Square）来确认模型的合理性，本例可知决定系数为 2.45%、校正后的决定系数为 1.89%，模型的说明力不高。第二个表格是模型的方差分析结果，模型的显著性概率约为 0.038，在显著水平 0.05 中，示例的回归模型（因变量是"电视剧喜好度"、自变量是"综艺喜好度"）在统计上具有显著的意义。最后的表格显示"综艺喜好度"的回归系数为 0.157，显著性概率约为 0.038，比显著水平 0.05 小，所以回归系数显著。因此，"综艺喜好度"对"电视剧喜好度"的正面影响在统计上显著。事实上，简单回归分析的回归系数与两变量间的相关系数相同。

SUMMARY OUTPUT								
回归统计								
Multiple R	0.156821							
R Square	0.024593							
Adjusted R Square	0.018987							
标准误差	1.473583							
观测值	176							
方差分析								
	df	SS	MS	F	Significance F			
回归分析	1	9.526246	9.526246	4.387051	0.037661			
残差	174	377.8317	2.171447					
总计	175	383.358						
	Coefficients	标准误差	t Stat	P-value	Lower 95%	Upper 95%	下限 95.0%	上限 95.0%
Intercept	3.49419	0.390542	8.947029	5.33E-16	2.723381	4.264999	2.723381	4.264999
综艺喜好度	0.15774	0.075311	2.094529	0.037661	0.0091	0.30638	0.0091	0.30638

图 15-16　回归分析结果

(二)SPSS 练习

在 SPSS 中进行回归分析,首先,在"分析"菜单中选择"回归"中的"线性",如图 15-17 所示。

图 15-17　SPSS 回归分析

在图 15-18 的线性回归输入窗口中,区分想要进行回归分析变量的因变量和自变量,从左边变量列表中选择并移动到右边变量窗口,如图 15-18 所示。

其次,点击"统计"选项选择统计量,一般选择回归系数的"估算值""模型拟合""描述"统计量,以及自相关检验的"德宾-沃森"检验,如图 15-19 所示。

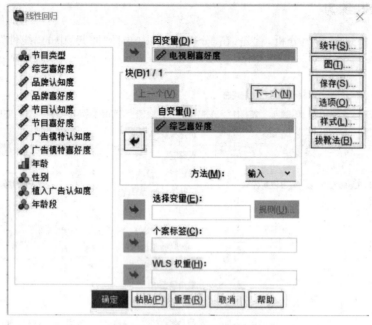

图 15-18　输入线性回归(1)

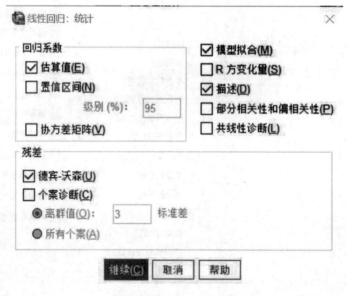

图 15-19　输入线性回归(2)

图 15-20 是简单回归分析的结果。首先,显示了对变量的描述统计量;其次,显示了模型拟合度、德宾-沃森检验值等对模型的摘要;再次,显示对模型的方差分析结果,并可以确认回归系数的结果。对所有分析结果的解释与 SPSS 的使用例子相同。

描述统计

	平均值	标准偏差	个案数
电视剧喜好度	4.2784	1.48777	176
综艺喜好度	4.9716	1.47911	176

模型摘要[b]

模型	R	R方	调整后R方	标准估算的错误	德宾-沃森
1	.157[a]	.025	.019	1.47358	2.013

a. 预测变量：(常量), 综艺喜好度

b. 因变量：电视剧喜好度

ANOVA[a]

模型		平方和	自由度	均方	F	显著性
1	回归	9.526	1	9.526	4.387	.038[b]
	残差	377.832	174	2.171		
	总计	387.358	175			

a. 因变量：电视剧喜好度

b. 预测变量：(常量), 综艺喜好度

系数[a]

模型		未标准化系数		标准化系数	t	显著性
		B	标准错误	Beta		
1	(常量)	3.494	.391		8.947	.000
	综艺喜好度	.158	.075	.157	2.095	.038

a. 因变量：电视剧喜好度

图 15-20 回归分析结果

(三)R 练习

为了进行回归分析，可使用"lm()"函数。将两个变量电视剧喜好度和综艺喜好度保存为"dramapref""enterpref"变量，在回归模型里为了将综艺喜好度作为自变量、电视剧喜好度作为因变量包含分析，执行"reg1＝lm(dramapref～enterpref)"命令。这命令是指在 reg1 变量里保存回归模型(电视剧喜好度＝a＋b×综艺喜好度)分析的结果。如图 15-21 所示，其运行结果与之前使用的 Excel 和 SPSS 例子相似，结果的解释与 SPSS 的结果相同。

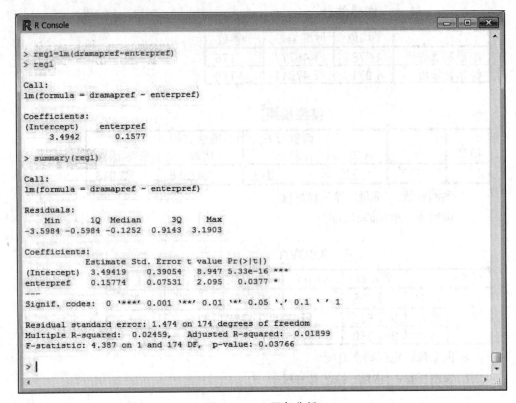

图 15-21　R 回归分析

第三节　多重回归分析

一、回归分析的假定

一般回归分析根据统计的估计方法,对误差项(ε_i)进行严格的假定。适用在最容易、最广泛使用的最小二乘法中,对误差项(ε_i)的假定如下:

(1)误差项(ε_i)遵从正态分布;

(2)误差项(ε_i)的平均值为 0;

(3)自变量是线性独立,即自变量间没有多重共线性;

(4)误差项(ε_i)与观测值无关,不相互相关,即没有自相关;

(5)误差项(ε_i)的方差与观测值无关,是一定的,即没有异方差性。

不能满足这样的假定时,就应该使用其他统计估计方式,或者开发出可适用于脱离该假定情况的统计估计模型。因为这些假定是以统计理论为基础的,所以有些复杂和困难,但将回归分析估计为 OLS 方式时,那么确认是否满足该假定成为确保统计分析效度的非常重要的步骤。

表 15-1 包含了各重要假定的说明、分析结果的问题点、确认方法,以及解决方法。

表 15-1 回归分析的假定

	异方差性	自相关	多重共线性
说明	按照自变量的值增加或减少,方差具有不同的现象	观测值与线性观测值具有相关的现象	多重共线性是三个以上自变量之间显示高度线性关系的现象
分析结果问题点	失去估计系数的准确性,回归系数的标准误差超过必要以上增加	估计回归模型可能通过统计检验被不正当地强调或正当化	使回归系数的计算变得不可能,或者加大回归系数的标准误差,使其无法进行正确的检验
确认方法	·残差的散点图 ·Cook-Weisberg 检验 ·以 Goldfeld-Quandt 检验进行探索	·残差的散点图 ·Geary 检验 ·以德宾-沃森检验进行探索	·自变量间相关>自变量与因变量间相关 ·消除自变量、案例时,回归系数变化幅度较大情况等 ·以残余方差、特征值分析等进行探索
解决方法	通过变量转换消除	通过变量转换消除	·补充数据 ·消除变量 ·主成分回归分析 ·用标准化等方法进行校正

二、回归分析的过程（见图 15-22）

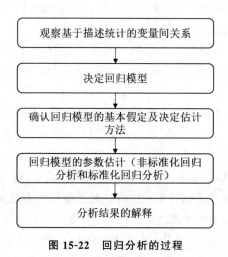

图 15-22 回归分析的过程

观察基于描述统计的变量间关系

决定回归模型

确认回归模型的基本假定及决定估计方法

回归模型的参数估计（非标准化回归分析和标准化回归分析）

分析结果的解释

(一)变量间关系的观察

首先在统计推断变量之间的关系之前,有必要以观察数据为基础,观察基于描述统计的变量之间的关系,这些关系可以作为后续统计推断的回归模型决定的重要数据基础。为了观察这种关系,最广泛使用的方法有两个:一是使用散点图(scatter diagram)对变量之间的关系以图式化的方法进行确认;二是通过相关系数统计确认两个变量之间关系。在散点图的垂直轴上放置自变量、在水平轴上放置因变量,有助于确认两个变量之间关系的形式或模式,相关系数是将这些变量之间的关系更多地用统计数据来表现,有助于确认其强度。当多个自变量对一个因变量产生影响时,会得到多对因变量和自变量之间的散点图和相关系数。

(二)回归模型的决定

在确认多种成对的因变量和自变量之间关系后,调查者可以以这些描述统计为基础,类推两个变量之间的关系,决定适当的回归模型。这时调查者将与因变量具有强烈显著关系的变量反映在回归模型中,不强相关的变量可能不会反映在回归模型中。相关关系的形式可能是线性的,也可能是非线性的,调查者可以对最终回归模型与相关关系反映出适当的关系形式,决定多个对策回归模型反映在分析中。以下是多重回归模型的一般形式:

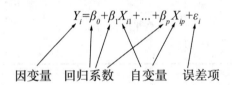

$$Y_i = \beta_0 + \beta_1 X_{i1} + \ldots + \beta_p X_{ip} + \varepsilon_i$$

因变量　回归系数　自变量　误差项

在回归模型的决定上,变量的引入应基于调查者的理论,所以关于变量之间相关关系或残差的调查可以作为对回归模型中投入的变量的重要依据数据。另外,也需要对将要投入的变量和因变量进行线性分析,根据分析结果通过运用代数、平方根、逆数、对数等的变量转换,使变量的方差稳定化。

当将可能影响因变量的多个自变量纳入回归模型时,可以运用描述性的变量输入方法。其中,变量输入方法有逐步的变量输入方法(逐步回归分析,stepwise regression)和同时的变量输入方法。

同时的输入方法是不考虑各个自变量的统计显著性,将所有自变量同时纳入模型中,估计各自变量系数的方法。优点是将多个自变量同时纳入一个模型来估计回归分析,但因为将多个不显著的自变量纳入回归模型,可能会导致模型在整体上的说明力下降。因此,这种方法多用于检验回归模型的探索性阶段或进行共线性检验,可以在分析初期使用。

逐步回归分析的目的是从多数自变量中寻找对因变量影响最大的自变量们的最佳集合,所以自变量会反复一次一个地投入或清除回归模型。逐步回归分析有以下三种接近方法:

(1)向前选择法(forward inclusion):是逐个增加自变量的方法,在投入自变量时满足 f 比率进入标准的话,该变量将被添加,否则将被排除,投入自变量的顺序是按照对说明方差的贡献高低来投入。

（2）向后剔除法（backward elimination）：是在所有自变量的回归模型中，逐个消除自变量的方式，当 f 比率低于标准时删除。

（3）逐步解决法（stepwise solution）：是在各个阶段，把消除不再满足特定标准的预测变量的方法和向前选择法相结合。

逐步回归分析是为了对有定数的自变量将 R^2 最大化的方法，所以不能算出最佳的回归模型，即由于自变量间的相关关系，所以某些重要的变量不纳入或不重要的变量最终也纳入回归模型中。因此在理论研究或调查中，不太建议使用逐步回归的接近方法。一般的过程是以事先调查的理论为基础决定变量的投入，并以此为基础决定回归模型，但对于很初期的调查或探索性调查，逐步回归分析可以显示变量之间的相关关系，并掌握统计的重要度。

（三）回归模型估计方法（OLS）的假定检验

如果确定了适当的回归模型，研究者将根据观察到的数据，确认先前陈述的回归模型的基本假设。通过回归模型对观测数据进行分析时，观测数据是否适合回归模型估计方法的基本假设数据，成为判断分析结果有效性和合理性的重要标准。如果判断为不适合，分析结果将无法保证适当的效度，该观察数据不能用该估计方法分析，或者寻找其他适当的估计方法，或者为了该观察数据，有必要重新开发最合适的估计方法。一般方差膨胀系数（VIF，variation inflation factor）比 10 大时，判断自变量间存在多重共线性。方差膨胀系数计算如下：

$$\text{VIF}_i = \frac{1}{1 - R_i^2}$$

R_i^2：将第 i 个自变量作为因变量、剩余变量作为自变量来构建回归模型时的决定系数。

通过德宾-沃森检验，可以检验误差项的方差之间的独立性，即自相关检验。如图 15-23 所示，德宾-沃森检验结果范围为 0～4，当值接近 0 或 4 时，独立性的假定就有问题；当值接近 2 时，各观测值方差之间的独立性就没有太大问题。

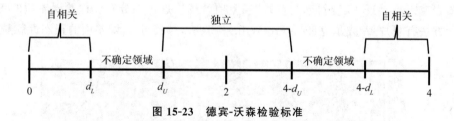

图 15-23　德宾-沃森检验标准

德宾-沃森统计量如下：

$$\text{DW} = \frac{\sum_{i=2}^{n}(e_i - e_{i-1})^2}{\sum_{i=1}^{n}e_i^2}$$

异方差性主要通过残差图来确认，统计检验是使用 Goldfeld-Quandt 检验，图 15-24

显示了使用残差图(residual plot)来确认异方差性和线性的例子。残差图是以标准化残差(standardized residual)为纵轴、以因变量的预测值(Yhat)或自变量(X_i)为横轴,是遵从变量的残差变化的图式化了的图表。图 a 是随着变量值增加,残差呈现出向负和正反复变化的趋势,这些数据是指误差项的方差与变量具有非线性关系,可以判断为有异方差性,回归模型也要考虑非线性关系(例:二次式关系)。图 b 根据观测值残差的明确的变化模式,可以确认异方差性的存在。图 c 是随着观测值的增加,可以确认残差的方差变宽,所以也可以确认异方差性的存在。图 d 是以水平标准轴为中心,可以确认残差对称分布,所以可以判断没有异方差性。

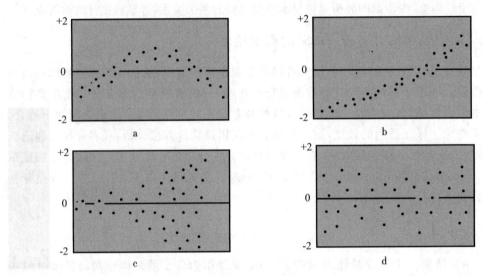

图 15-24　残差图

为了检验误差项的概率分布是否遵从正态分布,基本上可以制作残差的直方图,也可以使用残差的正态概率图(norm probability plot,Q-Q plot)。正态概率图是以残差的正态分布下的期待值为横轴、以实际观察的残差为纵轴来绘制的图表,如图 15-25 所示。如果该图表越来越接近 45 度斜率的直线,误差项就越接近正态分布。检验误差项的正态性的统计方法有夏皮罗-威尔克(Shapiro-Wilk)检验法,越接近 1,误差项的正态性就越高。

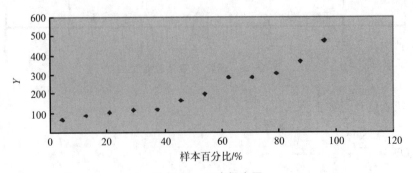

图 15-25　正态概率图

(四)回归模型的参数估计

多重回归模型由以下估计模型进行估计：

$$\hat{Y} = a + b_1 X_1 + b_2 X_2 + \cdots + b_n X_n$$

之前像简单回归模型一样，回归方程公式的截距(a)和影响多个变量的因变量的回归方程公式的斜率(b)是需要估计的回归系数。多重回归模型也与简单回归模型一样，可以使用最小二乘法来估计，将残差的最小平方和(SSE)最小化来估计参数。之前简单回归模型中适用的最小二乘法的参数估计方法的概念也适用于多重回归模型的估计。只是由于数学上的难理解，省略了具体估计方式的说明，只把其步骤在练习部分进行说明。

(五)决定系数及模型的统计显著性

在多重回归模型中，也可以与简单回归模型一样计算决定系数，只因为是同时考虑多个自变量，所以存在需要考虑的地方。如果理论上自变量在统计上独立，那么多重回归模型的 R^2 将等于对因变量的各自变量相关系数平方的总和。这时 R^2 与对各自变量的独立简单回归模型的决定系数的总和相同，因此在回归模型添加自变量时不会减少。但是如果出现收益递减，即在回归模型中添加自变量时，后面越添加决定系数的变化量就会减少。因此决定系数(R^2)有必要控制受到自变量数量影响的程度，将其控制的决定系数称为调整的决定系数(Adjusted R^2)，并计算如下：

$$\text{Adjusted } R^2 = 1 - \frac{(1-R^2)(N-1)}{N-p-1}$$

调整的决定系数是将投入的自变量都考虑进来，可以判断分析中使用的多重回归模型的解释说明力。例如自变量为 3 个的多重回归模型 A 和为 4 个的多重回归模型 B 调整的决定系数分别为 0.7 和 0.8。这是多重回归模型 A 对整体因变量的 70% 进行说明了，而多重回归模型 B 对整体因变量的 80% 进行说明了。一般投入的自变量越多，模型的解释度也会越高，但因为这里使用了调整的决定系数，所以自变量数量的影响在某种程度上得到了控制。因此调查者可以判断多重回归模型 B 是比多重回归模型 A 更具有解释力的模型。

其次对整体回归模型的检验也与简单回归模型相同，假设如下：

原假设(H_0)：所有回归系数等于 0(回归模型不显著)。

备择假设(H_1)：回归系数中的部分或全部不等于 0(回归模型有显著)。

(六)回归分析的统计显著性

如果对整体回归模型的原假设被拒绝，那么与简单回归分析相同，将对具体的回归系数的统计显著性检验运用以下假设进行。

原假设(H_0)：$\beta = 0$，自变量 X 不影响因变量 Y。

备择假设(H_1)：$\beta \neq 0$，自变量 X 影响因变量 Y。

(七)分析结果的解释

对多重回归模型分析结果的解释与之前对简单回归模型分析结果的解释没有太大的区别,即自变量 X 对因变量 Y 的影响,基于回归系数(b)的方向(正/负)和大小进行解释。但是与简单回归模型不同,考虑多个自变量的多重回归模型中,自变量对因变量的影响进行解释时,应同时研究与其他自变量的关系。例如有两个自变量的以下多重回归模型相同,请想想只考虑一个自变量的简单回归模型。

$$\hat{Y} = a + b_1 X_1$$
$$\hat{Y} = a + b_1 X_1 + b_2 X_2$$

在简单回归分析中,对 b_1 的解释是指 Y 的变化量对于 X_1 的变化量,而在多重回归分析中,b_1 的解释是指 X_2 被控制的情况,换句话说 X_2 一定的情况下,Y 对于 X_1 的变化量。同样 b_2 是指 X_1 在一定时(被控制时),Y 的变化量对于 X_2 变化。在简单回归分析中的 b_1 和多重回归分析中 b_1 不仅值不同,意义也不同。简单回归分析中的回归系数是指简单的自变量的效果,而多重回归分析中的回归系数分别是指其他变量或协变量被控制时某自变量的纯粹效果。例如调查者想要从 X_1 中消除 X_2 的效果时,可以在多重回归分析中同时考虑分析 X_1 和 X_2,调查 X_1 的效果对 Y 的影响时,可以控制 X_2 的效果。

三、统计系数练习

(一)Excel 练习

Excel 中的多重回归分析与上文的简单回归分析相同,如同图 15-26 的示例,将多个

图 15-26　Excel 中多重回归分析

自变量输入 X 轴的输入范围即可,选择"电视剧喜好度"作为因变量,选择"综艺喜好度"和"品牌认知度"作为自变量。

Excel 中的多重回归分析结果如图 15-27 所示。第一个表格是回归分析的基本统计量,显示决定系数为 0.03、调整的决定系数(Adjusted R Square)为 0.02。对模型的方差分析结果显示显著性为 0.058,虽然在显著水平 0.05 上不显著,即对模型回归系数的解释并不显著,但因为在显著水平 0.10 上显著,所以可以查看回归系数,"综艺喜好度"的回归系数为 0.176、显著性概率为 0.023,在显著水平 0.05 上显著,因此"综艺喜好度"对"电视剧喜好度"有正面的影响,从统计上来说是显著的。但"品牌认知度"的回归系数为 -0.09、显著性概率为 0.24,统计上不显著,可以判断"品牌认知度"对"电视剧喜好度"在统计上没有显著影响。虽然在 Excel 可以进行多重回归分析,但由于没有提供多重共线性诊断功能,所以要考虑到多重回归分析结果存在局限性的缺点。

SUMMARY OUTPUT							
回归统计							
Multiple R	0.179776						
R Square	0.032319						
Adjusted R Square	0.021132						
标准误差	1.471971						
观测值	176						
方差分析							
	df	SS	MS	F	Significance F		
回归分析	2	12.51911	6.259556	2.888983	0.058321		
残差	173	374.8388	2.166699				
总计	175	387.358					
	Coefficients	标准误差	t Stat	P-value	Lower 95%	Upper 95%	下限 95.0%	上限 95.0%
Intercept	3.949136	0.549573	7.185821	1.91E-11	2.864404	5.033869	2.864404	5.033869
综艺喜好度	0.176351	0.076877	2.293948	0.022996	0.022996	0.032089	0.024614	0.328089
品牌认知度	-0.09142	0.077784	-1.17529	0.241494	-0.24495	0.062109	-0.24495	0.062109

图 15-27 Excel 中多重回归分析结果

(二)SPSS 练习

SPSS 的多重回归分析与简单回归分析相同,在"分析"菜单中选择"回归"中的"线性",可以选择多个变量移动到自变量栏。如图 15-28 所示,本例与上文的简单回归分析相同,选择"电视剧喜好度"作为因变量,选择"综艺喜好度"和"节目喜好度"作为自变量。

其次,点击"统计",选择运用和输出什么样的统计量。一般选择回归系数的"估计值"、"模型拟合"、"描述"统计量、"共线性诊断",以及为了自相关检验的"德宾-沃森"检验,如图 15-29 所示。

最后,为了确认回归模型的假定,可以选择需要的残差图,如图 15-30 所示。

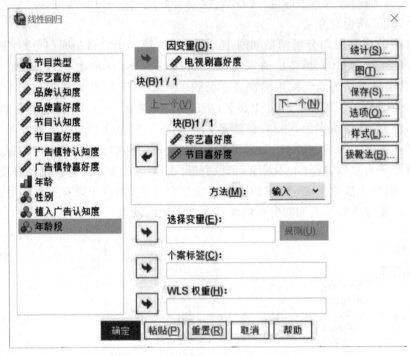

图 15-28　SPSS 中多重回归分析（1）

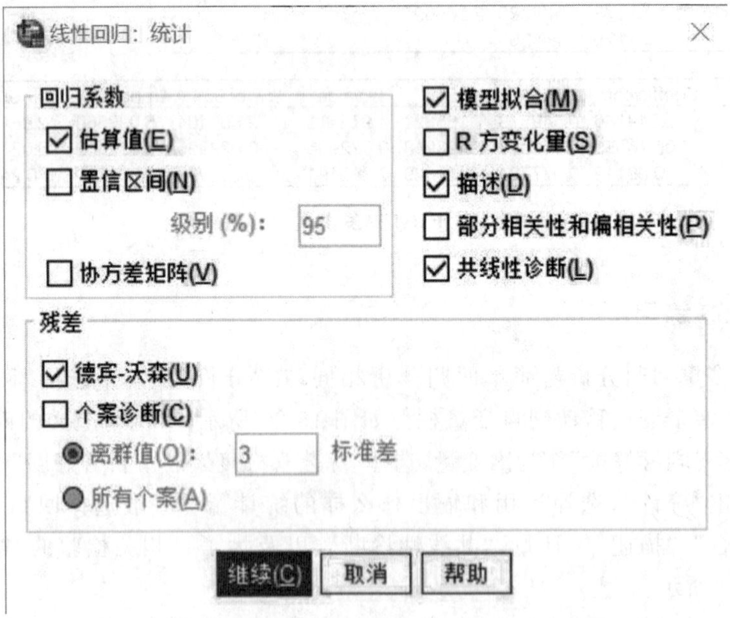

图 15-29　SPSS 中多重回归分析（2）

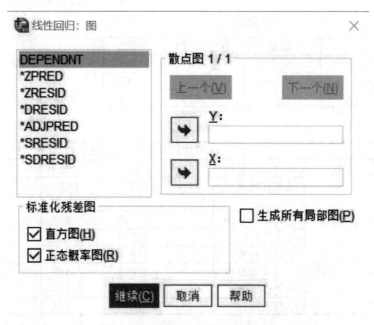

图 15-30　SPSS 中多重回归分析（3）

图 15-31 是多重回归分析的结果，比简单回归分析稍微复杂一些。首先，与简单回归分析相同，基本上显示了对变量的描述统计；其次，对三个变量中两两成对的相关系数进行了计算，显示了模型拟合、德宾-沃森检验值等模型摘要，因为德宾-沃森的值在 2 附近，所以可以判断为没有自相关；再次，模型方差分析的显著性为 0.058，可以理解为在 0.10 的显著水平上有所显著，因此，可以进一步查看回归分析。其中，"综艺喜好度"的回归系数为 0.147、显著性概率为 0.055，在 0.10 的显著水平上显著，故"综艺喜好度"会对"电视剧喜好度"产生显著的正面影响。但是"节目喜好度"的回归系数为 0.39、显著性概率为0.239，统计上不太显著，所以可以判断"节目喜好度"在统计上不会对"电视剧喜好度"产生显著的影响。另外，可以根据回归系数表中的 VIF 值检验多重共线性，结果显示两个变量的 VIF 值都比 10 小，所以示例的回归模型（电视剧喜好度＝a＋$b1$×综艺喜好度＋$b2$×节目喜好度）不具有多重共线性问题。

最后，可以通过如图 15-32 所示的标准化残差图和如图 15-33 所示的正态概率图（P-P 图表），检验残差的正态分布情况。

（三）R 练习

R 中的多重回归分析也使用简单回归分析所使用的 lm( ) 函数。将三个变量电视剧喜好度、综艺喜好度和节目喜好度分别保存为 dramapref、enterpref、progpref 变量，在回归模型中将综艺喜好和节目喜好度作为自变量、电视剧喜好度作为因变量进行分析，运行"reg2＝lm（dramapref～enterpref＋progpref）"命令。这一命令是指在 reg2 变量中保存回归模型（电视剧喜好度＝a＋$b1$×综艺喜好度＋$b2$×节目喜好度）分析的结果。如图 15-34 所示，结果与之前 Excel 和 SPSS 活用例子相似结果，结果的解释与 SPSS 的结果相同。

描述统计

	平均值	标准偏差	个案数
电视剧喜好度	4.2784	1.48777	176
综艺喜好度	4.9716	1.47911	176
节目喜好度	3.6307	3.36791	176

相关性

		电视剧喜好度	综艺喜好度	节目喜好度
皮尔逊相关性	电视剧喜好度	1.000	.157	.107
	综艺喜好度	.157	1.000	.125
	节目喜好度	.107	.125	1.000
显著性（单尾）	电视剧喜好度	.	.019	.078
	综艺喜好度	.019	.	.049
	节目喜好度	.078	.049	.
个案数	电视剧喜好度	176	176	176
	综艺喜好度	176	176	176
	节目喜好度	176	176	176

模型摘要[b]

模型	R	R方	调整后R方	标准估算的错误	德宾-沃森
1	.180[a]	.032	.021	1.47191	1.982

a. 预测变量：(常量), 节目喜好度, 综艺喜好度

b. 因变量：电视剧喜好度

ANOVA[a]

模型		平方和	自由度	均方	F	显著性
1	回归	12.551	2	6.276	2.897	.058[b]
	残差	374.807	173	2.167		
	总计	387.358	175			

a. 因变量：电视剧喜好度

b. 预测变量：(常量), 节目喜好度, 综艺喜好度

系数[a]

模型		未标准化系数		标准化系数			共线性统计	
		B	标准错误	Beta	t	显著性	容差	VIF
1	(常量)	3.407	.397		8.582	.000		
	综艺喜好度	.147	.076	.146	1.932	.055	.984	1.016
	节目喜好度	.039	.033	.089	1.182	.239	.984	1.016

a. 因变量：电视剧喜好度

图 15-31 SPSS 中多重回归分析结果

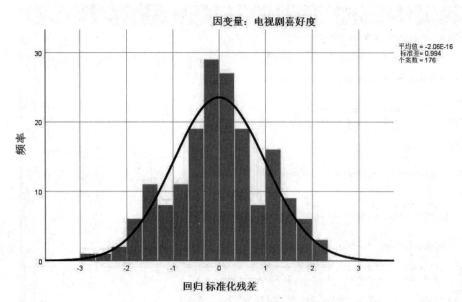

图 15-32 标准化残差直方图

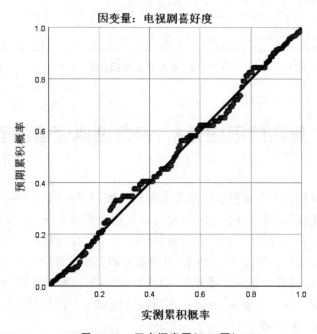

图 15-33 正态概率图（P-P 图）

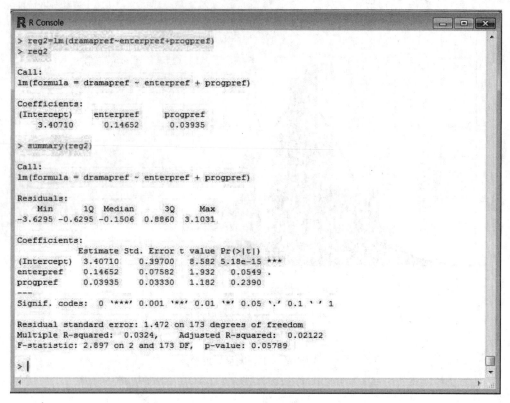

图 15-34　R 中多重回归分析

第四节　复杂的回归分析:包含虚拟变量的回归分析

　　一般回归分析是在因变量和自变量都是等距尺度以上的情况下才适用,而实际上在自变量是名义尺度或顺序尺度的情况下,也可以使用虚拟变量进行回归分析。在对使用虚拟变量的回归分析进行说明之前,先查看如何将名义尺度或顺序尺度等标签型变量转换为虚拟变量进行编码。如表 15-2 所示,可以根据标签型变量的标签数决定所需的虚拟变量数量。例如,性别的标签型变量有男/女两个标签,所以可以转换为 1 个虚拟变量,但是级别的标签型变量有 5 个标签,所以总共可以转换成 4 个虚拟变量。变换方法可以通过表 15-2 和表 15-3 来理解。

表 15-2　虚拟变量的定义例子(1)

性别	虚拟变量 1
男	1
女	0

注:性别虚拟变量:2-1=1 个

表 15-3 虚拟变量的定义例子(2)

级别	虚拟变量 1	虚拟变量 2	虚拟变量 3	虚拟变量 4
职员	1	0	0	0
代理	0	1	0	0
课长	0	0	1	0
次长	0	0	0	1
部长	0	0	0	0

注:级别虚拟变量:5－1＝4 个

以下回归模型是将标签型变量"季节"变换为虚拟变量的回归模型。春天时,$D1=0$、$D2=0$、$D3=0$;夏天时,$D1=1$、$D2=0$、$D3=0$;秋天时,$D1=0$、$D2=1$、$D3=0$;冬天时,$D1=0$、$D2=0$、$D3=1$。以此为基础,用之前说明的多重回归模型估计方法可以估计回归模型。

$$zt = \beta_0 + \beta_1 t + \beta_{D1} D_{1,t} + \beta_{D2} D_{2,t} + \beta_{D3} D_{3,t} + \varepsilon_t$$

在时点 t 上的　　在时点 t 上的　　在时点 t 上的
时间系列趋势　　　季节效果　　　　　误差

在对多重回归估计结果的解释中,一般连续型变量的回归系数的解释与一般多重回归模型的解释相同,但对标签型变量的回归分析的解释与一般的解释不同。例如 D1 的回归系数 β_{D1} 显著时,可以解释为夏天($D1=1$、$D2=0$、$D3=0$)比春天($D1=0$、$D2=0$、$D3=0$)β_{D1} 程度更好。同样 D2 的回归系数 β_{D2} 显著时,可以解释为秋天($D1=0$、$D2=1$、$D3=0$)比春天($D1=0$、$D2=0$、$D3=0$)β_{D2} 程度更好。在这里,重要的是在解释标签型变量的回归系数时,必须与标准(本例中是"春天")相比并说明其效果,这时将作为该标准的标签称为参考标签,以此为基础说明虚拟变量的效果。

◇交叉验证

在判断预测变量的相对重要度或进行其他任何推断之前,有必要交叉验证回归模型。回归程序和其他多变量程序有利用在数据上偶然变化(chance variations)的倾向,因此为了估计模型而使用的特定数据会出现过度敏感的回归模型或回归方程式。对于回归相关的这些问题和其他问题,可以评价回归模型的一种方法是进行交叉验证。交叉验证(cross-validation)是对回归模型未被用于估计的可比较的数据是否持续有效进行的检验和探讨。市场营销调查中使用的代表性交叉验证程序如下:

(1)回归模型使用全部数据集进行估计。

(2)将收到的数据分成两部分,即估计样本和验证样本。估计样本一般包括全部标本的 $50\%\sim90\%$。

(3)回归模型仅使用估计样本的数据进行分析,看回归系的大小和符号,该模型被比较,看是否与以整个样本数据来估计的模型一致。

(4)估计的模型是为了预测验证样本的观测值的因变量的值 $\hat{Y}_i$,适用于验证样本的数据。

(5)在验证样本中，观察值 Y_i 和预测值 $\hat{Y}_i$ 为了决定简单决定系数 r^2，进行了相关分析。这测度 r^2 与全部标本的 R^2 被相比，为了判断收缩(shrinkage)的程度与估计标本的 R^2 被比较。

特殊验证的一种形式被称为双重交叉验证(double cross validation)。在双重交叉验证中，样本会被对半分，一半为估计样本，另一半是作为交叉验证的验证样本来使用。然后估计样本和验证样本的作用反转，交叉验证会反复。

第十六章　实施营销战略的统计分析方法

　　目前,这些统计分析方法的目标是调查多种现实问题的原因和结果等因素的关系,并通过统计推断,将调查和分析结果普及化。但是市场营销现实实施并不总是以统计推断为基础。本章介绍了在多种市场营销分析方法中,可用于市场营销战略实施的数据分析方法——聚类分析和判别分析。现代市场营销战略是以 STP(segmentation,targeting,positioning)战略为基础,即细分市场,选择最具有潜力的目标市场,决定企业或品牌最有竞争力的定位,实施详细的市场营销计划。因此,制定或实施市场营销战略的负责人首先必须对顾客的多样特性进行调查,并将具有类似特性的顾客进行组群。在这样区分具有类似特性群组的统计分析方法中,常用的方法是聚类分析,运用问卷调查、顾客购买数据、顾客面板数据等,观察顾客个人特性(例:性别、年龄、职业、教育水平等)和行动特性(例:喜好偏向、价格敏感度、平均购买量、平均购买周期、推荐偏向等),以此为基础,提取重要因素,区分具有类似特性的群组。

　　将市场划分为类似的组群和不类似的组群,那么接下来有必要区分各个顾客属于什么细分市场。仅凭以抽样调查为基础区分的细分市场信息,无法掌握各个顾客所属的细分市场,在实施市场营销计划时,很难区分每一个顾客的反应。为了将整个市场的顾客分类为细分市场,可以使用的代表性分析方法为判别分析。判别分析可以通过事先测量来区分各组群的重要影响特性,以区分顾客细分组群的方式,可用于预测各个顾客所属的细分市场。

第一节　聚类分析

一、聚类分析的概念

　　聚类分析(cluster analysis)是将顾客或其他个别测量对象(或个体)中具有相似属性的对象分为几个组群(cluster)的探索性分析方法,以分析结果为基础,可以掌握各组群的性格、特性等,这是一种分析数据整体结构的简要易懂的方法。最近像大数据这样的大容量的多种数据分析中,即使几乎没有事先信息,也有多种方法可以轻易探索数据的重要特性和因素。例如,简略地概括数据的整体结构容易掌握现状的无监督(unsupervised)学习,超越传统的统计分析方法的数据挖掘(data mining)、机器学习(machine learning)、模式识别(pattern recognition)、社会/语义网络分析(social/sematic network analysis,SNA)等,为了让最新的聚类分析方法被使用,在市场营销领域,以人口统计学变量(性别、年龄、职业、收入、教育水平等)或顾客行动变量(喜好效益、购买量、购买频率、最近购买时间、推荐偏向等)为基础,进行聚类分析,如图 16-1 所示将相似度高的顾客划分为一个组群,将相似度不高的顾客分为其他组群,掌握各组群(细分市场)的特性,用于制定市场细分战略。例如,家电制造企业从顾客那里对顾客特性信息和家电产品使用信息的数据进行调查,了解该家电产品的细分市场,掌握该细分市场的特点,选择最有潜力的细分市场,并可以制订各细分市场的最优市场营销计划。

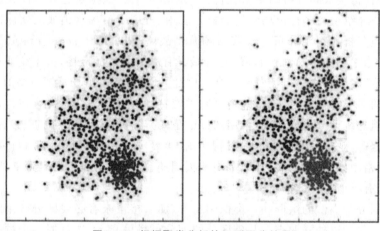

图 16-1　根据聚类分析的组群区分结果

二、聚类分析的实施过程

聚类分析的实施过程为:适当的变量/属性的选择(appropriate attributes)—收集数据(data collection)—数据的标准化(data standardization)—去除异常值(excluding outliers)—相似性(距离)测量(measuring distance)—聚类算法的选择(clustering algorithm)—组群分类(clustering)—组群的可视化(visualization)—组群数目的决定(the number of clusters)和组群的命名(naming)—组群结果的解释—图像绘制。

(1)聚类分析的第一阶段是判断和选择对数据聚类化、测量相似性很重要的属性或变量。为了评价组群分类所需属性的重要性,调查者应以分析对象或相关领域的专家为对象进行深层次面谈或以分析对象为对象进行事前调查,事先要选出对调查对象分类可以有显著影响的变量。即使进行再彻底、完美的聚类分析,也无法克服第一次分析中所包含的属性选择错误的问题,所以必须慎重决定聚类分析中所包含的属性。

(2)确定了分析中包含的属性,以此为基础收集必要的数据。一般收集的变量的测量值具有多种形式和方差,测量值的范围或方差的差异较大的变量会对分析结果产生很大影响,为了避免这些问题,需要对数据进行标准化。特别是以距离测量为基础,比较相似性的聚类分析时,暴露在这种影响中的可能性更大。在数据标准化中,最常用的方法有正态化分析,这是将各变量标准化为均值为 0、标准差为 1。

(3)像为了消除因方差差异产生的偏差而进行数据标准化一样,消除对距离测量产生很多影响的异常值(outliers)的均值偏差的过程在聚类分析中也需要。特别是聚类分析对异常值敏感,有异常值时聚类分析的结果被歪曲的可能性很大。

(4)准备好了通过数据标准化和消除异常值进行分析的基础数据,那么有必要以该数据为基础,测量各个体之间的相似性。许多聚类分析算法是为了测量相似性,运用以各个体属性的差异为基础的距离,测量的距离被用作聚类分析的基本分类标准,即两个个体之间的距离越近,越有可能被分类为同一个组群,距离越远就越不相似,被分类为其他组群的可能性越高。测量两个个体之间距离的方法有欧氏距离(Euclidean distance)、标准化距离或统计距离(statistical distance)、闵氏(Minkowski)距离、马氏(Mahalanobis)距离、堪培拉(Canberra)距离、切比雪夫(Chebychev)距离、曼哈顿(Manhattan)距离等方法,欧氏距离是最具代表性的。图 16-2 是个体测量的属性有 3 个的情况,将欧氏距离的测量概念进行了图式化。

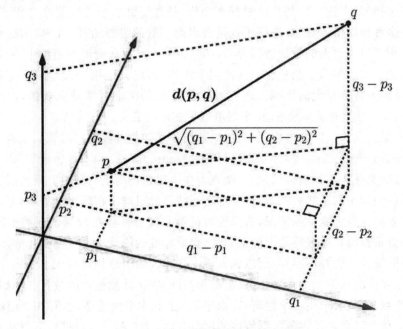

图 16-2 对 3 个变量的欧氏距离测量

(5)测量全部相似性后,如何以测量的相似性为基础对组群进行分类,即要决定聚类算法,此时聚类算法大致分为两种。第一种方法是聚合层次聚类(hierarchical agglomerative clustering)算法,基本上是将组群进行凝聚的方式,最初从 n 个组群开始,将最相似的组群反复进行凝聚(agglomeration),最后建立一个组群。聚合层次聚类算法是根据对组群距离的定义,有单一连接法(single linkage)或者最短距离法(shortest distance)、完全连接法(complete linkage)或者最长距离法(longest distance)、平均连接法(average linkage)和 Ward 法等。单一连接法以一个组群的个体和其他组群的个体之间最短的距离为基准来测量相似性;相反,完全连接法是以一个组群的个体和其他组群的个体之间最长的距离为基准来测量相似性;平均连接法是以一个组群的个体和其他组群的以个体之间距离的均值来测量相似性。单一连接法具有形成条型组群的偏向,是指不相似观测值的中间观测值相似,凝聚为一个组群。完全连接法具有形成相似直径组群的偏向,了解为对异常值敏感。平均连接法是对之前两种方法的均衡,具有形成对长条组群和异常值不太敏感的方差较小的组群的偏向。Ward 法在计算两个组群之间的距离时,可以运用构成两个组群的对象们偏离平均距离的程度,即运用偏差的平方来计算距离,消除对异常值敏感的完全连接法的缺点。聚合层次聚类分析方法可以准确地掌握组群形成的过程,但也有缺点,数据差距越大就越难分析。

与反复凝聚组群的聚合层次聚类方法不同,提前制定组群标准后,优化该标准的聚类分析的非聚合层次聚类方法是:首先制定组群数目 K,将数据随机分配到 K 个组群后,反复重新计算,寻找形成组群最佳条件的方式。使用最多的非聚合层次聚类方法是 K-均值法(K-means method)。K-均值法是将全部个体分为 K 个组群的方法,与聚合层次聚类方法不同,从一个个体所属的组群移动到另一个组群重新配置,寻找最佳的组群构成(在组群中配置个体)的方法。K-均值法根据初期值,最终组群的形式可能会有所不同,因此有必要尝试多种初期值,确认并进行比较是否出现一贯的组群结果。K-均值法对比聚合层次聚类分析可以对更大的数据进行分析,测量值并不是永久分配到组群中,而是改善优化最终组群的结果。但为了测量相似性使用平均值,所以只适用于以连续型变量为对象的情况,会受到异常值很大的影响。还有组群数目 K 的决定可能是主观的,在小群组可能不会抽取样本,因此事先认知的 K 个组群有可能没有意义。

(6)从视觉上确认组群的过程,就可以确认组群是如何被捆绑的过程。通常是以树形图(tree diagram)形式显示,代表性的有树状图(dendrogram)。

(7)通过聚类算法获得组群结果后,调查者要决定组群的适当数目。聚合层次聚类方法是在树形图中运用水平线剪枝,可以决定适当数目的组群。在凝聚过程中,考虑到组群之间的距离差异有很大变化的情况,选择组群的数目即可。优化数据情况的组群数目会考虑到数据分析经验和数据特性上的重要性、想要标准的统计量的急剧变化等而决定,但是最佳选择的统计方法并不存在,所以调查者主观介入的余地相对较大。如图 16-3 所示的情况,根据在什么水平上画水平线(以组群为基准)决定其他组群的数目。例如,在水平 3.0 上画水平线的话,会产生 2 个组群;在水平 2.5 上画水平线的话,会有 6 个组群。决定组群数目后,就可以命名代表各组群特性的组群名称,这有利于今后进行分析和解释。

(8)组群结果的解释

确定组群的数目以决定最终组群结果后,调查者有必要解释最终组群结果,掌握各组群的特性。将各组群间的差异点和共同点分开,掌握像与其他组群差异的原因变量一样的组群内的共同变量,对此运用多种统计量进行概括。以此为基础,调查者可以制订对各组群的市场营销计划等适当的应对方案。

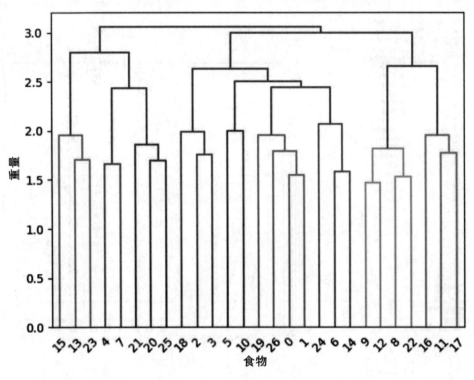

图 16-3　树状图例

三、统计分析练习

(一)SPSS 练习

为了确认聚合层次聚类分析的树状图,有必要限制整个数据的数量。如果样本量(个案数)很庞大,很难通过树状图确认或分类组群,因此,本小节用于聚类分析的样本只限于综艺(sample_data.xlsx→节目形式＝2)的数据,最终将样本量减少到 88 个。具体而言,首先可通过如图 16-4 所示的"数据"中的"选择个案"菜单进行操作。

其次,就会出现图 16-5 的可以输入选择个案的窗口。

然后,如图 16-6 所示,选择"如果条件满足"下的"如果"按钮,会出现"选择个案:If"窗口。在这个窗口中选择"节目形式",为了只选择综艺个案输入"节目形式＝2"的条件公式后,选择"确定"的话,总共 176 个样本中只有 88 个综艺节目的样本是分析的对象。详细事项请参考 9 章统计分析练习的准备部分。

1.聚合层次聚类分析——对综艺观众市场的探索性市场细分化

如果准备好了用于练习的数据,为了进行聚合层次聚类分析,如图 16-7 所示点击"分析"→"分类"→"系统聚类"菜单。

为了进行聚合层次聚类分析,要决定以哪些变量构成中心组群。聚类分析所使用的变量应以调查者的主观经验和其他调查结果为基础,选择能够显著影响区分组群的变量。

图 16-4　SPSS 选择个案

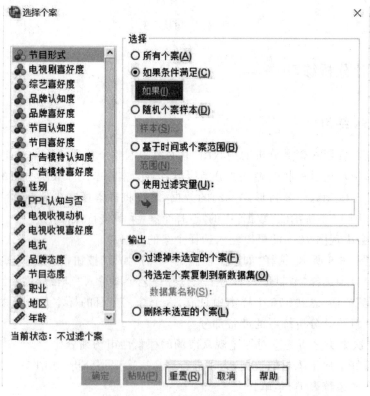

图 16-5　SPSS 输入选择个案(1)

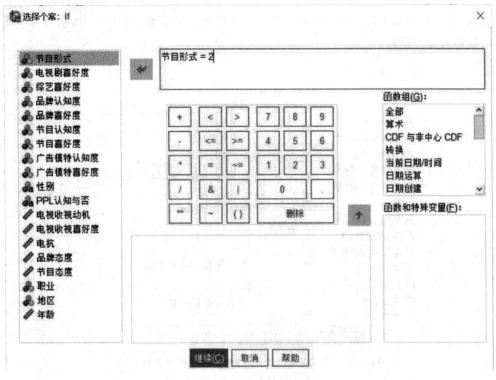

图 16-6　SPSS 输入选择个案(2)

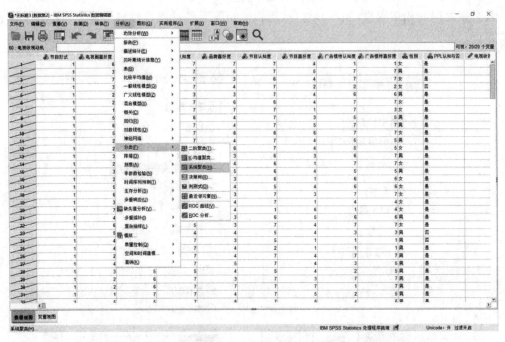

图 16-7　SPSS 聚合层次聚类分析(系统聚类分析)

如图 16-8 所示的示例中,随意选择了"电视剧喜好度""综艺喜好度""品牌喜好度""节目喜好度"这 4 种变量为标准分析组群。如果以其他变量为基准分类组群,被分类为其他形式组群的可能性很高。

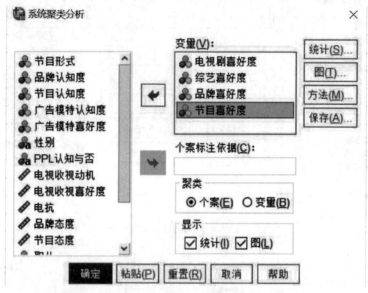

图 16-8　设置系统聚类分析(聚合层次聚类分析)(1)

其次,选择"统计"以决定什么样的统计量包含在结果中,可参考图 16-9。如果想确认各个案之间的相似程度(距离),选择"近似值矩阵",就可以直接确认每个回答者中谁和谁接近。

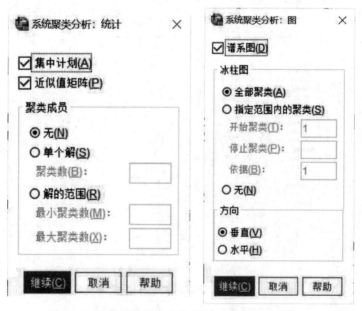

图 16-9　设置系统聚类分析(聚合层次聚类分析)(2)

然后,选择"图"以决定是否包含树状图(谱系图)结果。谱系图可以通过垂直或水平的形式来展示,具体用什么方法分类组群可选择"方法",具体可参考图 16-10。聚类方法有多种形式,SPSS 将平均连接法命名为"组间联接",其他聚类方法可以根据先前说明的方式来理解,本例选择的是最常见的组群方法"组间联接"。

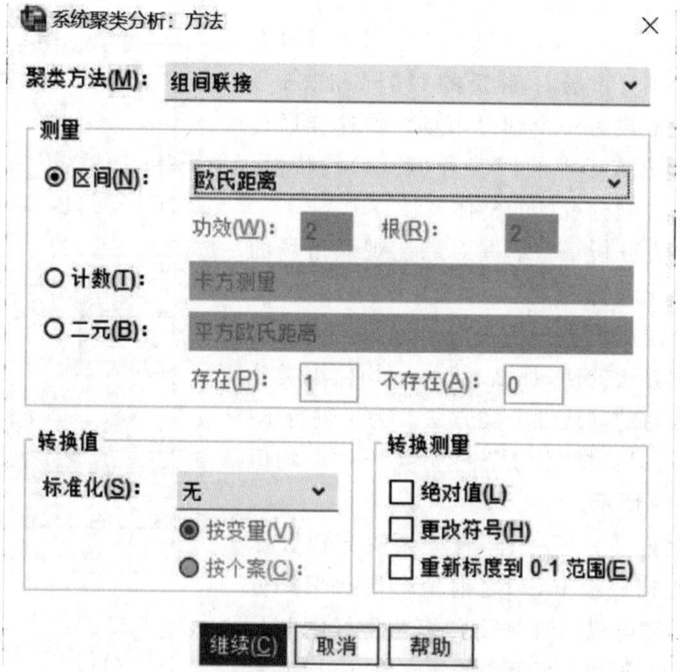

图 16-10　设置系统聚类分析(聚合层次聚类分析)(3)

最后,决定采用什么方法来测量相似性,使用最多的是欧氏距离。为了消除聚类分析中变量的测量尺度和单位的差异而可能发生的问题,实际测量相似性时,需要选择是否使用标准化的值。例如,如果聚类分析中使用的变量单位有很大的差异时,因为变量单位大、方差大,所以相似性方面的结果也会受到很大的影响。在这种情况下,一定要把各个变量做标准化处理,但本例中使用的都是李克特 7 点量表,所以没有必要选择标准化。

上述的"统计量""图""方法"等基本设置完成后,可运行聚类分析,确认聚类分析的结果。聚类分析的一般结果是由"近似值矩阵"、"集中计划"、"水平/垂直冰柱图"和"谱系图(树状图)"构成。

首先,"近似值矩阵"正如之前说明的一样,是将各个案/回答者之间的相似程度用具体数值(本例中即欧氏距离)进行展示。其中,相似性数值越小,个案之间的相似程度就越高;相反,相似性数值越大,则个案之间的相似程度就越低。

其次,"集中计划"显示的是各个案被聚类化的过程。

再次,"水平/垂直冰柱图"有益于理解最终组群是如何决定的。

最后,"谱系图(树状图)"将个案聚类化的过程用图片显示出来,可以理解为"集中计划"结果的可视化表达。

以图 16-11 的谱系图结果为基础,调查者可以决定组群分类的合适数量。此时,调查者的直观和主观经验会影响组群数的决定,通过谱系图,调查者可以判断存在 3~4 个组群(细分市场),即市场营销调查者可以探索性地判断综艺节目观众的细分市场有 3 个左右。进一步而言,117 号和 157 号回答者很有可能包含在同一细分市场内,相反的 116 号和 156 号回答者也有可能形成另一个细分市场。像这样通过调查和分析各细分市场中的回答者(观众)的特性,可以发现和推断各细分市场的整体特性。

2.K-均值聚类分析——掌握对综艺观众市场的确定性市场细分化和特性

如果说聚合层次聚类分析是对组群数目无法确定的探索性分类方法的话,那么相反,K-均值聚类分析是决定组群数目的确认性分类方法。为了进行 K-均值聚类分析,可以选择"分析"→"分类"→"K-均值聚类",如图 16-12 所示。

与聚合层次聚类分析一样,首先要决定以什么样的变量为中心构成组群,和之前聚合层次聚类分析示例一样,选择"电视剧喜好度""综艺喜好度""品牌喜好度""节目喜好度"等四个变量。在 K-均值聚类分析中,会事先决定组群数,并根据该组群数进行分析,在本例中我们使用上文的探索性聚类分析所得到的结果,即将组群数目设置为"3"。确定了组群的数目之后,点击"保存"就会显示如图 16-13 所示的"保存新变量",设置由 K-均值聚类分析结果预测的"聚类成员"重新保存到数据中。

对综艺观众市场的 K-均值聚类分析的结果如图 16-14 所示,分析是以"电视剧喜好度""综艺喜好度""品牌喜好度""节目喜好度"等四个市场变量为基准,将综艺观众市场分为三个细分市场,然后将各回答者(观众)分类配置在分类的细分市场。还有可以同时确认分类细分市场的各个变量的特性,可以作为各细分市场消费者的整体特性和制定其相应的市场营销战略的基础数据来使用。

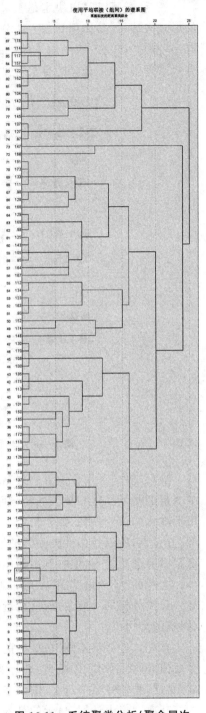

图 16-11　系统聚类分析(聚合层次聚类分析)的垂直谱系图(树状图)结果

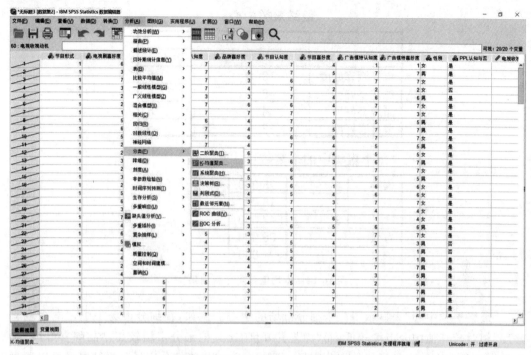

图 16-12　SPSS 选择 K-均值聚类分析

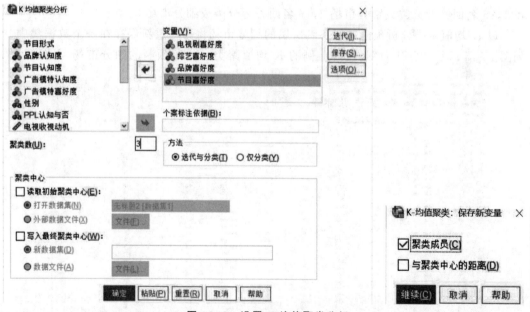

图 16-13　设置 K-均值聚类分析

最终聚类中心

	聚类		
	1	2	3
电视剧喜好度	3	4	5
综艺喜好度	6	2	5
品牌喜好度	4	3	5
节目喜好度	3	2	5

每个聚类中的个案数目

聚类	1	25.000
	2	16.000
	3	47.000
有效		88.000
缺失		.000

图 16-14　K-均值聚类分析结果

　　"最终聚类中心"表显示了三个细分市场的中心。例如,在细分市场 1 中,"电视剧喜好度"相对较其他细分市场较低,而"综艺喜好度"比其他细分市场较高,"品牌喜好度"可以看作是具有中间程度喜好的细分市场。这样分类的最终细分市场分析结果是可以通过"每个聚类中的个案数目"表来确认,示例中的情况是将 25 名回答者(观众)分类成细分市场 1,16 名回答者分类成细分市场 2,47 名回答者分类成细分市场 3。

　　以 K-均值聚类分析预测的回答者所属的细分市场将另外重新保存在一个数据集中。如图 16-15 所示,"QCL_1"是通过上例的 K-均值聚类分析所预测的细分市场。例如,可

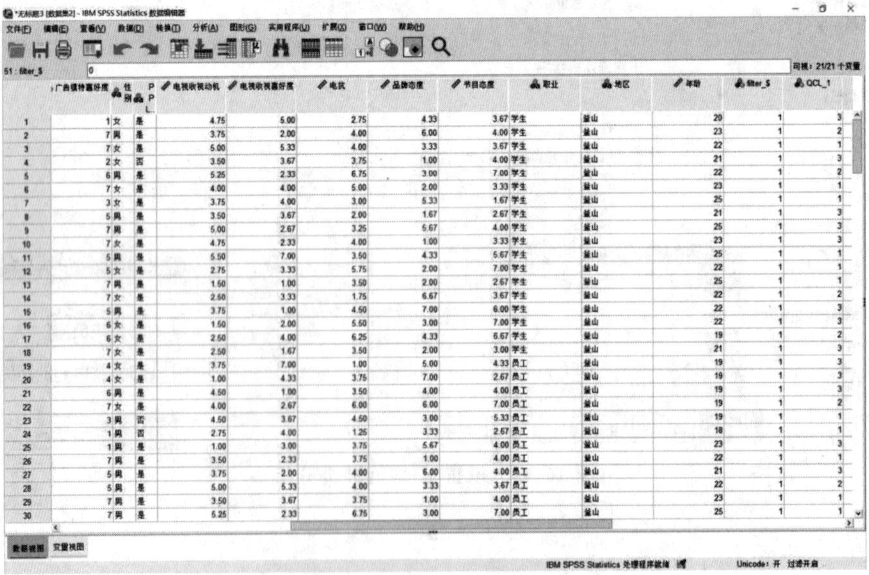

图 16-15　K-均值聚类分析结果

以看出样本1被分类为细分市场3,样本2被分类为细分市场2,样本3被分类为细分市场1,样本4被分类为细分市场3。

(二)R练习

与SPSS示例的数据保持一致,R练习也仅选取样本数据中综艺(节目形式=2)的数据,如图16-16所示,把样本数据保存在R的"data"变量中。

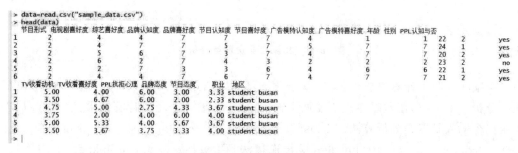

图 16-16　R聚类分析(1)

如图16-17所示,示例中将只选择"电视剧喜好度""综艺喜好度""品牌喜好度""节目喜好度"四个变量(即"data"变量的第二、第三、第五、第七列的变量)进行聚类分析。

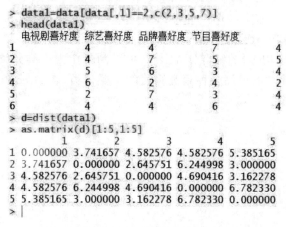

图 16-17　R聚类分析(2)

1.聚合层次聚类分析——对综艺观众市场的探索性市场细分化

为了进行聚合层次聚类分析,首先运用dist()函数来计算个案间的欧氏距离("d=dist(data1)"),如图16-18所示,可以确认之前例子中显示的测量的欧氏距离(as.matrix(d))。例如,1号回答者和2号回答者的欧氏距离是3.74,1号回答者和5号回答者的欧氏距离是5.39,可以认为2号回答者比5号回答者更接近1号回答者。使用dist()函数,也可以运用包括"euclidean(欧氏)"的方法、"maxium"、"manhattan"、"canberra"、"minkowski"等多种方式的距离测量方法。

```
R R Console                                                    [ - ] [ □ ] [ X ]
> d=dist(data1)
> clust.single=hclust(d,method="single")
> clust.complete=hclust(d,method="complete")
> clust.average=hclust(d,method="average")
> clust.wardD=hclust(d,method="ward.D")
> plot(clust.single,hang=-1,cex=.8,main="Single Linkage Clustering")
>  |
```

图 16-18　R 聚合层次聚类分析

个案间的距离计算完成后,可以基于此测量的距离运用 hclust()函数进行聚合层次聚类分析。hclust()函数基本上需要两个输入,第一个输入是距离计算结果,这次练习是 d;第二个输入是聚类分析算法。hclust()函数基本上支持"single(single linkage,单一连接法)""complete(complete linkage,最长连接法)""average(average linkage,平均连接法)""ward.D(ward 法)"等多种聚类算法。这次练习将对之前罗列的聚类算法进行比较确认。最后聚类分析完成后,保存这些结果(clust.single、clust.complete、clust.average、clust.wardD),可以将各结果显示为树状图,如图 16-19、图 16-20、图 16-21、图 16-22 所示。树状图的显示与上述例子一样运用 plot()函数。这时输入 hang 和 cex 分别是指各标签的显示位置和文字大小,如图 16-23 所示。

图 16-19 是通过单一连接法(single Linkage)进行聚合层次聚类分析的结果,显示了有偏向(组群个案数不均等)的组群分类形式,可以判断作为组群分类有意义的运行多少有些困难。确认看看以下运用多种聚类算法的组群分类(clust.complete,clust.average,clust.wardD)的树状图。

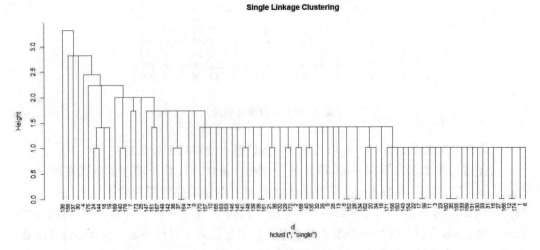

图 16-19　R 以单一连接法进行聚合层次聚类分析的水平树状图结果

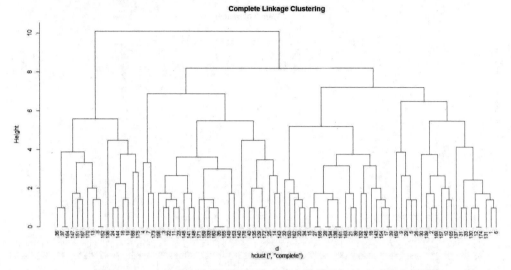

图 16-20　R 以完全连接法进行聚合层次聚类分析的水平树状图结果

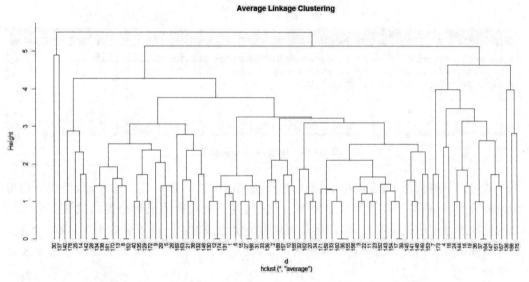

图 16-21　R 以平均连接法进行聚合层次聚类分析的水平树状图结果

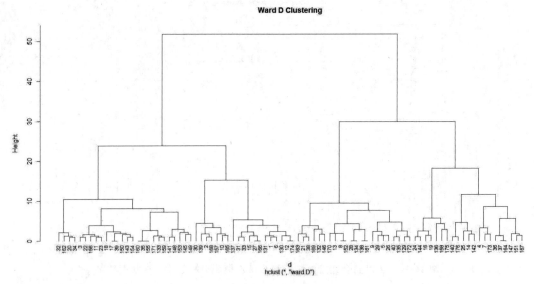

图 16-22　R 以 ward 法进行聚合层次聚类分析的水平树状图结果

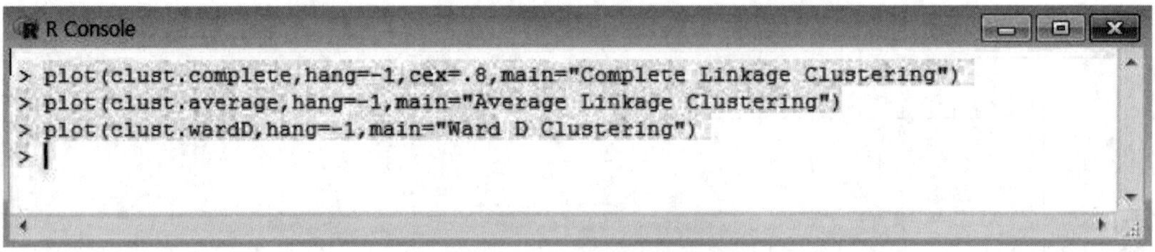

图 16-23　R 运用多种聚类算法

　　通过以下树状图,完全连接法、平均连接法、Ward 法和单一连接法相比,呈现出均衡的组群分类,特别是以方差为基准的 Ward 法展现了最均衡的组群分类。虽然各聚类算法的优缺点之前已经说明过,但使用什么组群分类方法取决于调查者的主观见解。因此,要对实际回答者的分类结果进行周密的调查,决定采用以什么分类方法为基准来完成市场细分。

　　如果市场细分的整体形式已经决定,那么有必要了解下最合适的细分市场数目的决定方法。SPSS 虽然不提供评价适当细分市场数目的方法,但 R 为此提供了程序包。为了掌握合适的细分市场数,首先安装"NbClust"程序包,如图 16-24 所示。有关程序包的安装,请参考第 9 章的详细说明。

　　安装"NbClust"程序后,就把已安装的程序库导入 R("library(NbClust)"),运行 Nb-Clust()函数,寻找最合适的细分市场(组群)的个数。为了执行 NbClust()函数,如图 16-25 所示设置聚类分析的数据为 data1、相似性测度的方式为 euclidean、最小组群数(min.nc)为 2 个、最大组群数(max.nc)为 15 个、聚类算法为平均连接法。

```
> install.packages("NbClust")
trying URL 'https://mirrors.tuna.tsinghua.edu.cn/CRAN/bin/windows/contrib/4.2/NbClust_3.0.1.zip'
Content type 'application/zip' length 122827 bytes (119 KB)
downloaded 119 KB
```

程序包'NbClust'打开成功，MD5和检查也通过

下载的二进制程序包在
        C:\Users\11149\AppData\Local\Temp\Rtmp4MzMzO\downloaded_packages里
> |

图 16-24   R 上安装"NbClust"程序库

```
> library(NbClust)
> devAskNewPage(ask = TRUE)
> nc=NbClust(data1,distance="euclidean",min.nc=2,max.nc=15,method="average")
Hit <Return> to see next plot:
*** : The Hubert index is a graphical method of determining the number of clusters.
              In the plot of Hubert index, we seek a significant knee that corresponds to a
              significant increase of the value of the measure i.e the significant peak in Hubert
              index second differences plot.

Hit <Return> to see next plot:
*** : The D index is a graphical method of determining the number of clusters.
              In the plot of D index, we seek a significant knee (the significant peak in Dindex
              second differences plot) that corresponds to a significant increase of the value of
              the measure.

*******************************************************************
* Among all indices:
* 7 proposed 2 as the best number of clusters
* 6 proposed 3 as the best number of clusters
* 1 proposed 6 as the best number of clusters
* 2 proposed 8 as the best number of clusters
* 4 proposed 9 as the best number of clusters
* 1 proposed 14 as the best number of clusters
* 2 proposed 15 as the best number of clusters

                 ***** Conclusion *****
* According to the majority rule, the best number of clusters is  2
*******************************************************************
```

图 16-25   R 设置聚类分析

NbClust 函数的运行结果是对多种组群数目评价标准进行了研究的结果，显示评价最合适的组群数目：7 个评价标准是 2 个组群、6 个评价标准是 3 个组群。如图 16-26 所示，以各种组群数目评价标准中的 Hubert 指数和 D 指数为例，每个指数都显示出当组群数目为 2 时，会引起最显著的增加（Second differences）。

可以确认下一个聚类算法的适当组群数目的变化。之前 NbClust 函数的最后因子（输入）-method 的输入设置为"Complete""single""ward.D"等多种输入获得的结果，使用以下 barplot 函数就可以轻易确认，如图 16-27 所示。

```
> barplot(table(nc$ Best.n[1,]),xlab= "# Clusters",ylab= "Freq.",main= "
Freq.of # of Clusters in Average Linkage")
```

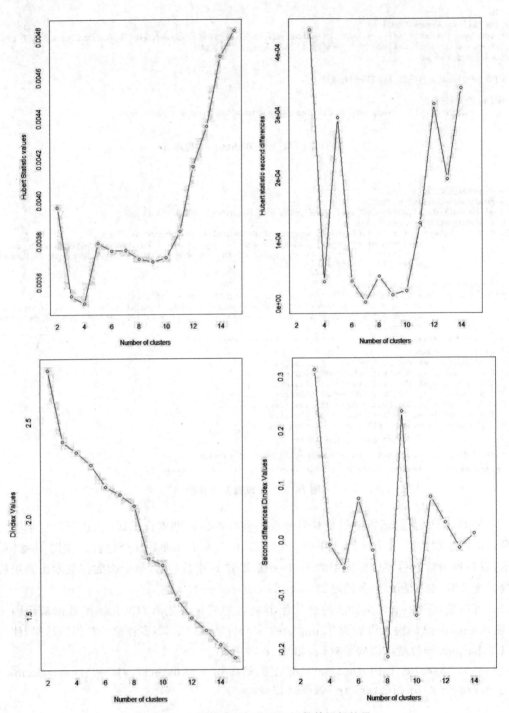

图 16-26 R 聚类分析-NbClust 函数的运行结果

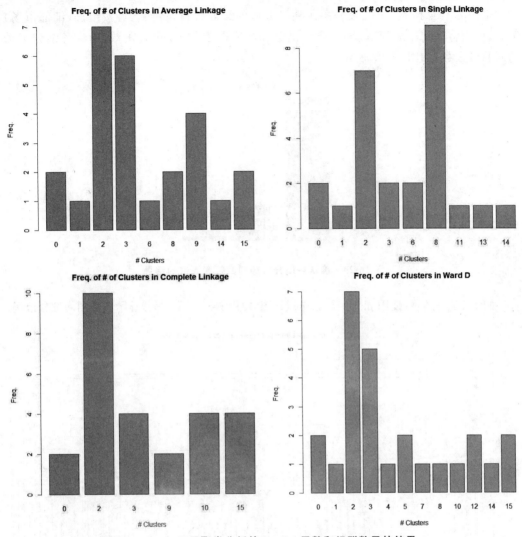

图 16-27 R 运用聚类分析的 barplot 函数和组群数目的结果

整体上,除了单一连接法(Single Linkage)以外,分析的结果都普遍支持将 2 作为最合适的组群数目。但是这次分析是练习,更多组群的出现可以进行多种形式的练习,所以下面以组群数 3 为基准,进行聚类分析练习,如图 16-28 所示。

```
R Console
> clusts.3=cutree(clust.average,k=3)
> barplot(table(clusts.3),main="Freq. of Clusters")
> plot(clust.average,hang=-1,cex=.8,main="Average Linkage Clustering 3 Clusters Solution")
> rect.hclust(clust.average,k=3)
> |
```

图 16-28 3 个组群为基准进行聚合层次聚类分析

运用 cutree 函数,定义聚合层次聚类分析的组群数目,将回答者按组群(细部市场)区分,使用将其制作成频率表的 table 函数和频率图表的 barplot 函数,确认各细分市场的回答者人数,如图 16-29 所示。

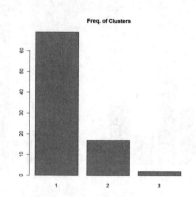

图 16-29　确认各细分市场的回答者人数的结果

如图 16-30 所示,使用 plot 函数制作树状图,使用 rect.hclust 函数显示树状图内细分市场。

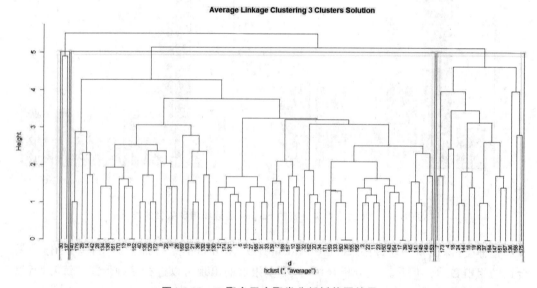

图 16-30　R 聚合层次聚类分析树状图结果

至此以树状图为基准,可以确认存在着什么形式的细分市场,并分析回答者如何构成细分市场。

2.K 均值聚类分析——掌握对综艺观众市场确定性市场细分化和特性

通过聚合层次聚类分析掌握了组群的形式和数目,那么接下来有必要仔细掌握该组群的具体特性,为此可进行 K-均值聚类分析和 PAM(partitioning aroundmedolids)聚类分析。

使用 kmeans 函数设置分析对象数据(data1)、组群数目(3)、初期组群中心的数目(nstart=25),并进行 K 均值聚类分析。如图 16-31 所示,执行结果与 SPSS 相同,详细解释请参考上文中 K 均值聚类分析部分。与 SPSS 的结果相似,可以确认各细分市场的各变量平均值。运用该方法,可以比较各细分市场的特性。还有各回答者(观众)都被分类到已分类的细分市场各领域(clustering vector)。

```
> clust.kmean=kmeans(data1,3,nstart=25)
> clust.kmean
K-means clustering with 3 clusters of sizes 25, 47, 16

Cluster means:
  电视剧喜好度 综艺喜好度 品牌喜好度 节目喜好度
1    2.880000  5.800000  4.200000  2.960000
2    5.085106  5.191489  4.765957  4.531915
3    3.500000  2.375000  3.437500  1.625000

Clustering vector:
 1  2  3  4  5  6  7  8  9 10 11 12 13 14 15 16 17 18 19 20 21 22 23 24 25 26 27 28 29 30 31 32 33 34 35 36 37 38 39 40 41 42 43
 2  2  2  3  1  2  1  2  2  1  2  2  1  3  2  1  2  2  1  2  2  2  2  2  2  2  2  2  2  2  3  2  2  2  3  2  2  1  1  2  2  1  2
44 45 46 47 48 49 50 51 52 53 54 55 56 57 58 59 60 61 62 63 64 65 66 67 68 69 70 71 72 73 74 75 76 77 78 79 80 81 82 83 84 85 86
 1  2  1  1  3  2  1  2  1  2  1  3  2  1  3  2  1  3  1  2  2  1  2  2  2  1  2  2  1  2  2  2  2  2  1  2  3  1  1  3  1  3  2
87 88
 3  1

Within cluster sum of squares by cluster:
[1] 105.6000 245.0638 107.4375
 (between_SS / total_SS =  43.3 %)

Available components:

[1] "cluster"      "centers"      "totss"        "withinss"    "tot.withinss" "betweenss"    "size"        "iter"
[9] "ifault"
> |
```

图 16-31　R 设置运行 K-均值聚类分析

图 16-32 是运用 plot 函数,根据各变量的特性,将细分市场的分布进行可视化呈现的函数,每一个亮点的颜色都反映了三个细分市场,可以作为分析遵从各细分市场相关变量标准的位置(positioning)的基础数据。

```
> plot(data1[,1:2],pch= 16,col= clust.kmean$ cluster)
> plot(data1[,1:3],pch= 16,col= clust.kmean$ cluster)
```

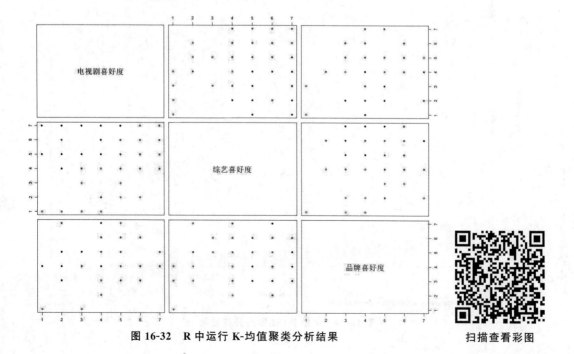

图 16-32　R 中运行 K-均值聚类分析结果

扫描查看彩图

3.PAM 聚类分析

因之前 K 均值聚类分析是运用平均值,所以对异常值很敏感。PAM 聚类分析可以弥补这些缺点,因为各组群以一个观察值(medoid)为代表,而在 K 均值聚类分析中则是基于中心值(centroid,变量的均值向量)。另外,与 K 均值聚类分析中只使用欧氏距离不同,PAM 还可以使用其他的距离测量法,因此不仅适合连续型变量,还适合多种形式的变量组合,如图 16-33 所示。

```
> library(cluster)
> set.seed(1111)
> clust.pam=pam(data1,3,stand=TRUE)
> clust.pam
Medoids:
     ID 电视剧喜好度 综艺喜好度 品牌喜好度 节目喜好度
6     6           6         4          4              4
23   23           5         6          4              4
63   63           3         4          4              2
Clustering vector:
 1  2  3  4  5  6  7  8  9 10 11 12 13 14 15 16 17 18 19 20 21 22 23 24 25 26 27 28 29 30 31 32 33 34 35 36 37 38 39 40 41 42 43
 1  2  3  2  5  1  1  3  2  1  2  1  3  1  3  1  2  2  2  2  2  2  3  3  3  1  3  1  1  2  1  1  2  2  1  3  2  2  2  2  1  1
44 45 46 47 48 49 50 51 52 53 54 55 56 57 58 59 60 61 62 63 64 65 66 67 68 69 70 71 72 73 74 75 76 77 78 79 80 81 82 83 84 85 86
 2  1  3  2  3  2  1  3  3  2  3  2  2  3  2  3  2  2  3  3  2  2  2  2  3  2  2  3  3  2  2  2  3  3  2  2  3  2  2  3  2  1  1
87 88
 3  1
Objective function:
   build    swap
1.868790 1.837039

Available components:
 [1] "medoids"    "id.med"     "clustering" "objective" "isolation" "clusinfo"  "silinfo"   "diss"    "call"
[10] "data"
> |
```

图 16-33　R 中 PAM 聚类分析

图 16-34 是通过 PAM 聚类分析展示已分类细分市场的组群图表,可以运用 clustplot

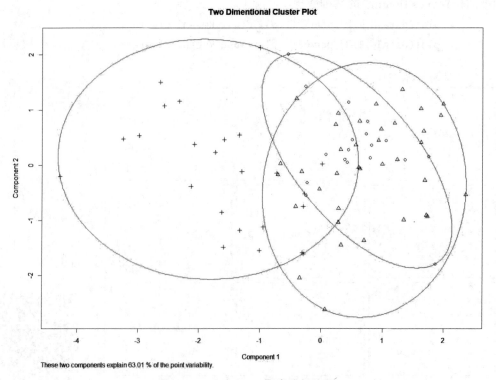

图 16-34　R 中 PAM 聚类分析结果

函数来制作。三个符号各代表三个细分市场,两个区分标准(Component1,Component2)可以掌握各细分市场的位置。可以确认十字(＋)细分市场和三角形(△)细分市场有相当大的区分度,而圆(○)细分市场与之前的两个细分市场有相当大的重叠。不仅是 PAM 聚类分析,还有 K 均值聚类分析、聚合层次聚类分析也可以运用 clustplot 或 plotcluster 等函数,将组群的分布以多种形式进行可视化,对细分市场的掌握有很大的帮助。

```
> clusplot(clust.pam,main= "Two Dimentional Cluster Plot")
```

第二节　判别分析

一、判别分析的概念

如果说聚类分析是将顾客或其他个别测量对象(或个体)中具有相似属性的对象划分为几个组,那么判别分析(discriminant analysis)就是掌握分类的组特性,判断组的分类是否正确,当出现不包含在现有组中的新对象时,决定该对象将被如何分类的探索性分析方法。

图 16-35 很好地展现了聚类分析和判别分析的差异。判别分析首先找出能够有意义地说明分类的组之间差异的因素(自变量),通过变量的线性结合制作判别式,运用该判别式将分类对象分类为组。但为了判别分析,不一定需要聚类分析。例如汽车制造商的情况,收集一般轿车购买者、SUV 购买者、小型货车购买者的信息,可以掌握不同车型购买者之间的特性差异,基于掌握的特性,可以预测新的潜在顾客想要的车型。另一个例子,银行对顾客进行信用贷款时,为了进行贷款审查,运用信用分数,此时信用分数也可以看作是运用判别分析判别式的目标值的一个应用例子,即区分对贷款偿还行为的组(如:信用不良者 VS.优良者或信用等级),掌握各组顾客特性中对组分类产生显著影响的因素,并运用这些因素开发判别式。

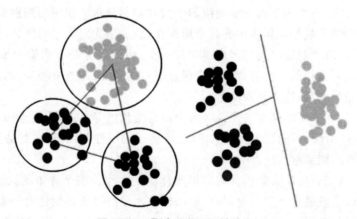

图 16-35　聚类分析 VS.判别分析

判别分析的目的是利用以定量数据(等距尺度或比例尺度)测量的自变量来区分以名义数据(名义尺度、顺序尺度)测量的因变量的组。这时作为判别属于哪个组的变量,自变量中判别力高的变量被称为判别变量,好的判别变量是指判别变量之间相关关系低,所以可以制造出好的判别函数的变量。与不知道数据中有多少个组存在的聚类分析不同,在判别分析中,数据中的各个对象必须知晓在多个组中属于哪一个组,对于组成员已经被知晓的情况,要测量变量,运行这些变量,应该能更好地区分各种变量去了哪个组。判别分析过程包括选择能够反映组间特性差异的自变量、运用选定的自变量导出判别函数、在判别能力上自变量的相对重要度评价、判别函数的判别能力评价、对新判别对象的预测力评价等。

二、判别函数的导出方法

使用最多的判别函数的形式是线性判别函数(linear discriminant function),判别函数的导出原理是寻找与分类的组内方差相比组间方差差异最大化的判别变量的线性组合。因此在组间方差相同和不同的情况下,判别函数的导出方法也会有所不同。详细事项请查询统计学相关的书籍,在此只说明运用方法。一般为了稳定导出判别函数所需的观测值(数据)的个数(数据的大小、样本的大小)需要判别变量个数的 20 倍以上,每个组至少需要存在 20 个以上的观测值。

为了导出判别分析,需要以下假定,但如果数据或样本的容量过大,这种假定可能不太重要。假定具体如下:

(1)自变量的联合概率分布是多元正态分布;

(2)在总体中,因变量的各组自变量的协方差结构相同;

(3)属于各组的事先概率相同。

三、判别分析的步骤

(1)调查者应选择可用于因变量的组的个数和判别分析中使用的判别变量(自变量),即调查者要掌握整个数据或样本中有几个组存在,或者事先定义组的区分,这时各组是相互具有排他性的,每个对象只属于多个组中的一个,组的区分是有明确逻辑性的,各组数据的数目必须相同或相似。还有调查者应通过现有的研究、调查或经验,事先调查显著反映各组特性差异的变量,选为判别变量。

(2)要确认判别分析的基本假定——每个组自变量的等方差,为此运用 Box-M 检验。如果通过 Box-M 检验,不满足等方差假定,就不能运用线性判别函数,而是要运用二次判别函数等非线性判别函数。

(3)确保在判别分析中必须包含的数据或样本的大小。整个样本的大小要比自变量的个数大 3 倍以上或最少 2 倍以上,每个组的样本大小都要比自变量的个数多。

(4)实际判别分析的推断方法与回归分析相似,此时自变量选定方法有同时包含法、前进选择法(forward 方法)、后退消除法(backward 方法)、逐步筛选法(stepwise 法)等。

其中,同时包含法是调查者直接选择变量的方法,调查者直接选择变量寻找最好的判别方式。前进选择法是在自变量中,依序将组间差异变大的变量包含在判别函数中的方法。后退消除法是将所有的变量都包括在内,然后依序将没有组间差异的变量从判别函数中消除的方法。逐步筛选法是以前进选择法和后退消除法结合的形式,首先包含了以组间差异变大的变量,但如果包括其他变量,其差异减少的话可以除去,导出最好判别函数的方式。

四、统计练习

(一)SPSS 练习

为了进行判别分析的练习,需要使用之前聚类分析的数据,如图 16-36 所示,在 SPSS 中选择"分析"→"分类"→"判别式"。

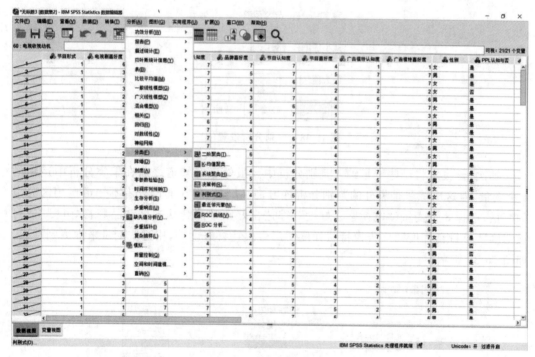

图 16-36　SPSS 判别分析

判别分析需要事先定义判别的组,所以要决定判别哪个组为对象。在本例中,以上文聚类分析中的细分市场组为对象进行判别分析练习。选择判别分析菜单后,会出现如图 16-37 所示的判别分析设置窗口。

这里的组变量指定为之前聚类分析的结果——新保存组成员的变量 QCL_1,将该变量的组范围设置为最小值 1、最大值 3(K 均值聚类分析的组数目为 3 个),如图 16-38 所示。

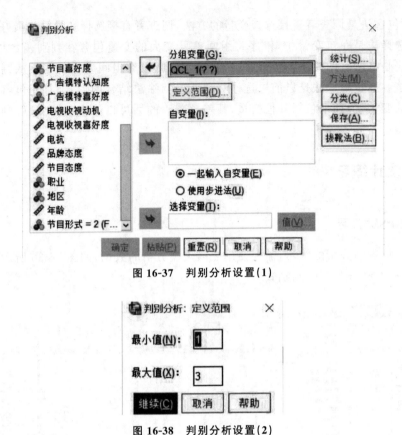

图 16-37　判别分析设置(1)

图 16-38　判别分析设置(2)

其次,要决定将哪些变量纳入判别分析中。虽然已经知道之前在聚类分析中运用的 4 个变量,但这次练习是另外的判别分析练习,所以假设现在的调查者不知道运用区分组的变量,选择 8 个变量("电视剧喜好度""综艺喜好度""品牌认知度""品牌喜好度""节目认知度""节目喜好度""广告模特认知度""广告模特喜好度"),用这些变量来推测判别式,如图 16-39 所示。

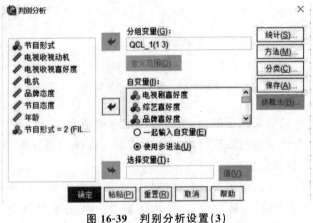

图 16-39　判别分析设置(3)

在判别分析的设置窗口中,为了有效率地进行判别式推测,设置"使用步进法",如图16-40所示,在"统计"设置中,选择"平均值"、为了检验协方差行列同质性假定选择"博克斯M",函数的系数表示方式是为了正确表示判别式,选择"未标准化"系数设置。

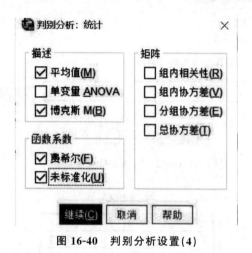

图16-40　判别分析设置(4)

在"分类"设置中,为了通过多种图确认判别分析结果,选择"合并组""分组""领域图"等图,如图16-41所示。

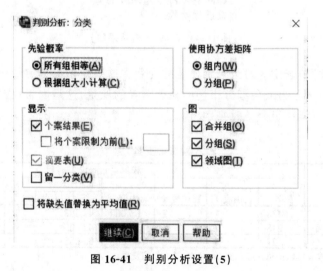

图16-41　判别分析设置(5)

最后,在当前的数据集,保存通过此次判别分析预测的组成员和判别得分,用于其他分析,在"保存"设置中选择"预测组成员"和"判别得分",如图16-42所示。

图16-43是判别分析的结果,首先,博克斯M检验结果表明,不能拒绝组的协方差行列相同的原假设(显著性概率0.957),可以确认组的协方差行列必须相同的协方差队伍的同一性假定被证明。

这次判别分析是为了有效的判别式分析"使用步进法",因此在8个变量中,选择了对组判别最显著的变量,用于判别式。分析结果显示3个变量"综艺喜好度"、"节目喜好度"

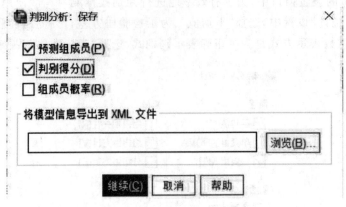

图 16-42　判别分析设置(5)

检验结果

博克斯 M		5.387
F	近似	.420
	自由度 1	12
	自由度 2	10587.858
	显著性	.957

对等同群体协方差矩阵的原
假设进行检验.

图 16-43　判别分析结果(1)

和"电视剧喜好度"被选定为对组判别显著的变量。这些变量被选定的根据如图 16-44 所示,这些变量是显示各组或各细分市场的显著差异的变量,这是因为根据组统计上有显著差异的变量很有可能在组分类时判别力高。

输入/除去的变量[a,b,c,d]

步骤	输入	威尔克 Lambda							
		统计	自由度 1	自由度 2	自由度 3	精确 F			
						统计	自由度 1	自由度 2	显著性
1	综艺喜好度	.473	1	2	85.000	47.398	2	85.000	.000
2	电视剧喜好度	.245	2	2	85.000	42.905	4	168.000	.000
3	品牌喜好度	.127	3	2	85.000	50.055	6	166.000	.000

在每个步骤中, 将输入可以使总体威尔克 Lambda 最小化的变量。

a. 最大步骤数为 6。

b. 要输入的最小偏 F 为 3.84。

c. 要除去的最大偏 F 为 2.71。

d. F 级别、容差或 VIN 不足,无法进行进一步计算。

图 16-44　判别分析结果(2)

这样决定判别式中包含的变量,以此为基础进行典则相关分析,以 3 个变量为基础,推测判别函数(判别因素)式。这次判别分析中,抽取如下 2 个判别函数(判别因素),如图 16-45 所示。

特征值

函数	特征值	方差百分比	累积百分比	典型相关性
1	2.560ᵃ	67.8	67.8	.848
2	1.217ᵃ	32.2	100.0	.741

a. 在分析中使用了前 2 个典则判别函数.

典则判别函数系数

	函数	
	1	2
电视剧喜好度	.551	-.608
综艺喜好度	.274	.810
节目喜好度	.798	-.077
(常量)	-6.464	-1.121

未标准化系数

图 16-45　判别分析结果(3)

第一个判别函数为 $Z1$、第二个判别函数为 $Z2$ 时,可以根据上面的"典则判别函数系数"来推测以下判别函数式。在判别分析设置时,由于选择了"未标准化"系数选项,所以"典则判别函数系数"以未标准化的形式出现。不选择"非标准化"系数时,"(常量)"项以标准化形式出现,所以很难推测正常的判别函数式。

$Z1=-6.464+0.551×$电视剧喜好度$+0.274×$综艺喜好度$+0.798×$节目喜好度

$Z2=-1.121-0.608×$电视剧喜爱度$+0.810×$综艺喜好度$-0.077×$节目喜好度

判别函数与以下的分类函数(见图 16-46)不同,可以理解为三个变量的因素分析结果,即为了此次判别分析,将提取 2 个与 3 个变量毫无关系的分类标准因素,并通过这两个因素(判别函数)进行判别分析,以此来判别组。

分类函数系数

	个案聚类编号		
	1	2	3
电视剧喜好度	2.022	2.959	4.478
综艺喜好度	4.114	1.190	3.162
节目喜好度	3.485	2.394	5.472
(常量)	-21.098	-9.635	-33.091

费希尔线性判别函数

图 16-46　判别分析结果(4)

图 16-46 中的"分类函数系数"表是表示分类函数系数的表,在出现新的个案时,可以以该个案的"电视剧喜好度"、"综艺喜好度"和"节目喜好度"的水平为基础,预测个案所属的聚类。例如,对于某一新观众,掌握该观众的"电视剧喜好度"、"综艺喜好度"和"节目喜好度",以此为基础,可以在三个细分市场中预测这一新的观众所属的细分市场,并采取相

应的市场营销活动。运用这种分析结果，判别式起着非常重要的作用。以"分类函数系数"表为基础，可以导出以下判别式。在每个判别式中，将引入相应变量的值（水平），计算每个判别式的判别得分，从而找出判别得分最大的组（细分市场）。

细分市场 1 判别式＝－21.098＋2.022×电视剧喜好度＋4.114×综艺喜好度＋3.485×节目喜好度

细分市场 2 判别式＝－9.635＋2.959×电视剧喜好度＋1.190×综艺喜好度＋2.394×节目喜好度

细分市场 3 判别式＝－33.091＋4.478×电视剧喜好度＋3.162×综艺喜好度＋5.472×节目喜好度

图 16-47 以两个判别函数（因素）为基准，显示了每个组的分布和组质心。组质心显示了每个组每个因素的特性。例如，细分市场 1 是判别函数 2 号比 1 号具有更高的特性、细分市场 3 则相反是判别函数 1 号比 2 号具有更大的特性、细分市场 2 的情况是判别函数 1 号和 2 号都具有较低的特性。在这里，高低水平的价值要留意根据实际判别函数的特性，其价值解释可能会有所不同。还有以这些质心为中心，可以看出每个细分市场成员（回答者）的分布，随着进行典则相关分析，可以看出每个细分市场的交集几乎不存在。这说明抽取的两个判别函数是具有很高判别力的因素。

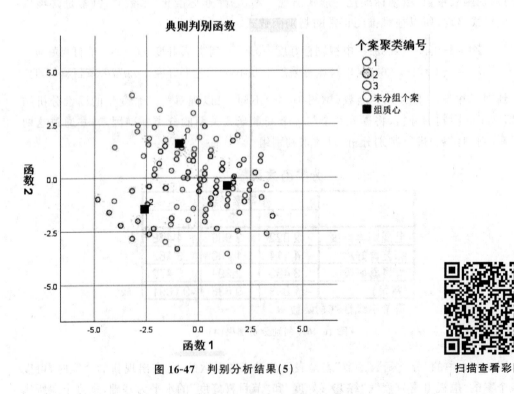

图 16-47 判别分析结果（5）

扫描查看彩图

最后对比了实际组和预测组成员的结果，如图 16-48 所示，除了一个情况外，此次判别分析可以准确预测所有回答者（个案）（98.9％）。因为是在导出实际判别式的数据上代入实际判别式的结果,所以一般都会展现出相当大的预测力。一般为了评价判别式的判别能力,使用全体数据的约 70％来导出判别式,运用剩下的 30％来评价导出的判别式的实际判别能力。

分类结果[a]

		个案聚类编号	预测组成员信息			总计
			1	2	3	
原始	计数	1	24	0	1	25
		2	0	16	0	16
		3	0	0	47	47
	%	1	96.0	.0	4.0	100.0
		2	.0	100.0	.0	100.0
		3	.0	.0	100.0	100.0

a. 正确地对 **98.9%** 个原始已分组个案进行了分类。

图 16-48　判别分析结果(6)

(二)R 练习

在样本数据中,节目形式只选择综艺数据(data[,1]＝2),其中 8 个变量("电视剧喜好度""综艺喜好度""品牌认知度""品牌喜好度""节目认知度""广告模特认知度""广告模特喜好度")值包括在内的数据集(2：9)里,添加 K 均值聚类分析的聚类分析结果(clust.kmean＄cluster)的"组"变量(names(data2)[9]＝"组")的 data2,以此数据进行判别分析,如图 16-49 所示。

```
> data2=cbind(data[data[,1]==2,2:9],clust.kmean$cluster)
> names(data2)[9]="组"
> head(data2)
  电视剧喜好度 综艺喜好度 品牌认知度 品牌喜好度 节目认知度 节目喜好度 广告模特认知度 广告模特喜好度 组
1            4          4          7          7          7          7              4              1   2
2            4          4          7          7          7          7              4              7   2
3            5          6          7          7          7          4              7              7   2
4            6          2          7          7          7          2              2              7   2
5            2          2          3          3          6          4              6              6   1
6            4          4          7          6          7          7              4              7   2
> |
```

图 16-49　R 判别分析

为了判别分析使用 lda 函数,因变量为"组",自变量为"电视剧喜好度""综艺喜好度""品牌认知度""品牌喜好度""节目认知度""节目喜好度""广告模特认知度""广告模特喜好度",如下定义判别式:

组:"电视剧喜好度＋综艺喜好度＋品牌认知度＋品牌喜好度＋节目认知度＋节目喜好度＋广告模特认知度＋广告模特喜好度"

分析数据为之前生成的 data2,运用(data＝data2),将事先组概率均衡地按照每个组设置为 1/3(prior＝c(1,1,1)/3)。判别分析的结果保存在 da1,运用这些进行预测,将结果保存在 p1 中(p1＝predict(da1))。

判别分析结果如图 16-50 所示,在 8 个变量中,虽然与 SPSS 的结果一样,也可能有判别力更好的变量,但是在这次判别分析中,要运用所有 8 个变量(SPSS 中"输入所有自变量"的情况相同）。

```
> library(MASS)
> da1=lda(组~电视剧喜好度+综艺喜好度+品牌认知度+品牌喜好度+节目认知度+节目喜好度+广告模特认知度+广告模特喜好度,
+        data=data2,prior=c(1,1,1)/3)
> da1
Call:
lda(组 ~ 电视剧喜好度 + 综艺喜好度 + 品牌认知度 +
    品牌喜好度 + 节目认知度 + 节目喜好度 + 广告模特认知度 +
    广告模特喜好度, data = data2, prior = c(1, 1, 1)/3)

Prior probabilities of groups:
        1         2         3
0.3333333 0.3333333 0.3333333

Group means:
   电视剧喜好度 综艺喜好度 品牌认知度 品牌喜好度 节目认知度 节目喜好度 广告模特认知度 广告模特喜好度
1    2.880000   5.800000   6.520000   4.200000   6.400000   2.960000       5.880000       5.84000
2    5.085106   5.191489   6.276596   4.765957   6.170213   4.531915       4.787234       4.87234
3    3.500000   2.375000   5.687500   3.437500   5.250000   1.625000       3.937500       3.62500

Coefficients of linear discriminants:
                    LD1         LD2
电视剧喜好度  -0.25148886 -0.75461339
综艺喜好度    -0.53016240  0.61645911
品牌认知度    -0.11630568  0.15764055
品牌喜好度    -0.20852082 -0.07742388
节目认知度    -0.02581741 -0.19843227
节目喜好度    -0.67822056 -0.38881666
广告模特认知度 0.23826904  0.07733053
广告模特喜好度 -0.24622355  0.09238857

Proportion of trace:
   LD1    LD2
0.6828 0.3172
> p1=predict(da1)
> table(data2$组,p1$class)

     1  2  3
  1 25  0  0
  2  0 47  0
  3  1  0 15
> |
```

图 16-50　R 判别分析

结果导出了两个判别函数式，可以将每个判别函数式与［SPSS 练习］的例子一样导出。

判别分析的结果可以通过可视化来确认，R 代码如下：

> plot(p1$ x,type= "n",xlab= "LD1",ylab= "LD2",main = "Results of Determinant Analysis")

> text(p1$ x,as.character(p1$ class),col= as.numeric(data2$ 组),cex= 1.5)

> abline(v= 0,col= "gray")

> abline(h= 0,col= "gray")

R 判别分析结果如图 16-51 所示。

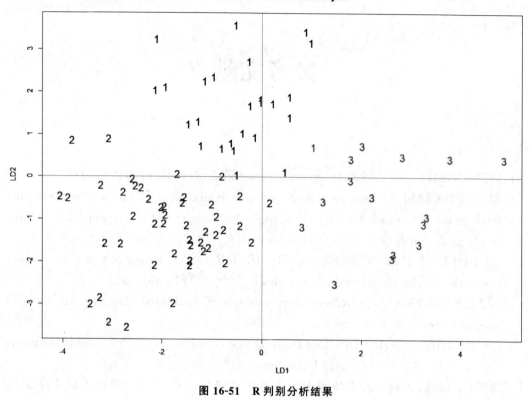

图 16-51　R 判别分析结果

参考文献

[1]MCDANIEL C,GATES R.Marketing research[M].Hoboken：Wiley,2021.

[2]ER I,ODABASI Y.Does marketing research really"have a seat at the marketing strategy table"? An exploratory research[J].Managerial and entrepreneurial developments in the mediterranean area,2009,546-556.

[3]SUDHEESH K,DUGGAPPA D R,NETHRA S S.How to write a research proposal? [J].Indian journal of anaesthesia,2016,60(9)：631-634.

[4]SZABO V,STRANG V R.Secondary analysis of qualitative data[J].Advances in nursing science,1997,20：66-74.

[5]CHURCHILL G A,IACOBUCCI D.Marketing research：methodological foundations[M].Worth：Harcourt College Publishers,2015.

[6]简明,金勇进,蒋妍,等.市场调查方法与技术[M].4 版.北京：中国人民大学出版社,2018.

[7]杨安宁,杨玉秀.企业竞争力研究中二手数据的应用分析:以医药制造业为例[J].商业文化(学术版),2010(10)：94-95.

[8]胡浩.焦点小组访谈理论及其应用[J].现代商业,2010(26)：282.

[9]潘绥铭,姚星亮,黄盈盈.论定性调查的人数问题：是"代表性"还是"代表什么"的问题:"最大差异的信息饱和法"及其方法论意义[J].社会科学研究,2010(4)：108-115.

[10]李洁.心理学中的人格评估法[J].宿州教育学院学报,2011,14(6)：103-105.

[11]贾怀勤.商务调研策划与实施[M].2 版.北京：对外经济贸易大学出版社,2005.

[12]吴金希,于永达.浅议管理学中的案例研究方法：特点、方法设计与有效性讨论[J].科学学研究,2004(S1)：105-111.

[13]谢平芳,黄远辉,赵红梅.市场调查与预测[M].2 版.南京：南京大学出版社,2020.

[14]马德峰.社会调查的类型、特点及适用范围[J].调研世界,2002(2)：45-47.

[15]王森.我国居民的就医行为及其影响因素研究:基于 CHNS 调查面板数据的分析[J].西北人口,2015,36(3)：32-36.

[16]刘军强,胡国鹏,李振.试点与实验：社会实验法及其对试点机制的启示[J].政治学研究,2018(4)：103-116,128.

[17]黄潇婷,杨威,王志慧.实验研究方法在旅游研究中应用的系统回顾与展望[J].旅游科学,2021,35(4)：1-20.

[18]景奉杰,曾伏娥.市场营销调研[M].2版.北京：高等教育出版社,2010.

[19]HAIRE M.Projective techniques in marketing research[J].Journal of marketing,1950,14(5)：649-656.

[20]HARRIS J M,CIORCIARI J,GOUNTAS J.Consumer neuroscience for marketing researchers[J].Journal of consumer behaviour,2018,17(3):239-252.

[21]李萍,陈田,王甫园,等.基于文本挖掘的城市旅游社区形象感知研究：以北京市为例[J].地理研究,2017,36(6)：1106-1122.

[22]晏国祥,方征.论消费者行为研究范式的转向[J].外国经济与管理,2006(1)：54-59.

[23]陈瑞,陈辉辉,郑毓煌.怀旧对享乐品实用品选择的影响[J].南开管理评论,2017,20(6)：140-149.

[24]李伟娟,林升栋,农婷,等.社会公德角度的对错判断：公益传播中正负激励效果的调节变量[J].心理科学,2017,40(5)：1202-1207.

[25]周圆圆,陈瑞,郑毓煌.重口味食物会使人变胖？咸味对食物热量感知的影响[J].心理学报,2017,49(4)：513-525.

[26]陈瑞,郑毓煌.孤独感对消费者不确定性偏好的影响：新产品、产品包装和概率促销中的表现[J].心理学报,2015,47(8):1067-1076.

[27]陈瑞,郑毓煌,刘文静.中介效应分析：原理、程序、Bootstrap方法及其应用[J].营销科学学报,2014,9(4)：120-135.

[28]CHEN R,LIU M W,GUAN Y,et al.Female responses to genetically modified foods：effects of the menstrual cycle and food risk concerns[J].Journal of business research,2020,120：608-618.

[29]CHEN R,ZHENG Y,ZHANG Y.Fickle men,faithful women：The effects of mating cues on men vs.women's variety seeking behavior in consumption[J].Journal of consumer psychology,2016,26(2)：275-282.

[30]XU Q,ZHOU Y,YE M,et al.Perceived social support reduces the pain of spending money[J].Journal of consumer psychology,2015,25(2)：219-230.

[31]HAYES A F.An introduction to mediation,moderation,and conditional process analysis：a regression-based approach[M].New York：Guilford Press,2013.

[32]SPENCER S J,ZANNA M P,FONG G T.Establishing a causal chain：why experiments are often more effective thanmediational analyses in examining psychological processes[J].Journal of personality and social psychology,2005,89(6)：845-851.

[33]李德毅,刘常昱,杜鹢,等.不确定性人工智能[J].软件学报,2004,4(11)：1583-1594.

[34]LEONARD F S.The care of psychologic casualties in atomic disaster[J].The american journal of nursing,1951,51(8)：513-514.

[35]段志蓉,邱海鹰,朱玉杰.企业的风险态度对国际化决策的影响[J].清华大学学报（哲学社会科学版),2008,4(2)：149-158,160.

[36]戴维·安德森.商务与经济统计[M].7版.北京：机械工业出版社,2000.

[37]焦豪,魏江,崔瑜.企业动态能力构建路径分析：基于创业导向和组织学习的视角

[J].管理世界,2008,4(4):91-106.

[38]宋思根,张宇,宣宾.植入品牌记忆激活路径及激活水平影响因素研究[J].新闻与传播评论,2019,72(2):54-69.

[39]BROWN T J,SUTER T A,CHURCHILL G A.Basic marketing research:customer insights and managerial action[M].8 Edition. Boston:Cengage Learning,2013.

[40]王黎霞,成诗明,陈明亭,等.2010年全国第五次结核病流行病学抽样调查报告[J].中国防痨杂志,2012,34(8):485-508.

[41]王桂新,沈建法,刘建波.中国城市农民工市民化研究:以上海为例[J].人口与发展,2008(1):3-23.

[42]李立明,饶克勤,孔灵芝,等.中国居民2002年营养与健康状况调查[J].中华流行病学杂志,2005(7):478-484.

[43]李金昌.大数据与统计新思维[J].统计研究,2014,31(1):10-17.

[44]任莉颖.美国政治研究中的抽样调查方法[J].美国研究,2020,34(3):84-106,7.

[45]金玉芳,董大海.消费者信任影响因素实证研究:基于过程的观点[J].管理世界,2004(7):93-99,156.

[46]郁晓晖,张海波.失地农民的社会认同与社会建构[J].中国农村观察,2006(1):46-56,81.

[47]中国肥胖问题工作组数据汇总分析协作组.我国成人体重指数和腰围对相关疾病危险因素异常的预测价值:适宜体重指数和腰围切点的研究[J].中华流行病学杂志,2002(1):10-15.

附录一　加油站服务顾客满意度调查问卷

加油站服务顾客满意度调查

您好！为了提高我国加油站服务产业的质量和竞争力,本研究旨在通过问卷调查分析顾客对加油站服务的满意度。以下题项主要是了解顾客的产品使用体验,调查顾客们的亲身感受,因此您的回答并没有正确与错误之分,请告知您平时的真实感受即可。另外请放心,此次问卷调查结果仅用于统计分析和学术研究,个人隐私信息绝对不会被泄露。感谢您的参与!

1.您所在的地区?

　　　　　　省　　　　市　　　区(县)

2.您的性别是?

　1.男性　　　　　　　2.女性

3.您的年龄?

　　　　　岁　　(*未满 20 岁或超过 60 岁以上终止问卷*)

4.您在去年(2012 年)有没有参加加油站服务顾客满意度调查的经验?

　1.有　(*终止问卷*)　　2.没有

5.您或您的家人中有没有在以下公司上班?(*相关者终止问卷*)

　1.市场调查机关　　　2.广告公司(代理公司)

　3.广播/言论社　　　4.石油公司/加油站等销售/相关系列公司

6.您目前拥有汽车并亲自开车吗?

　1.有　　　　　　　　2.没有(*终止问卷*)

7.您的汽车是使用汽油还是使用轻油?

　1.汽油　　　　　　　2.轻油　　　　　　　3.天然气(*终止问卷*)

8.您在近 3 个月(如 7～9 月)有在加油站加过油(汽油/轻油)吗?

　1.有　　　　　　　　2.没有(*终止问卷*)

9.那么在此期间(7～9 月)中,您最常消费的加油站是哪个品牌?(单选)

　1.中石油加油站　　　2.中石化加油站

　3.壳牌加油站　　　　4.其他

10.在××加油站,您每月平均加油几次?

　1.2 次以上　　　　　2.未满 2 次(*终止问卷*)

11.每次加油时,平均费用为多少?

大概( )元

12.主要使用的支付方式是什么?

1.现金　　　　　　2.银行卡　　　　　　3.商品券

13.您有使用××加油站的奖励卡吗?

1.有 ☞(**奖励卡是哪年发行的?**)_____年

2.没有

14.您主要消费的××加油站在住宅区附近还是在市中心(市内)?

1.住宅区　　　　　　2.市中心

15.您主要消费的××加油站是直营加油站还是自营加油站?

1.直营加油站　　　　　2.自营加油站　　　　　3.不知道

▶从现在开始只想着您常常使用的加油站来回答以下问题(即针对第9题的回答来进行作答),打分时:"非常低"为1分,"非常高"为10分,请从1分到10分之间选取一个合适的分数来表达您的真实想法。

16.关于使用××加油站之前的期待值的问题。

您在使用××加油站之前,对××加油站的品质期待在什么程度?

非常低←——									——→非常高
1	2	3	4	5	6	7	8	9	10

17.关于实际使用经验的问题。

基于您目前实际使用加油站的经验来看,您如何评价××加油站的整体品质。

非常低←——									——→非常高
1	2	3	4	5	6	7	8	9	10

18.使用××加油站之前,对个人需求满足程度的期待的相关问题。

您在使用××加油站之前,在燃料的性能、加油站及加油设备的使用便利性、加油员的态度、结算便利性、环境清洁性、附带便利设施等方面,对××加油站会满足您的个人需求有多大期待?

非常低←——									——→非常高
1	2	3	4	5	6	7	8	9	10

19.关于实际使用经验的问题。

实际使用××加油站时,在燃料的性能、加油站及加油设备的使用便利性、加油员的态度、结算便利性、环境清洁性、附带及便利设施等方面,××加油站在多大程度上使您的个人需求得到了满足?

非常低←									→非常高
1	2	3	4	5	6	7	8	9	10

20.使用之前,对××加油站信赖性期待的问题。

在使用××加油站之前,在燃料的性能、加油站及加油设备的使用便利性、加油员的态度、结算便利性、环境清洁性、附带便利设施等方面,您对××加油站有多大程度的信赖?

非常低←									→非常高
1	2	3	4	5	6	7	8	9	10

21.您在多大程度上认可,判断加油站服务品质的高低是一件容易的事情?

非常低←									→非常高
1	2	3	4	5	6	7	8	9	10

22.在考虑××加油站的服务品质时,您在多大程度上认为汽油(轻油)价格不合理?

非常低←									→非常高
1	2	3	4	5	6	7	8	9	10

23.相反,考虑××加油站的汽油(轻油)价格时,您在多大程度上认为加油站服务品质是好的?

非常低←									→非常高
1	2	3	4	5	6	7	8	9	10

24.从此期间使用××加油站的经验来看,您对××加油站服务的整体满意度如何?

非常低←									→非常高
1	2	3	4	5	6	7	8	9	10

25.上面所说的满意度水准,与使用××加油站服务之前的期待水准相比如何?

非常低←									→非常高
1	2	3	4	5	6	7	8	9	10

26.请想象××加油站必须要达到的最高服务水准。把此想法看作是理想值时,您认为现在的满意度水准跟理想值相比有多少程度的接近?

非常低←—								→非常高	
1	2	3	4	5	6	7	8	9	10

27.您在使用××加油站时,有提出加油站服务相关的投诉吗?

    1.有☞(**去 27a**)   2.没有☞(**去 28 题**)

27a.(**接 27-"有"的话**)您使用电话、书信、电子邮件及其他各种方式总共提出过多少次投诉?

      _____次

27b.(**接 27-"有"的话**)您直接向加油站职员或站长提出过多少次投诉?

      _____次

27c.(**接 27-"有"的话**)您对投诉后的处理或措施的满意度如何?

非常低←—								→非常高	
1	2	3	4	5	6	7	8	9	10

28.(**接 27-"没有"的话**)您在使用××加油站服务时,所感受到的印象与家人或周边人员分享过吗?

    1.有☞(**去 28a**)   2.没有☞(**去 28b 和 28c**)

28a.(**接 28-"有"的话**)您与周边人员分享的事情在多大程度上是正面的内容?

非常低←—								→非常高	
1	2	3	4	5	6	7	8	9	10

28b.(**接 28-"没有"的话**)如果以后与家人或周围人员讨论××加油站的事情,您对××加油站进行正面评价的可能性有多少?

非常低←—								→非常高	
1	2	3	4	5	6	7	8	9	10

28c.(**接 28-"没有"的话**)当家人、亲戚或周围人员想使用加油站服务时,您在多大程度上会推荐××加油站?

非常低←—								→非常高	
1	2	3	4	5	6	7	8	9	10

29.以后使用加油站服务时,您在多大程度上会再次使用××加油站?

非常低←—								→非常高	
1	2	3	4	5	6	7	8	9	10

注:6~10 分时,去第 30 题;1~5 分时,去第 31 题

30.（29 分数为 6～10 分，即为再购买意向高的被试）

假设当××加油站把汽油（轻油）价格提高，而其他加油站不提高价格时，您为了继续使用××加油站，可接受的价格涨幅为多少？

_____（请填 1～25％之间）

31.（问 29 分数为 1～5 分，即为再购买意向低的被试）

假设当××加油站把汽油（轻油）价格调低，而其他加油站不调低价格时，您在××加油站降价多少比例时，会再次使用××加油站？

_____（请填 1～25％之间）

32.当××公司提供与加油站相关的其他延伸产品或服务时，您在多大程度上会使用该公司的产品和服务？

非常低←									→非常高
1	2	3	4	5	6	7	8	9	10

33.以后选择加油站时，你会不考虑其他加油站而选择××加油站吗？

非常低←									→非常高
1	2	3	4	5	6	7	8	9	10

附录二 观众对电视节目和广告的 态度调查问卷

观众对电视节目和广告的态度调查

问卷类型(节目形式):电视剧(1),综艺(2)

> 您好!衷心感谢您参与本次问卷调查。本调查是为了了解观众对电视节目和广告的一般态度。您的回答内容仅用于研究目的,不用于其他目的(统计法第13条/14条)。如果对问卷内容存在疑问,请通过以下方式与我们联系:
>
> 问卷调查机构:××××
>
> 调查负责人:×××(联系方式:×××-××××-××××)

1.下面是对电视节目类型(电视剧)喜好度的问题。(电视剧喜好度)

	完全不是			一般			完全是
我平时对电视剧很感兴趣	1	2	3	4	5	6	7
我平时很喜欢看电视剧	1	2	3	4	5	6	7
我平时会投入很长时间看电视剧	1	2	3	4	5	6	7

2.下面是对TV节目类型(综艺)的喜好度的问题。(综艺喜好度)

	完全不是			一般			完全是
我平时对综艺节目很感兴趣	1	2	3	4	5	6	7
我平时喜欢综艺节目	1	2	3	4	5	6	7
我平时会投入很长时间看综艺节目	1	2	3	4	5	6	7

从现在开始大家会收看到电视剧的一个小片段
请在收看后继续回答。

3.有关电视节目中出现的品牌的问题。（品牌知名度）

	完全不是			一般			很是
我知道这个品牌	1	2	3	4	5	6	7
我听说过或看过该品牌	1	2	3	4	5	6	7

4.您对电视节目中出现的品牌的看法。（品牌喜好度）

	完全不是			一般			很是
我对该品牌很感兴趣	1	2	3	4	5	6	7
我对该品牌印象很好	1	2	3	4	5	6	7
我喜欢这个牌子	1	2	3	4	5	6	7

5.下面是关于电视节目的问题。（节目知名度）

	完全不是			一般			很是
我知道该节目	1	2	3	4	5	6	7
我听说过或看过该节目	1	2	3	4	5	6	7

6.您对电视节目的看法。（节目喜好度）

	完全不是			一般			很是
我对该节目很感兴趣	1	2	3	4	5	6	7
我对该节目印象很好	1	2	3	4	5	6	7
我喜欢这个节目	1	2	3	4	5	6	7

7.下面是关于电视节目中出现的人物的问题。（广告模特认知度）

	完全不是			一般			很是
我知道节目中显露 PPL 品牌的出场人物	1	2	3	4	5	6	7
我听说过或看过在节目中显露 PPL 品牌的出场人物。	1	2	3	4	5	6	7

8.您对电视节目中出现的人物的看法。（广告模特喜好度）

	完全不是			一般			很是
我对节目中显露 PPL 品牌的人物很感兴趣	1	2	3	4	5	6	7

续表

	完全不是			一般			很是
我对节目中显露 PPL 品牌的人物印象很好	1	2	3	4	5	6	7
我喜欢在节目中显露 PPL 品牌的人物	1	2	3	4	5	6	7

9.您的性别是什么？（性别）

　①男　　　　　　　　②女

10.您对间接广告（PPL）了解吗？（间接广告认知与否）

　①是　　　　　　　　②不是

问卷到此结束，感谢您的参与！